SV

Jan-Werner Müller

Freiheit, Gleichheit, Ungewissheit

Wie schafft man Demokratie?

Aus dem Englischen
von Michael Bischoff

Suhrkamp

Die Originalausgabe erscheint 2021 unter dem Titel *Democracy Rules* bei Farrar, Straus and Giroux.

Bibliografische Informationen der Deutschen Nationalbibliothek
Die Deutsche Nationalbibliothek verzeichnet diese Publikation in der Deutschen Nationalbibliographie; detaillierte bibliographische Daten sind im Internet über http://dnb.d-nb.de abrufbar.

Erste Auflage 2021

Satz: Satz-Offizin Hümmer GmbH, Waldbüttelbrunn
Druck: GGP Media GmbH, Pößneck
Printed in Germany
ISBN 978-3-518-42995-2

Inhalt

Vorwort

> Demokratie? Es wäre eine Illusion, wenn wir annähmen, wir hätten sie bereits, um dann entweder mit ihr zufrieden zu sein oder sie als mangelhaft zu kritisieren. Sie ist jenes Spiel der Möglichkeiten, das in noch naher Vergangenheit entstand und das wir in seiner Gänze erst noch zu entdecken haben.
>
> *Claude Lefort*

Es ist ein Gemeinplatz geworden: Die Demokratie steckt in der Krise. Was genau eine Krise ausmacht, darüber wird gestritten; die Sorge ist berechtigt, dass es sich bei Krisendiagnosen um das handelt, was Saul Bellow einmal als *crisis chatter*, als Krisengeschwätz, abqualifizierte. Doch so oder so wäre es wichtig, erst einmal eine noch grundsätzlichere Frage zu stellen: Was macht Demokratie eigentlich aus?

Die Gründe für das verbreitete Krisengefühl scheinen auf der Hand zu liegen: Zum ersten Mal in diesem Jahrhundert finden sich unter den Ländern mit über einer Million Einwohnern mehr Nicht-Demokratien als Demokratien. Und jenseits abstrakter Zahlen arbeitet da noch immer in vielen das doppelte Trauma von 2016, der Brexit und die Wahl eines Reality-TV-Stars zum Präsidenten der ältesten und mächtigsten Demokratie der Welt.

Beweist jedoch die Wahl eines offensichtlich ungeeigneten Kandidaten ins höchste Amt des Landes bereits, dass die Demokratie sich in einer Krise befindet? Oder bestand der Beweis erst darin, dass dieser Mann seine Anhänger in den allerletzten Tagen seiner Amtszeit zum Sturm auf die Legislative aufhetzte? Oder zeigte die amerikanische Demokratie da nicht gerade ihre Widerstands- und grundsätzliche Fähigkeit, einen Schock für das System zu absorbieren?

Nicht jeder Schock signalisiert schon eine Krise. In der ursprünglichen altgriechischen Bedeutung bezeichnet *krisis* einen Augenblick, in dem Entscheidendes geschieht: Ein Patient stirbt oder erholt sich, ein Angeklagter wird verurteilt oder freigesprochen (tatsächlich war »Urteil« die zweite Bedeutung des Ausdrucks in der Antike).[1] Wenn das zutrifft, war Trumps Wahlsieg 2016 dann vielleicht ein Augenblick, in dem in Wirklichkeit *die Wähler* beurteilt wurden – nämlich als ungeeignet für die Demokratie? Wie wir inzwischen wissen, kann es durchaus zu einer Frage von Leben oder Tod werden, wenn ein Präsident unwahre Behauptungen twittert oder auf Pressekonferenzen herausposaunt – nämlich falls Teile des Publikums ihn während einer Pandemie beim Wort nehmen. Aber untergräbt es die Demokratie schon, wenn jemand Lügen über das Desinfektionsmittel Lysol verbreitet, zusammen mit allerhand anderem Postfaktischen? Und ist es wirklich ein tödlicher Schlag für die Demokratie, wenn ein Land entscheidet, eine supranationale Organisation zu verlassen – und das nach einem Referendum, das die älteste politische Partei der Welt, die Tories in Großbritannien, initiiert hatte? Es gibt alle möglichen Ergebnisse demokratischer politischer Prozesse, die man für verabscheuenswürdig oder irrational halten mag. Doch was sind die Kriterien, mit denen sich ein Augenblick, in dem es wirklich um Leben oder Tod geht, bestimmen ließe? Und gibt es eine Möglichkeit, dies so zu tun, dass diese Kriterien nicht von vorneherein als einseitig parteipolitisch motiviert erscheinen?

All diese Fragen lassen sich nicht beantworten, solange man nicht geklärt hat, was Demokratie eigentlich sein und leisten soll. Gewiss, wir glauben, wir erkennen sie mehr oder weniger deutlich, wenn wir eine vor uns sehen (gemäß der berühmten, von einem US-Richter stammenden Definition von Pornografie: *I know it when I see it*). Viele Politiker, die entschlossen sind, die Demokratie zu unterminieren, haben allerdings ein beträchtliches Geschick entwickelt, uns glauben zu machen, da sei etwas, obwohl es längst schon verschwunden ist. Was ist wirklich entscheidend für die Demokratie? Sind es primär Wahlen oder verschiedene Grundrechte wie die Meinungsfreiheit, oder geht es um etwas schwerer zu Fassendes wie kollektive Einstellungen, zum Beispiel dass die Bürger bereit sind, einander zivilisiert und mit Respekt zu begegnen?

Bei der Beantwortung dieser Fragen wird man nicht weit kommen, wenn man nicht zunächst auf Grundprinzipien zurückgeht – eine Art *back to basics*. Wobei das Verständnis dieser Prinzipien nicht vom Himmel gefallen, sondern bekanntlich in der Geschichte auch immer umkämpft gewesen ist. Dieses Buch will für dieses *back to basics* eine Route anbieten. Es ist unvermeidlich, dass wir rückwärts in die Zukunft gehen. Doch ein Gefühl dafür zu haben, woher wir kommen und wie der Weg bisher beschaffen war, kann uns helfen herauszufinden, ob wir von unserem Weg abgekommen sind (was allerdings nicht heißt, dass es nur einen einzigen politisch seligmachenden Weg gäbe).

Es wäre falsch, anzunehmen, jegliches Nachdenken über die Demokratie müsste sich heute als Antwort auf die neuen Autoritären verstehen. Man kann aber auch nicht so tun, als wäre gar nichts passiert. Deshalb wird das erste Kapitel dieses Buchs die Frage aufnehmen, die Hillary Clinton nach der Niederlage gegen Trump in ihren Sofortmemoiren stellte: Was ist geschehen? Und warum geschieht es noch immer, obwohl so viele selbsterklärte Verteidiger der Demokratie Alarm geschlagen haben?

Es gibt zwei bequeme, aber letztlich verfehlte Reaktionen. Die eine sieht die Schuld bei den Bürgerinnen und Bürgern selbst. Man findet diese Position insbesondere bei Liberalen (im weitesten Sinne), die individuellen Rechten den Vorrang geben, mit dem Kapitalismus mehr oder weniger zufrieden sind und Vielfalt schlechthin als wertvoll empfinden – aber sich auch fast obsessiv darum sorgen, die Demokratie könne sich in eine Tyrannei der Mehrheit verwandeln. Viele dieser Liberalen nehmen den oft zitierten »weltweiten Aufstieg des Rechtspopulismus« zum Anlass, endlich einmal wieder ungeniert in den Klischees aus der Massenpsychologie des 19. Jahrhunderts zu schwelgen. Für sie ist immer schon klar, dass die Massen alle erdenklichen Katastrophen über sich selbst gebracht haben und einfache Menschen (falsch informiert, und selbst wenn einigermaßen informiert, vollkommen irrational) stets danach lechzten, sich von Demagogen verführen zu lassen. Die offenkundige Lehre daraus lautet, die Macht wieder den beschönigend so genannten »Gatekeepern« zu geben. Und das heißt im Klartext vielfach: den traditionellen Eliten.[2] Kritiker dieser Haltung sahen bereits in der Personalauswahl sowie der Amtseinführungszeremonie Joe Bidens etwas leicht Selbstzufriedenes nach dem Motto: »Wir, die Erwachsenen (und Gatekeeper), übernehmen wieder.«

Konkreter lautet das Argument für liberale »Türsteher« an den Institutionen: Lasst uns den Prozess der amerikanischen Vorwahlen umgestalten, um die Entscheidungsmacht derer zu minimieren, die in den USA oft seltsamerweise *everyday citizens*, »Alltagsbürger«, genannt werden.[3] Lasst uns Schluss machen mit Referenden und anderen unverantwortlichen Übungen in direkter Demokratie. Lasst uns einfach anerkennen, dass Politik ein Beruf (und nichts für Amateure) ist.[4] Man darf schließlich nicht vergessen, dass zwei Drittel aller US-Amerikaner mindestens ein Jurymitglied der Fernsehshow *American Idol* namentlich benennen können, aber nur 15 Prozent wissen, wie der Vorsitzende des Obersten Gerichtshofs heißt.[5] Laien mögen eine besonders kunstvolle Politikdarstellung in einer TV-Debatte beklatschen, doch während und insbesondere nach der Sendung sollte man sie auf die Zuschauerbänke verbannen. Wer so denkt – und dabei nicht gerade von der guten alten Demophobie befallen ist, also der Angst vor dem gemeinen Volk –, begründet sein Misstrauen gegenüber den Massen meist gerne mit zeitlosen Erkenntnissen aus der Sozialpsychologie: Die Menschen neigten eben zu Tribalismus. Konflikte, Polarisierung, Feindseligkeit zwischen Gruppen – das sei der Normalzustand aller Politik. Und wir sollten psychologische Übungen wie »Achtsamkeit«, so der Journalist Ezra Klein, ersinnen, damit gewöhnliche Menschen sich in allem ein wenig mäßigen.[6] Wer an den Massen verzweifelt, verweist zudem gerne auf Umfragen, die angeblich zeigen, dass die Menschen weltweit immer mehr dazu tendierten, »starke Führer« oder gar Herrschaft des Militärs zu unterstützen.

Man weiß gar nicht, wo man anfangen soll, um diesen wohlfeilen Polit-Pessimismus zu kritisieren. Zunächst einmal sind die meisten Umfragen nicht eindeutig, und noch praktisch nie wurde der Untergang oder das Überleben einer Demokratie durch Volksbefragungen korrekt vorhergesagt. Auch beweisen sie keineswegs abschließend, dass die Menschen tief enttäuscht von demokratischen Idealen wären.[7] Es hat schon seine Gründe, wenn die Initiatoren von Staatsstreichen – ob in Thailand oder in Ägypten – die Demokratie nicht offen ablehnen. Sie täuschen Demokratie vor wie General Sisi in Ägypten oder versprechen wie in Thailand eine rasche Rückkehr zur Herrschaft des Volkes, sobald die Verhältnisse dies zuließen (wobei sich bequemerweise stets Gründe finden, warum diese Rückkehr gerade nicht möglich sei).[8] Es wäre falsch anzunehmen, wir erlebten derzeit eine unaufhaltsame Welle des autoritären Populismus – oder gar einen »Tsunami«, wie es der englische Brexiteer Nigel Farage formulierte, der offenbar meinte, das Bild einer einfachen Welle werde seiner eigenen weltgeschichtlichen Rolle nicht gerecht. Gewiss haben in vielen Ländern Parteien, die man zu Recht als populistisch bezeichnen kann – und ich werde diesen hochgradig umstrittenen Begriff in Kürze präzisieren –, ihre Wahlergebnisse verbessert. Die Vorstellung, dass allenthalben Mehrheiten unausweichlich nach autoritären Führern riefen, verfehlt jedoch die schlichte Tatsache, dass bis heute noch in keinem westlichen Land eine Partei oder ein Politiker rechtspopulistisch-autoritärer Ausprägung ohne die Hilfe etablierter konservativer Eliten an die Macht gelangt ist.[9] Und die Wählerinnen und Wähler dieser Eliten haben nach eigenem Bekunden keineswegs die Absicht, die Demokratie abzuschaffen, wenn sie ihre Stimme konservativen Parteien oder solchen der rechten Mitte geben.

Wie schon ein kurzer Blick in die Geschichte zeigt (und natürlich sollte man nicht nur *kurz* in die Geschichte schauen), gibt es nur wenige – und möglicherweise gar keine – Beispiele dafür, dass demokratische Mehrheiten eindeutig mit der Demokratie Schluss machen wollten. Faschistische Schläger marschierten auf Rom, Mussolini jedoch geruhte per Schlafwagen aus Mailand anzureisen, da liberale Eliten und nicht zuletzt der König beschlossen hatten, der zukünftige Duce solle versuchen, das Chaos des Parlamentarismus zu beseitigen. Zweifellos hatte seine Faschistische Partei hoch motivierte Unterstützer, und dasselbe galt für die Nationalsozialisten in Deutschland. Doch auch dort fasste den entscheidenden Beschluss, Hitler an die Macht zu bringen, was man heute wohl das konservative Establishment nennen würde. Wer meint, Lehren aus der Geschichte ziehen zu müssen, die sich in einem Satz zusammenfassen lassen, der halte fest: Offenbar entscheiden nicht die irrationalen Massen, die Demokratie abzuschaffen, sondern bestimmte Eliten.[10]

Natürlich scheint diese auf ihre Art etwas simple Feststellung genau jenen in die Hände zu spielen, die den Mächtigen die Schuld an den politischen Turbulenzen unserer Zeit geben. Zweifellos gibt es viel zu kritisieren an der, wie man sagen könnte, »Sezession« der privilegiertesten Kreise von bestimmten politischen Gemeinwesen. Man wird der Komplexität unserer Zeit jedoch nicht gerecht, wenn man – ob auf der Linken oder der Rechten – einfach behauptet, alle Probleme hätten ihre Ursache im schlechten und korrupten Charakter der Wohlhabenden und Mächtigen. Um es noch einmal schlicht zu sagen: Die Mächtigen tun, was sie tun, weil sie die Macht dazu haben. Und die Macht geben ihnen letztlich die Institutionen unserer Demokratien. Diese Institutionen müsste man auf Schwachstellen abklopfen, statt immer nur einzelne Personen an den Pranger zu stellen (selbst wenn das oft durchaus gerechtfertigt ist – und durchaus amüsant sein kann: Man denke an den Milliardär, dem im US-amerikanischen Fernsehen die Tränen kamen beim Gedanken an das Schreckgespenst einer tatsächlich nur *geringfügigen* Steuererhöhung). Mit anderen Worten, den Fokus auf Personen zu legen führt in die Irre – ganz gleich ob man nun die Vielen hervorhebt, wie im Fall der saloppen liberalen Verachtung für die angeblich irrationalen und protoautoritären Massen, oder die Wenigen bei emotional wohltuenden, aber letztlich wohlfeilen Angriffen auf selbstsüchtige Eliten.

Über Institutionen nachzudenken, heißt nicht, Politik auf Prozesse und Verfahren zu reduzieren. Entscheidend ist die Prüfung der Prinzipien, die die Regeln des demokratischen Spiels und dessen informelle Normen eigentlich erst beseelen und rechtfertigen.[11] Eine der wichtigsten Erkenntnisse der Politikwissenschaft in den vergangenen Jahren lautet, dass nichtkodifizierte Regeln mindestens ebenso bedeutsam sein können wie Gesetze. Sie halten das demokratische Spiel am Laufen (und vor allem erlegen sie den Spielern Beschränkungen auf, die im Regelwerk gar nicht zu finden sind).[12] Weder Regeln noch Normen sind indessen aus sich heraus eine gute Sache. Vor allem dann nicht, wenn sie dafür sorgen, dass ein Spiel, das auf ausgesprochenen oder unausgesprochenen Ungerechtigkeiten basiert, immer munter weitergehen kann. Im 20. Jahrhundert hielten sich Kongressabgeordnete aus den Südstaaten der USA zweifellos formvollendet an die Etikette-Regeln (und sogar an das Gebot, in einer Reihe von Fragen Kompromisse zu schließen – insgesamt eine Bonhomie, die als Schmiermittel für pragmatische Politik diente). Doch das von ihnen verteidigte System der Rassendiskriminierung war grundsätzlich unvereinbar mit demokratischen Prinzipien. Der US-amerikanische Rechtswissenschaftler Jedediah

Britton-Purdy schrieb einmal: »Normen sind wie die Statuen toter Führer: Man kann unmöglich wissen, ob man für oder gegen sie ist, solange man nicht weiß, für welche Werte sie stehen.«[13] Wir müssen über Regeln und Normen hinausgehen und nach den Prinzipien fragen, die ihnen Halt geben – oder wie Politikwissenschaftler in einer längst vergangenen Zeit gesagt hätten: nach deren *Geist*. Wenn mehr oder weniger autoritäre Führer einen Prozess (oder ein Spiel) blockieren, reicht es nicht aus, die Befolgung der Regeln zu fordern, um den Prozess wieder in Gang zu setzen. Schließlich ist der demokratische Prozess nicht nur eine Art Staffellauf, bei dem sich Eliten der linken und rechten Mitte immer schön geregelt ablösen.[14]

Aber worum geht es dann? Eine konventionelle Antwort lautet, Demokratie lasse sich nur durch die Berufung auf die Prinzipien von Freiheit und Gleichheit rechtfertigen. Eine Regel wie »Die Mehrheit entscheidet« ist nicht deshalb gut, weil sie zu den besten Ergebnissen führte oder am effizientesten wäre. Sie ist richtig, weil sie Ausdruck der Achtung vor der Gleichheit der Bürger ist, und deshalb nimmt sie auch eine Verfahrensform an, bei der jede einzelne Stimme gezählt wird (was im alten demokratischen Athen beispielsweise nicht getan wurde – der ungefähre Eindruck einer Mehrheit reichte). Diese Regel steht somit im Gegensatz zur Akklamation durch die Menge, da sie betont, dass es wirklich auf jeden Einzelnen ankommt (und sie unterstellt bei jedem Einzelnen die Fähigkeit zu politischem Urteil).[15]

Demokratie erschöpft sich bekanntlich auch nicht im allgemeinen und gleichen Wahlrecht. Es gibt noch weitere, für die Demokratie konstitutive Rechte: die Meinungsfreiheit, die Versammlungsfreiheit und (nicht zuletzt) die Vereinigungsfreiheit. Vereinigungen verstärken das individuelle Recht, sich politisch zu artikulieren und Ansprüche zu stellen. Aber die politischen Grundfreiheiten untergraben ihrerseits – das ist weniger offensichtlich – die Gleichheit, denn wer über die größeren Mittel oder die eloquenteren Argumente verfügt, hat auch größeren Einfluss auf kollektive Entscheidungen. Demokratie ist nicht einfach nur irenische Gleichheit, sie ist Reibung zwischen Menschen, die ihre Freiheiten nutzen. Doch ohne Vereinigungen – vor allem politische Parteien – gibt es wiederum keine Möglichkeit, Ungleichheit zu korrigieren.

Ob es einem gefällt oder nicht, demokratische Konflikte werden immer noch vornehmlich von vermittelnden, »intermediären« Institutionen strukturiert, vor allem von politischen Parteien und professionellen Medien. Seit dem 19. Jahrhundert galten sie weithin als unabdingbar für das Funktionieren der repräsentativen Demokratie. Es ist ein weiterer Gemeinplatz, dass beide sich heute in einer tiefen Krise befänden – und mit »Krise« ist hier wirklich Krise gemeint, denn viele Medien und Parteien (vor allem Volksparteien) sterben schlicht weg. Um diese konventionellen Krisendiagnosen zu beurteilen, sollte man einen Schritt zurücktreten und fragen, auf welche Weise genau diese Institutionen eine kritische Infrastruktur für die Demokratie bereitstellen (oder zumindest früher einmal bereitstellten): eine Möglichkeit für Bürger, andere zu erreichen und von ihnen erreicht zu werden, in gewissem Sinne vergleichbar mit dem US Postal Service, den Trump zu zerstören versuchte, weil er glaubte, in einer freien Gesellschaft mit der für Briefwahl nötigen Infrastruktur könne er nur verlieren (eine korrekte Einschätzung, wie sich gezeigt hat). Wenn man die hinter solcher Infrastruktur und ganz allgemein den demokratischen Institutionen stehenden Prinzipien erkennt, hat man auch weniger Angst davor, Teile der Infrastruktur bzw. Institutionen zu ersetzen. Die Rekonstruktion der Demokratie nach einer Phase des autoritären Populismus sollte nicht einfach eine vermeintliche Normalität wiederherstellen. »Keine Experimente!« war noch nie ein sonderlich demokratischer Slogan.[16]

Es wäre allerdings naiver politischer Solutionismus zu glauben, ein einzelnes Produkt der inzwischen globalen Demokratieerneuerungsindustrie – ob nun Internetwahlen, zufällig zusammengestellte Bürgerräte oder was auch immer – könnte mir nichts dir nichts die Dinge in Ordnung bringen. Die Erneuerung der kritischen Infrastruktur der Demokratie ist ein entscheidender Schritt. Doch anders, als die Demophoben glauben mögen, muss eine solche Erneuerung keineswegs auf eine Wiedereinsetzung traditioneller Gatekeeper hinauslaufen. Wie ich im letzten Kapitel zeigen werde, können und sollten Bürgerinnen und Bürger selbst bestimmen, wie die vermittelnden Institutionen – vor allem Parteien und Medien – umgestaltet werden. Auf den ersten Blick eine basisdemokratische Illusion, auf den zweiten, wie ich zu zeigen versuchen werde, ein durchaus praktikables Vorhaben.

Vermittlungsinstanzen müssen einem nicht verhandelbaren Prinzip verpflichtet bleiben: Sie dürfen den Status der Bürger als freie und gleiche Mitglieder des politischen Gemeinwesens nicht untergraben oder gar direkt verneinen. Wenn dieser Status nicht mehr gilt, dann ist das Spiel vorbei – das Spiel, in dem alles Übrige, von materiellen Interessen bis hin zu sexuellen Identitäten, zum Gegenstand von auch ganz harten Konflikten gemacht werden kann, ohne dass dadurch das die Bürger einende Band zerrissen würde. In der politischen Auseinandersetzung darf man anderen Bürgern unfreundlich kommen, ohne dass dies als Missachtung verstanden wird – aber man darf nicht sagen: »Du bist an sich ein Bürger zweiter Klasse.« Oder auch: »Du gehörst hier gar nicht hin« (wie Trump es zum Beispiel tat, als er eine Gruppe progressiver nichtweißer weiblicher Mitglieder des US-Kongresses aufforderte, dorthin »zurückzugehen«, woher sie gekommen seien). Manche Staaten bestrafen oder verbieten sogar Parteien, die versuchen, den *demos* de facto zu verkleinern, oder die auf andere Weise systematisch gegen Grundrechte verstoßen. Die Idee, Akteure ganz aus dem politischen Spiel zu nehmen, reicht zurück bis in die antike griechische Demokratie; man denke an den Ostrazismus. Es fragt sich allerdings, ob solche Maßnahmen demokratischen Selbstschutzes jemals gerechtfertigt sein können, bergen sie doch die Gefahr, ebenjene Demokratie zu beschädigen, die sie eigentlich retten sollen. Ein Land, in dem das Grundrecht der Vereinigungsfreiheit stark eingeschränkt wird oder in dem Politiker mit unpopulären, aber nicht per se undemokratischen Meinungen vom demokratischen Spielfeld gestellt werden, all das im Namen des Schutzes der Demokratie – solch ein Land kann vielleicht gar nicht mehr den Anspruch erheben, eine echte Demokratie zu sein. Auch hier ist es wichtig, eine grundsätzliche, das heißt auf Prinzipien beruhende Position zu entwickeln.

Wenn Regeln das demokratische Spiel sowohl ermöglichen als auch einschränken, kann Regelbruch nur etwas Schlechtes sein. Oder vielleicht doch nicht? Demokratische Politik erschöpft sich niemals in der Befolgung von Regeln, und manchmal kann es gar geboten sein, das Spielbrett umzustürzen. Es ist kein Zufall, dass die alten Athener ihr Gemeinwesen gerade wegen seiner dezidierten Innovationsfähigkeit priesen, während die Kritiker Athens stets behaupteten, dort sei man kapriziös.[17]

Nicht alle Norm- und Regelverletzungen sind gleich demokratiegefährdend. Man kann gegen Regeln verstoßen und dabei dennoch den ihnen zugrunde liegenden Prinzipien treu bleiben. Manchmal beteiligen sich Bürgerinnen und Bürger an Formen von Ungehorsam, die der Demokratie dienen oder sie sogar vertiefen sollen, um so den eigentlichen Sinn des Spiels zu erhalten. In den Augen von Skeptikern ebnet solcher Ungehorsam den Weg zur Anarchie – oder zu autoritärer Herrschaft, da noch keine Bürgerschaft Anarchie lange ertragen hat (und Kritiker der Demokratie warnen bekanntlich seit Platon, dass »zu viel Freiheit« in die Tyrannei führe). Anderseits fragen sich viele von denen, die entsetzt sind über die Eskapaden heutiger Feinde der Demokratie, irgendwann einmal, warum wir denn nicht viel mehr auf die Straße gehen und die Autoritären herausfordern. Gibt es eine Schwelle, jenseits derer demokratischer Ungehorsam legitim wird, statt dass man wie ein schlechter Verlierer einer Wahl aussähe (oder im schlimmsten Fall beim Kampf für die eigenen parteiischen Überzeugungen einen Bürgerkrieg riskierte)?

Dieses Buch ist kein politisches Handbuch. Es beruht auf der vielleicht gewagten Annahme, dass wir immer noch Zeit haben – oder uns die Zeit nehmen sollten –, über Grundprinzipien nachzudenken. Diese Grundprinzipien diktieren keine hochspezifischen Institutionen oder detaillierten politischen Regeln. Demokratie lässt sich nicht auf eine einzige Form reduzieren, und es gibt mehr als eine Möglichkeit, sie zu leben (wie es auch mehr als eine Möglichkeit gibt, sie vorzutäuschen). Wie der große französische politische Philosoph Claude Lefort bemerkte, sind einige dieser Möglichkeiten uns bislang wahrscheinlich noch gar nicht in den Sinn gekommen (was allerdings zugleich bedeutet, dass auch den Gegnern der Demokratie möglicherweise einige Strategien zu deren Unterminierung noch nicht in den Sinn gekommen sind). Eine weitere vielleicht gewagte Annahme lautet, dass die Demokratie immer noch herrscht – und zwar in dem Sinne, dass viele Menschen in aller Welt sie für erstrebenswert halten. Sie sehen in ihr weiterhin ein politisches System, das zwar gewaltige Schwierigkeiten hat, aber immer noch am ehesten geeignet ist, Unterdrückung zu vermeiden und den Menschen die Chance auf ein anständiges Leben in Gemeinschaft zu geben.

1. Vorgetäuschte Demokratie: Jeder hat seine Gründe

»Du siehst, in der Welt gibt es eine schreckliche Sache, nämlich dass jeder seine Gründe hat.«

Octave in *Die Spielregel* von Jean Renoir

Im letzten Monat [...] habe ich mit dem Gefühl gelebt, einen gewaltigen und unendlichen Verlust erlitten zu haben. Anfangs wusste ich nicht, was mich quälte. Schließlich wurde mir klar: Was ich verloren hatte, war ein Land.

Henry David Thoreau

Sie sehen nicht alle gleich aus. Zahlreiche Unterschiede springen ins Auge. Aber stellte man sie so nebeneinander, ergäbe sich doch ein politisches Familienportrait: Orbán, Erdoğan, Kaczyński, Modi, Expräsident Trump ohne jeden Zweifel, Netanyahu vielleicht, der brasilianische Präsident Jair Bolsonaro ganz sicher. Was erklärt den Erfolg dieser politischen Familie, was ist ihr Geschäftsmodell?

Bei Beantwortung dieser Frage droht die Gefahr, ganz heterogene nationale Erfahrungen in einen Topf zu werfen. Die Gründe für den Aufstieg des Rechtspopulismus sind in der Tat keineswegs identisch. Radikale Rechtspopulisten haben allerdings ähnliche Strategien entwickelt, und vielleicht könnte man sogar von einer gemeinsamen autoritär-populistischen Regierungskunst sprechen –

daher die Familienähnlichkeiten zwischen zum Teil doch eigentlich sehr anders gearteten politischen Charakteren.

Die Ausbreitung dieser populistischen Kunst hat eine bestimmte, nach dem Kalten Krieg entstandene Illusion zunichtegemacht: nicht dass die Geschichte zu Ende sei (hat das *wirklich* jemand geglaubt?), sondern dass nur Demokratien aus ihren Fehlern und den Erfahrungen anderer Demokratien lernen könnten. Autoritäre Regime, so lautete die Annahme, könnten sich nicht an veränderte Umstände anpassen und seien unfähig zur Innovation. Sie alle seien dazu verdammt, wie die Sowjetunion 1991 zu enden. Die neue Autoritäre Internationale – deren Mitglieder ständig neue Herrschaftstechniken erproben und verfeinern – macht diesem bequemen liberaldemokratischen Selbstbild den Garaus. Denn die *best practices*, die besten autoritären Praktiken (oder vielleicht sollte man eher sagen: die schlimmsten?), lassen sich über Grenzen hinweg kopieren.

Vereinfacht gesagt basiert die autoritär-populistische Regierungskunst auf Nationalismus (oft mit rassistischen Untertönen), auf der Aneignung des Staates durch eine Partei (sodass Beamtenposten stets mit treuen Parteigängern besetzt werden) und – weniger offensichtlich – auf der Nutzung der Wirtschaft als Waffe zur Sicherung politischer Macht: eine Mischung aus Kulturkampf, Patronage und dem, was Politikwissenschaftler Massenklientelismus nennen. Wobei der Nationalismus oft mehr eine Art Simulierung von Souveränität ist, eine Inszenierung der Macht des »Volkswillens« in Form von vermeintlich starken Gesten vermeintlich starker Männer. Großspurige Reden gegen die Globalisierung erweisen sich als vollkommen vereinbar mit einer fortgesetzten Deregulierung der grenzüberschreitenden Kapitalströme und anderen Maßnahmen, die dann vor allem Eliten in anderen Ländern zugutekommen.

Diese Besonderheiten entgehen politischen Diagnosen, die den heutigen Rechtspopulismus mit dem Faschismus gleichsetzen oder den Populismus für eine neue, international erfolgreiche Ideologie halten oder annehmen, dass die »einfachen Leute« sich all das mit ihrer angeblichen Sehnsucht nach autoritärer Führung selbst eingebrockt hätten. Historiker suchen nach geschichtlichen Präzedenzfällen für das aktuelle Geschehen, oft in der Absicht, »Lehren aus der Vergangenheit« zu ziehen. Natürlich können geschichtliche Vergleiche wertvoll sein, und es ist keineswegs von vornherein falsch, nach Parallelen zwischen der Gegenwart und den politischen Katastrophen des 20. Jahrhunderts zu suchen. Denn ohne systematische, aber für partikulare Kontexte sensible Vergleiche könnten wir auch die Unterschiede gar nicht erkennen. Dennoch führen Analogien allzu oft zu Kurzschlüssen im politischen Urteil – wir sehen immer nur die Ähnlichkeiten oder erliegen einer durch unsere eigenen Präferenzen verzerrten Wahrnehmung, das heißt, wir suchen nach Beweisen, die unsere ohnehin schon bevorzugte politische Strategie rechtfertigen. James Bryce – heute fast vergessen, doch um die Wende zum 20. Jahrhundert ein äußerst einflussreicher Diagnostiker der modernen Erfahrungen von Demokratie – schrieb 1920: »Der wichtigste praktische Nutzen der Geschichte liegt darin, uns von plausiblen historischen Analogien zu befreien.« Diese Mahnung zur Vorsicht gilt eigentlich immer. Genauer auf unsere Zeit abgestellt ist Tony Judts Beobachtung, wir seien inzwischen äußerst geschickt darin, die Lehren der Geschichte zu lehren, aber wahrscheinlich sehr schlecht darin, die Geschichte an sich zu lehren.

Tatsache ist, dass die heutigen Gefahren für die Demokratie mit vielen Erfahrungen des 20. Jahrhunderts kaum noch etwas gemein haben. Viele von denen, die nach dem 8. November 2016 eilends ein Exemplar von *1984* oder *Elemente und Ursprünge totaler Herrschaft* kauften, dürften ihre Lektüre vielleicht schon nach wenigen Seiten aufgegeben haben. Insbesondere der Faschismus – im Unterschied zum Autoritarismus oder Rassismus im Allgemeinen – erlebt in unserer Zeit keine Wiederauferstehung. Wir sehen nicht die massenhafte Mobilisierung und Militarisierung ganzer Gesellschaften.[1] Und auch wenn Hass auf verwundbare Minderheiten geschürt wird, gibt es doch keinen systematischen Kult der Gewalt, der den Kampf auf Leben oder Tod als Apotheose des menschlichen Daseins glorifizierte. Dasselbe gilt für die durchgängige Umgestaltung ganzer Staaten auf rassistischer Grundlage – womit allerdings nicht bestritten werden soll, dass rassistische (oder religiös bedingte) Feindseligkeit in Ungarn, Brasilien und den USA unter Trump von den höchsten Repräsentanten des Staates legitimiert wurde und wird.

Alle halten es für wichtig, aus der Geschichte zu lernen, aber man unterstellt stillschweigend, dass immer nur gute Menschen etwas lernen. Einer der Gründe, weshalb wir nicht die Wiederkehr einer bestimmten antidemokratischen Vergangenheit erleben, liegt in der Tatsache, dass auch die heutigen Antidemokraten Lehren aus der Geschichte gezogen haben. Sie wissen sehr wohl, dass massenhafte und vor aller Augen begangene Menschenrechtsverletzungen besser nicht zum autoritären Repertoire unserer Zeit gehören sollten. Denn wer allzu deutlich Erinnerungen an Diktaturen des 20. Jahrhunderts weckt, macht sich verwundbar. Großangelegte Repression, wie Erdoğan sie seit 2016 einsetzt, muss als Zeichen der Schwäche statt der Stärke gedeutet werden; dass Trump am Ende wirklich seine Bewegung aus Rechtsextremen, Verschwörungstheoretikern, aber auch ganz normalen Republikanern auf die Straße gen Kapitol schickte, war ebenfalls eher der Verzweiflung geschuldet als einem quasi-faschistischen Plan zur Machtübernahme. Gerade weil Massengewalt ein nationales wie ein internationales Publikum an historische Ereignisse erinnern könnte, sehen wir (relativ) wenig davon. Wenn vermeintlich klipp und klare Lektionen aus der Geschichte aber nicht viel weiterhelfen, wie dann die neuen autoritären Muster begrifflich und auch empirisch fassen?

Was ist überhaupt rechter (oder linker) Populismus?

Der Ausdruck »Populismus« ist bislang gebraucht worden, als wäre seine Bedeutung völlig klar. Das ist bekanntlich nicht der Fall. Es ist irreführend, Populismus mit »Kritik an Eliten« oder mit »Anti-Establishment-Einstellungen« gleichzusetzen. Diese Gleichsetzung ist zwar gängige Meinung, basiert jedoch auf einem eigentlich recht merkwürdigen Gedanken. Schließlich würde einem jede gewissenhafte Sozialkundelehrerin oder jeder Profi in der politischen Bildung erklären, auf die Mächtigen ein Auge zu halten sei gerade ein Zeichen guter demokratischer Gesinnung – während man uns heutzutage immer wieder sagt, Kritik an Eliten sei an sich populistisch (und laut vielen Beobachtern folglich eine Gefahr für Demokratie und Rechtsstaat). Nun trifft es zu, dass Populisten die Regierung (und in der Regel auch alle übrigen Parteien) kritisieren, solange sie in der Opposition sind. Vor allem aber tun sie noch etwas anderes, und das ist entscheidend: In der einen oder anderen Weise erheben sie den Anspruch, sie und nur sie allein repräsentierten das, was Populisten häufig als das »wahre Volk« oder die »schweigende Mehrheit« bezeichnen.

Auf den ersten Blick mag das nicht sonderlich gefährlich klingen. Es ist nicht unmittelbar identisch mit Rassismus oder beispielsweise einem fanatischen Hass auf die Europäische Union oder auch mit der Behauptung, bestimmte Richter und die Medien seien »Volksfeinde«. Dennoch hat dieser vor allem moralische Alleinvertretungsanspruch zwei für die Demokratie schädliche Auswirkungen. Wenn Populisten behaupten, nur sie sprächen für das Volk, erklären sie immer gleich, alle Mitwettbewerber um die Macht seien grundsätzlich illegitim. Das ist kein bloßer Streit um politische Inhalte oder Werte – solche Konflikte sind schließlich in einem demokratischen Gemeinwesen vollkommen normal und im Idealfall sogar produktiv. Populisten behaupten vielmehr, ihre Rivalen wären korrupt und dienten aufgrund ihres schlechten Charakters nie den

Interessen des Volkes. Was Donald J. Trump im Wahlkampf 2016 über seine Rivalin sagte (und 2020 über seinen Rivalen), war extrem, aber nicht außergewöhnlich: Alle Populisten reden auf die ein oder andere Weise so.

Weniger offensichtlich, aber für demokratische Politik gefährlicher ist die Behauptung der Populisten, wer mit ihrer letztlich symbolischen Konstruktion des »Volkes« nicht übereinstimme (und die Populisten folglich auch politisch nicht unterstütze), gehöre eigentlich gar nicht wirklich zum Volk. Schließlich impliziert die Rede vom »wahren« oder »echten« Volk, dass manche nicht ganz »echt« seien – Menschen, die nur vorgeben, dazuzugehören, und das Gemeinwesen in irgendeiner Weise untergraben könnten oder bestenfalls Bürger zweiter Klasse wären.[2] Man denke einmal mehr an Trump, der seine Kritiker gerne als »unamerikanisch« brandmarkte, oder an Jarosław Kaczyńskis Verdammung jener Polen, denen der Verrat in den Genen stecke, oder auch an die Implikationen der Behauptung von Vertretern der Partei des Indischen Volkes (BJP), wonach »die Spaltung nur in den Köpfen mancher Politiker« existiere, Indien als Gesellschaft jedoch »eins und harmonisch« sei.

Populisten behaupten denn auch stets, das Volk zu einen – in Wirklichkeit besteht ihr politisches Geschäftsmodell jedoch darin, die Bürger so weit wie möglich zu spalten. Und die Botschaft, dass nur einige wahrhaft zum Volk gehörten, unterminiert systematisch den Status anderer Bürger als freie und gleiche Mitglieder des Gemeinwesens. Offensichtliche Beispiele sind hier Minderheiten (deren Stellung innerhalb der Gesellschaft aus dem einen oder anderen Grund bereits verwundbar sein mag) und erst vor Kurzem eingewanderte Menschen, die im Verdacht stehen, dem Land gegenüber nicht wirklich loyal zu sein. Man denke an Modis Vorhaben, ein Register »echter« Staatsbürger anzulegen; gleichzeitig wird ein neues Gesetz formuliert, das bestimmten religiösen Gruppen Schutz vor Verfolgung in ihren Heimatländern gewährt – aber ostentativ nicht Muslimen. Nach außen hin soll es durch das *citizenship register* möglich sein, illegale Einwanderer aufzuspüren (die der einstige Vorsitzende der BJP Amit Shah als »Termiten auf dem Boden Bengalens« bezeichnete). Hindu-Nationalisten verstehen jedoch sehr wohl, dass es bei den beiden Gesetzesinitiativen um eine Bestätigung des »echten« Volks, das heißt der Hindus, geht und dass ein klares Signal gesendet wird, Muslime gehörten gar nicht dazu – oder seien gar vogelfrei.

Wo Populisten an die Macht gelangen, kann diese auf Ausschluss abzielende Haltung in der Tat dazu führen, dass manche Bürger den Anspruch auf Gleichheit vor dem Gesetz (oder sogar den Schutz durch das Recht schlechthin) verlieren. Sie werden dann deutlich anders behandelt, vielleicht nicht immer von Richtern, wohl aber bei ganz gewöhnlichen Kontakten mit Verwaltungsbeamten, die sehr genau verstanden haben, was an der Spitze des Staates von ihnen erwartet wird.[3] Ganz zu schweigen vom Schüren von Hass auf Straßen und Plätzen. Schon vor dem Sturm auf das Kapitol 2021 gab es deutliche Hinweise darauf, dass Trumps Wahlkampfveranstaltungen mit einem lokalen Anstieg politisch motivierter Übergriffe verbunden waren. US-Amerikaner asiatischer Herkunft wurden während der Pandemie häufiger attackiert. Trumpistische Bürgerwehren fühlten sich offensichtlich ermuntert, als die Republikanische Partei in ihrer Wahlwerbung ein Ehepaar aus einem Suburb präsentierte, das seine Waffen auf Teilnehmer einer Black-Lives-Matter-Demonstration richtete. Und nicht zu vergessen, auch antisemitische »Vorfälle« erreichten 2019 in den USA ein Allzeithoch (für 2020 liegen noch keine Zahlen vor).[4] Der von der Philosophin Kate Manne geprägte Ausdruck »nach unten durchsickernde Aggressivität« (*trickle-down aggression*) bringt dieses Phänomen präzise auf den Punkt.[5]

Die Radikalisierung der Rechten im Namen des Volkes ist allerdings nicht per se mit Nationalismus identisch. Der Nationalismus behauptet, jede über eine gemeinsame Kultur definierte Nation habe ein Anrecht auf einen eigenen Staat, gegenüber den Mitgliedern der Nation bestünden größere moralische und politische Verpflichtungen als gegenüber Ausländern und der Imperativ der Erhaltung der Nation besitze als solcher bereits moralisches Gewicht.[6] Natürlich müssen alle Populisten den Begriff des Volkes mit einem gewissen Inhalt füllen, und es ist kein Zufall, dass Rechtspopulisten sich so oft für eine ethnische Definition der Nation (oder sogar für Nativismus) entscheiden. Im Prinzip kann man jedoch auch ein Populist sein, für den das Volk sich hauptsächlich über ideologische Aspekte definiert – man denke etwa an Hugo Chávez' Idee eines bolivianischen Sozialismus für das 21. Jahrhundert. Entscheidend ist in diesem Fall, dass all jene, die nicht mit dem angeblich einzigen authentischen Repräsentanten des Volkes übereinstimmen, für illegitim erklärt (und im Zweifelsfalle verfolgt) werden.

Regierungstechniken

Autoritär-populistische Regime versuchen also permanent, ihre Gesellschaften zu spalten, und halten, konkreter gesagt, das Ideal des »wahren Türken«, des »wahren Inders«, des »wahren Amerikaners« und so weiter hoch. Diese Bemühungen um eine Festigung kultureller Vorherrschaft gehen indessen mit etwas ganz Profanem einher, das man kaum anders als einen Hang zu kapitalistischer Vetternwirtschaft nennen kann. Tatsächlich sind viele autoritäre Regime zugleich auch Kleptokratien (ein Ausdruck, den der polnisch-britische Soziologe Stanislav Andreski in den späten sechziger Jahren prägte). Dafür gibt es erst einmal eine einfache Erklärung: Das Fehlen gesetzlicher oder politischer Beschränkungen erleichtert die Selbstbedienung, die ihrerseits die Notwendigkeit verschärft, das Rechtswesen und das politische System fest im Griff zu haben, um eine zukünftige Bestrafung zu verhindern. Hier ist jedoch auch eine politische Logik im Spiel. Wer andere in kriminelle

Machenschaften verwickelt, erzwingt zugleich deren Treue gegenüber dem Regime; Massenklientelismus – die Belohnung von Unterstützern durch Patronage – festigt die Loyalität von Teilen der Bevölkerung; und indem man Bürgerinnen und Bürger, die sich den autoritären Populisten nicht anschließen, mit dem Verlust des Arbeitsplatzes oder bestimmter Vergünstigungen bestraft, löst man das Problem, wie man Kontrolle über eine Gesellschaft ausüben kann, ohne auf allzu offensichtliche direkte politische Repression zurückgreifen zu müssen.

Diese über die traditionelle Kleptokratie hinausgehende Dynamik hat der ungarische Soziologe Bálint Magyar im Auge, wenn er vom Aufstieg eines »Mafiastaates« in seinem Herkunftsland spricht.[7] In einem Mafiastaat geht es nicht um große Umschläge mit Geld, die unter dem Tisch den Besitzer wechseln. Vielmehr werden nach außen hin legale Mittel genutzt – insbesondere staatliche Ausschreibungen, auf die sich seltsamerweise nur ein einziger Interessent meldet oder bei denen neben dem regimetreuen Unternehmer nur ein Scheininteressent auftritt. Ein Mafiastaat wird von »politischen Familien«, wie Magyar dies nennt, kontrolliert und zu deren Vorteil geführt. (Dazu kann auch die reale Familie des Machthabers gehören, wie die prominenten Beispiele der Kinder von Trump, Orbán, Bolsonaro und Erdoğan zeigen, wobei besonders üble Rollen oft den Schwiegersöhnen vorbehalten bleiben.) Absolute Loyalität im Austausch gegen materielle Belohnungen und, ebenso wichtig, Schutz für eine unbegrenzte Zukunft. »Der Hauptvorteil der Herrschaft über einen bürokratischen Staat«, bemerkt ein ungarischer Beobachter, »ist nicht die Macht, Unschuldige zu verfolgen, sondern die Macht, die Schuldigen zu beschützen.«[8]

Auf diesem Gebiet kann Ideologie auch als zuverlässiger Indikator für politische und familiäre Unterwerfung dienen. Zudem wird die Toleranz für Provokationen und eklatante Verletzungen von Normen seitens des Anführers zum Lackmustest für all jene, die ansonsten in den Verdacht geraten könnten, immer noch an demokratische Standards zu glauben. (Und Unwissen vorschützen ist de facto Toleranz: All die republikanischen Senatoren, die mit verkrampftem Gesicht behaupteten, Trumps schlimmste Tweets gar nicht gesehen zu haben, bestätigten nur die Macht, welche der Präsident über sie hatte.) Mehr noch, da Verstöße gegen die Normen die Mitglieder der politischen Familie kompromittieren, müssen sie um ihres wechselseitigen Schutzes willen zusammenhalten, was wiederum Verlässlichkeit und Vertrauen zu sichern hilft – ein Definitionsmerkmal der Mafia in ihrer ursprünglichen Form.

Die neuen autoritär-populistischen Staaten sind nicht faschistisch im bekannten historischen Sinne; in einem wichtigen Aspekt verkehren sie das Muster der nationalsozialistischen Herrschaft vielleicht sogar in sein Gegenteil. Wie der Politikwissenschaftler (und deutsche Exilant) Ernst Fraenkel nachwies, war die Politik der Nazis nicht durch vollkommene Gesetzlosigkeit und totales Chaos gekennzeichnet, wie manch herkömmliche Darstellung von Tyrannei oder Totalitarismus dies suggerierte. Es gab auch Lebensbereiche, die in normaler und vorhersehbarer Weise funktionierten. Ehen wurden geschlossen und geschieden, Geschäftsverträge unterzeichnet und erfüllt. Neben diesen Bereichen relativer Normalität stand jedoch stets die Bedrohung durch den »Maßnahmenstaat«, der auf vollkommen unvorhersehbare und willkürliche Weise agieren konnte. Fraenkel prägte für diese Aufspaltung zwischen gewöhnlichem, regelbasiertem Leben und unvorhersehbarer Repression den Ausdruck »Doppelstaat«.[9]

Was wäre, wenn wir es heute wieder mit einem Doppelstaat zu tun hätten – allerdings mit einem entscheidenden Unterschied? Heute funktioniert der politische Bereich abgesehen von einigen legal erscheinenden Manipulationen weiterhin relativ normal, während die Menschen in der Wirtschaft der willkürlichen Ausübung von Macht ausgesetzt sind. Oder vielleicht doch nicht ganz so willkürlich, denn falls es zutrifft, dass Loyalität gegenüber der politischen Familie eine entscheidende Voraussetzung für ökonomischen Erfolg darstellt, ist absehbar, wie mögliche Bestrafungen aussehen können. Statt Schläger loszuschicken, die Geld eintreiben, weist die Regierung die Steuerbehörden an, eine noch genauere Prüfung durchzuführen. Und siehe da, irgendetwas findet sich immer. So macht man den mächtigen Geschäftsleuten ein Angebot, das sie nicht ablehnen können, und, siehe da, sie wollten doch schon immer ihr Unternehmen verkaufen. Dies geschah regelmäßig ungarischen Oligarchen, denen der Verdacht anhaftete, der oppositionellen Sozialistischen Partei nahezustehen. Wie die Soziologin Kim Lane Scheppele gezeigt hat, sind diese Muster für Außenstehende oft nicht leicht zu erkennen, denn letztlich politisch motivierte Entscheidungen lassen sich stets so darstellen, als hätten ökonomische und finanzielle Notwendigkeiten sie diktiert (wie Trump ja auch seinen dreisten Angriff auf den US Postal Service mit Effizienzerwägungen begründete, obwohl das eindeutig politische Ziel dahintersteckte, bei den Präsidentschaftswahlen 2020 die Briefwahl zu erschweren).[10]

Nicht alle rechtspopulistischen Regierungen errichten einen voll ausgebildeten Mafiastaat, zumal der sich in den international eingebundenen Teilen der Wirtschaft nicht so leicht realisieren lässt. Es gilt als ausgemacht, dass Rechtspopulisten Feinde des Neoliberalismus seien, doch eine Gestalt wie Orbán hat offensichtlich seinen Frieden mit internationalen Investoren gemacht. Er bietet der deutschen Autoindustrie mitten in Europa Bedingungen, die nach Ansicht eines ungarischen Beobachters »chinesischen Verhältnissen« entsprechen: meist willfährige Gewerkschaften, wenn es denn überhaupt Gewerkschaften gibt, und eine rasche Unterdrückung von allem, was wie ein Protest von Umweltschützern aussieht, zum Beispiel gegen das große Audi-Werk in Győr – wie ein amerikanischer Politikwissenschaftler es ausdrückte, ist das System gleichermaßen eine »Audikratie« wie eine Autokratie.[11] »Wir sind pragmatisch«, erklärte Mateusz Morawiecki, der Kopf der rechtspopulistischen polnischen Regierung. »Wir haben ein Problem mit einem Teil der europäischen politischen Elite und mit Journalisten, nicht aber mit den normalen Menschen. So sagen 97 Prozent der ausländischen Investoren, dass sie gerne wiederkommen werden.«

Wenn Populisten genügend Macht haben, versuchen sie, den Staat selbst zu kolonisieren. Als Orbán und seine Fidesz-Partei 2010 an die Regierung kamen, gehörte es zu ihren ersten Maßnahmen, die für den öffentlichen Dienst geltenden Bestimmungen so zu ändern, dass es einfacher wurde, Anhänger auf eigentlich als neutral geltende Stellungen innerhalb der Bürokratie zu hieven. Sie rechtfertigten dieses Vorgehen mit der Behauptung, der Staatsdienst werde von Liberalen und Postkommunisten kontrolliert und müsse gesäubert werden. Wie es ihrem Selbstbild als einzig wahre Repräsentanten des Volkes entspricht, können Populisten auch behaupten, der Staat sei ja schließlich für das Volk da, und wenn sie von der Verwaltung Besitz ergriffen, eigne das Volk sich lediglich an, was ihm rechtens zustehe. Trump brauchte länger, um diese Logik zu durchschauen, aber am Ende entließ er reihenweise Generalinspektoren, deren Aufgabe es genau gewesen war, Betrug und Günstlingswirtschaft innerhalb der Regierung in Washington zu verhindern.

Fidesz in Ungarn und die Partei für Recht und Gerechtigkeit (PiS) in Polen machten sich auch rasch daran, die Gerichte unter ihre Kontrolle zu bringen und Druck auf die staatlichen Medien auszuüben. Man gab deutlich zu verstehen, dass Journalisten nicht in einer Weise berichten sollten, die gegen die Interessen der Nation verstoße, wobei man die Interessen der Nation kurzerhand mit denen der herrschenden Partei gleichsetzte. Wie Napoleon III. konterten sie jede Kritik durch Juristen oder Journalisten mit der Frage: »Wer hat euch denn gewählt?« Der indische Finanzminister erklärte: »Die Demokratie darf keine Tyrannei der Nichtgewählten sein.« Und der polnische Justizminister, der unablässig Breitseiten gegen eine unabhängige Justiz abfeuerte, hielt die Bemerkung für angebracht, dass Polen eine Demokratie und keine »Juristokratie« sei.

Trump war nicht der Erste, der die unabhängigen Medien zu »Volksfeinden« erklärte. Freilich darf der Zugriff autoritärer Populisten auf die Medien nicht ganz lückenlos sein – eine allzu offensichtliche Gleichschaltung, eine vollständige Homogenisierung der politischen Inhalte könnte die Bürger wie auch das Ausland allzu sehr an paradigmatische Diktaturen des 20. Jahrhunderts erinnern. So gibt es in Ungarn weiterhin unabhängige Websites und einen großen, in deutschem Besitz befindlichen privaten Fernsehsender, doch fast alle regionalen Tageszeitungen des Landes gehören inzwischen regierungsnahen Oligarchen. Viele von ihnen waren Ende 2018 so lieb, ihre Anteile in eine neugegründete Stiftung einzubringen, die es sich zur Aufgabe machte, »Aktivitäten zu unterstützen, die der Förderung von Werten dienen und die nationale ungarische Identität im Bereich der Printmedien, des Radios und Fernsehens und der Online-Medien-Plattformen stärken, die als Träger der ungarischen Massenkommunikation fungieren«. Nach Angaben des Sozialwissenschaftlers Gábor Polyák kontrolliert die Stiftung – die am Ende 500 Medieneinrichtungen umfasste und ihren offiziellen Sitz am Urlaubsort eines wichtigen Orbán-Verbündeten hat – etwa 16 Prozent des Gesamtumsatzes auf dem ungarischen Medienmarkt. Auf der Grundlage einer Sonderklausel im Wettbewerbsgesetz erklärte die Regierung, die Fusion sein »von strategischer nationaler Bedeutung«, und verhinderte so jede Intervention seitens der Kartellbehörden.

In einigen Ländern wurden kritische oder auch nur potenziell kritische Medien sogar vollständig geschlossen. Im Zuge der Corona-Pandemie haben manche Regierungen sich neue Vollmachten geben lassen, um der Verbreitung von Fehlinformationen oder regelrechten Falschmeldungen ein Ende zu setzen. Und von den neuen Autoritären – das kann nicht wirklich überraschen – wird jegliche Kritik an den Maßnahmen der Regierung oft mit der »Verbreitung falscher Nachrichten« und »Panikmache« gleichgesetzt. In Ungarn nahm die Polizei mehrere Bürger fest, die kritische Kommentare zur Pandemiepolitik der Regierung gepostet hatten. Sie beschlagnahmte Telefone und Computer – und sorgte dafür, dass Videos ihrer repressiven Aktion auf Facebook platziert wurden.

Wo solche offenen Drohungen allzu riskant erscheinen, versucht oft die Regierung selbst, möglichst viele Fehlinformationen zu verbreiten. Zu Trumps Repertoire gehörte nicht nur die Einschüchterung einzelner Journalisten (und vor allem Journalistinnen), sondern auch die Strategie, »den ganzen Raum mit Scheiße zu fluten«, wie sein früherer – inzwischen des Betrugs angeklagter, dann von Trump in letzter Sekunde begnadigter – Chefstratege Stephen Bannon es so schön plastisch ausdrückte. Berufsjournalisten empfinden es mittlerweile fast als unmöglich, mit solch einer von ganz oben ausgehenden systematischen »Stiftung von Verwirrung« (so der Medienkritiker Jay Rosen) umzugehen. Sie wissen, dass Behauptungen falsch sind, doch da ein Präsident sie aufstellt, müssen sie darüber berichten (oder glauben zumindest, es tun zu müssen). Als nicht weniger schwierig empfinden sie den Umgang mit einer Figur wie Bannon, der die professionellen Medien als »die Opposition« bezeichnete und sie dadurch zwang, ihre Unparteilichkeit durch immer verdrehtere Darbietungen von »Ausgewogenheit« und »Objektivität« zu beweisen (etwa indem sie nach Experten suchten, die nicht rundheraus den Gedanken von der Hand wiesen, dass die Injektion von Desinfektionsmitteln gegen das Corona-Virus helfen könnte). Andere Journalisten verkaufen sich unermüdlich als Verkünder der Wahrheit und Verteidiger der Demokratie – obwohl sie sich damit zur Presseabteilung der »Resistance« machen und genau das zu bestätigen schienen, was Trump, Bannon und ihresgleichen immer schon über die Medien gesagt hatten. (Darauf wird im letzten Kapitel zurückzukommen sein. Es gibt Möglichkeiten, die Grundlagen der Demokratie gegen Rechtspopulisten zu stärken und zugleich an einer glaubwürdigen Verpflichtung auf

Objektivität – wenn auch nicht auf bedingungslose Neutralität – festzuhalten.)

Proteste aus der Zivilgesellschaft stellen für Populisten ein besonderes Problem dar. Sie unterminieren potenziell ihren Anspruch, die alleinigen Repräsentanten des Volkes zu sein. Ihre Lösung ist eine Strategie, die erstmals von Wladimir Putin perfektioniert wurde (in vielerlei Hinsicht ein Vorbild für heutige Rechtspopulisten und ein großer Erfindungsgeist und Tüftler, wenn es um den kleptokratischen Werkzeugkasten geht). Sie versuchen zu »beweisen«, dass die Zivilgesellschaft gar nicht die Zivilgesellschaft sei und die scheinbar vom Volk ausgehende Opposition auf den Straßen nichts mit dem wirklichen Volk zu tun habe. Auf einer Ebene ist das vollkommen vereinbar mit der Logik des Populismus. Wenn man den Anspruch erhebt, der einzige wahre Repräsentant des Volkes zu sein, ist es *per definitionem* ausgeschlossen, dass dieses Volk auf die Straße geht, um gegen seine einzig wahren Repräsentanten zu protestieren. Es muss sich folglich um eine Art »falsches« Volk handeln.

Und was macht dieses Volk zu einem falschen? Die Antwort liegt auf der Hand. Rechtspopulistische Regime bezeichnen NGOs und gewöhnliche Demonstranten unermüdlich als Werkzeuge ausländischer Mächte oder erlassen sogar Gesetze, die sie zu »ausländischen Agenten« erklären. So bezeichnete Trump die Millionen Menschen, die gegen sein Einreiseverbot für Muslime auf die Straße gingen, als »bezahlte Aktivisten« und verwendete diesen Ausdruck später auch für die Kritiker seiner Entscheidung, den erzkonservativen, im Verdacht sexueller Delikte stehenden Brett Kavanaugh für den Obersten Gerichtshof zu nominieren (obendrein bezeichnete er sie auch noch als »böse«).

Populistische Regierungen können stets auf die üblichen Verdächtigen (die CIA oder George Soros) verweisen, doch für wirklich kreative Geister gibt es hier keine Grenzen. So behauptete ein Erdoğan-Berater, die Demonstrationen im Gezi-Park seien das Werk der Lufthansa gewesen, die eine verschärfte Konkurrenz seitens türkischer Fluggesellschaften befürchtet habe, wenn der neue Istanbuler Flughafen eröffnet würde (heute nach manchen Maßzahlen der größte Flughafen der Welt oder jedenfalls groß genug, um die Deutschen zu veranlassen, falsche Türken zu rekrutieren und gegen Erdoğan aufmarschieren zu lassen).

Andererseits kann es auch vorkommen, dass solche Proteste den Populisten gerade recht kommen, gießen sie doch Öl ins Feuer der für sie so nützlichen Kulturkämpfe. Deshalb bezeichnete Bannon die »Resistance« im ersten Jahr der Trump-Administration als »unseren Freund« (nach derselben Logik waren die oppositionsfreundlichen »fake media« ebenfalls eigentlich die wahren Freunde der Trumpisten). Die Lehre lautet hier natürlich nicht, dass die Bürger nicht auf die Straße gehen und protestieren sollten, sondern dass einem klar sein muss, wie schnell und geschickt Populisten Dissens zu ihrem eigenen Vorteil zu wenden vermögen, um eine letztlich auf Ausschluss bedachte Identitätspolitik zu rechtfertigen.

Bei einer Identitätspolitik dieser Art geht es nicht um Überzeugungen, sondern um den Beweis, dass man zum wahren Volk gehört. Ein weniger beachtetes Vermächtnis des Kalten Kriegs besteht in der Ansicht, die Grundlinien eines politischen Konflikts müssten sich auf die Ideen bedeutender Denker zurückführen lassen. Sie möchten Putin verstehen? Die intellektuelle Macht hinter dem Thron des neuen Zaren ist angeblich der »eurasianistische« Philosoph Alexander Dugin, den westliche Experten zum »gefährlichsten Philosophen der Welt« hochstilisierten. Sie möchten wirklich begreifen, was hinter Bolsonaros bizarren Ansichten steckt? Studieren Sie den Youtube-Kanal Olavo de Carvalhos, eines autodidaktischen brasilianischen Philosophen, ehemaligen Astrologen und kettenrauchenden Verschwörungstheoretikers (der mitten unter echten US-Amerikanern in Virginia lebt). Immer wieder hieß es, der Mann, dessen ideologische Absonderungen man wirklich penibel studieren müsse, wolle man den Trumpismus verstehen, sei der politische Guru Bannon, auf dessen geheimer Lektüreliste angeblich Figuren wie der italienische Traditionalist Julius Evola stünden – eine wichtige Inspirationsquelle für die extreme Rechte in Europa.

Eine Instant-Ideengeschichte dieser Art hält es für ausgemacht, dass wir es mit politischen Akteuren zu tun hätten, die sich von einem umfassenden Weltbild inspirieren ließen. Außerdem unterstellt sie ohne weitere empirische Belege, rechtsgerichtete Parteien wären deshalb erfolgreich, weil die Wähler bestimmte Philosophien attraktiv fänden.[12] In Wirklichkeit lassen politische Führer sich nicht gerne von Intellektuellen einengen, die sie möglicherweise wegen einer unzureichenden Umsetzung ihrer Ideen kritisieren, und in jedem Fall wissen die Bürgerinnen und Bürger wohl eher wenig über die esoterischen Träumereien der angeblich hinter dem Thron stehenden Mächte.

Es ist leicht zu erkennen, warum (im weitesten Sinne) liberale Denker ihre Gegner unwillentlich zu philosophischen Giganten des Illiberalismus aufblasen: So meinen sie etwas zu haben, mit dem sie als politische Theoretiker arbeiten können. Und auch wenn Bannon auf die Frage nach Evolas esoterischer Philosophie des Traditionalismus antwortet: »Ich bin nur ein verdammter Typ, der sich was ausdenkt und weiterwurschtelt«, lässt sich die Verleugnung weitreichender politischer Ideen auch als perfider Versuch deuten, sie zu verbergen.[13]

Sehnsucht nach der starken Hand?

Nicht alle Liberalen möchten unbedingt Astrologie oder Theorien erforschen, die den Ursprung der Arier in der Arktis behaupten – die Art von Thesen, auf die sich die Dugins und Carvalhos dieser Welt spezialisiert haben. Alternativ kann man immer noch die Ansicht vertreten, die Menschen seien schlecht informiert, sie seien irrational und sehnten sich einfach nach der starken Hand – eine Rückfallposition, die viele Liberale schon seit dem frühen 19. Jahrhundert gerne beziehen. Wie Hillary Clinton in einem bemerkenswert empiriefreien Interview behauptete, bediene der Rechtspopulismus eine »ebenso psychologische wie politische Sehnsucht, dass einem gesagt wird, was man zu tun hat«.

Aber sehnen sich die Bürger wirklich nach dem Autoritären? Haben sich tatsächlich große Mehrheiten zu den Ansichten der extremen Rechten bekehrt? Entgegen der von Experten und auch von Populisten vertretenen Dominotheorie – erst der Brexit, dann Trump, dann Le Pen und so weiter – bleibt es eine Tatsache, dass bis heute nirgendwo in Westeuropa oder Nordamerika Rechtspopulisten ohne die Kollaboration etablierter konservativer Eliten an die Macht gelangt sind. Farage brachte den Brexit nicht im Soloverfahren zustande, sondern brauchte dazu seinen Michael Gove und seinen Boris Johnson, die den Wählern versicherten, das mit dem Brexit sei eine ganz famose Idee. Trump wurde nicht als Führer einer spontanen Graswurzelbewegung aus, wie das Klischee lautet, weißen Männern der Arbeiterklasse zum Präsidenten gewählt. Er war der Kandidat einer äußerst etablierten Partei. Die republikanischen Schwergewichte Chris Christie, Rudy Giuliani und Newt Gingrich ließen es sich nicht nehmen, für Trumps Charakter zu bürgen. Was da am 8. November 2016 geschah, lässt sich mit der denkbar banalsten politikwissenschaftlichen Erklärung verstehen: Parteizugehörigkeit. Bürger, die sich mit der Republikanischen Partei identifizierten, gingen zur Wahl und taten, was die meisten Wähler am Wahltag tun: Sie stimmten für ihre Partei – etwas ganz Normales, nur dass der Kandidat diesmal erkennbar nicht ganz so normal war.[14] So war es 2016, und so war es in vieler Hinsicht erneut 2020.

Die Anomalität blieb natürlich nicht unbemerkt, wurde aber bisweilen von anderen Aspekten in den Hintergrund gedrängt. Einige Republikaner gaben zu Protokoll, sie hielten Trump für ungeeignet, Präsident zu sein. Und dann bekannten sie, dass sie gerade eben für ihn gestimmt hätten. Die Erklärung für diese scheinbar schizophrene Position liegt in der Tatsache, dass es in einer wachsenden Zahl von Wahlen weniger um die enthusiastische Unterstützung eines Kandidaten geht, sondern eher um eine vernichtende Abfuhr für jemand anderen oder etwas anderes. Politische Gruppen werden nicht, wie John Stuart Mill einmal sagte, von »gemeinsamen Sympathien« zusammengeführt, sondern von »gemeinsamer Antipathie« oder dem, was Politikwissenschaftler als »negative Identität« bezeichnen. Für viele in der US-amerikanischen Rechten (und einige in der Linken) war Hillary Clinton schlicht nicht wählbar.[15] Und für viele Brasilianer ging es in allererster Linie darum, gegen Lulas Arbeiterpartei zu stimmen.[16] In Ungarn und Polen versprachen Orbán bzw. Kaczyński im Wahlkampf für die entscheidenden Wahlen 2010 und 2015 nicht, systematisch den Rechtsstaat auszuhöhlen. Sie präsentierten sich vielmehr als Führer einer Mainstream-Partei der rechten Mitte (im Falle Ungarns wurde diese Selbstdarstellung von den mächtigsten Christdemokraten Europas zertifiziert – den Bayern mit ihrer Autoindustrie). Und die Bürger verrieten durchaus keine tiefverwurzelte Sehnsucht nach autoritärer Herrschaft, sondern taten genau das, was die Demokratietheorie ihnen geraten hätte in einem Zweiparteiensystem, in dem einer der Bewerber in Misskredit geraten war – in Ungarn wegen der Korruption und der verheerenden wirtschaftlichen Bilanz der Sozialisten, in Polen, weil Donald Tusks christdemokratische Bürgerplattform nach allzu vielen Jahren an der Macht offenbar zu selbstzufrieden geworden war.[17] Erst nach überwältigenden Wahlsiegen erklärten Orbán und Kaczyński, es sei an der Zeit, politische Institutionen nach den Wünschen des wahren Volkes (sprich: nach ihrem Gutdünken) umzumodeln.

Wenn Populisten an der Macht sind, behaupten sie, aus ihrem Sieg an den Wahlurnen folge, alle müssten nun akzeptieren, dass sie und sie allein den Willen des Volkes repräsentierten (und wenn das erst akzeptiert sei, wären andere Details nicht mehr so wichtig; ein Bekannter aus Indien berichtet, solange man Modi unterstütze, dürfe man ruhig einen Burger essen). Da spielt es dann keine Rolle, dass diese Gestalten oft gar keine wirkliche Mehrheit (und erst recht keine qualifizierte Mehrheit) erreichten. So erhielt die BJP bei den indischen Wahlen 2019 lediglich 37 Prozent der Stimmen, erlangte aufgrund des Mehrheitswahlrechts jedoch im Parlament die Mehrheit (ganz ähnlich in Polen, wo die PiS 2015 auf der Basis von 37 Prozent der Wählerstimmen – und 19 Prozent der Wahlberechtigten – eine Mehrheit im Sejm errang und dies als Anweisung wertete, Schritt für Schritt den Rechtsstaat zu beseitigen). In Ungarn bezeichnete Orbán die Wahlen von 2010, bei denen seine Partei eine Mehrheit der abgegebenen Stimmen und eine Zweidrittel-Mehrheit im Parlament errang, als eine »Revolution an der Wahlurne« – und konstruierte daraus einen umfassenden Auftrag zu sozialen und politischen Veränderungen, aber auch zu einer Umgestaltung der Verfassung, obwohl eine neue Verfassung im Wahlprogramm komischerweise gar nicht vorgekommen war.

Es ist falsch, zu behaupten, was immer unter der Führung autoritärer Rechtspopulisten geschehe, sei genau das, was das Volk immer schon gewollt habe. Es ist auch falsch, wenn man meint, die Populisten sorgten dafür, dass die Menschen stärker am politischen Prozess beteiligt würden. Gewiss, Orbán macht viel Aufhebens um seine »nationalen Konsultationen«, regelmäßige landesweite Volksbefragungen zu spezifischen Fragen. Er bezeichnet diese Übungen als Beweis dafür, dass die einfachen Leute nun die Macht hätten, Widerstand gegen die Bevormundung durch liberale Eliten zu leisten, insbesondere gegen die von Orbán so genannten »liberalen Nihilisten« in Brüssel. Diese Veranstaltungen sind indessen in hohem Maße manipuliert; die Fragen sind tendenziös formuliert oder manchmal einfach blanker Unsinn. So forderte man die Ungarn auf, ihre Meinung zu einem angeblichen »Soros-Plan« für Flüchtlinge kundzutun – der allerdings nur in den Köpfen der Fidesz-Strategen existiert. Um sicherzustellen, dass die Menschen auf die Fragen auch brav richtig antworten, gibt die ungarische Regierung Millionen für Propaganda aus, die Hass auf Immigranten und auf die Europäische Union schüren soll. Eine dieser Volksbefragungen erwies sich wegen mangelnder Beteiligung als ungültig. Bezeichnenderweise erhob Orbán dennoch Anspruch auf einen Sieg (und, wie stets, auf alleinige Vertretung des Volkswillens). Rechtspopulisten achten also nicht einmal die Regeln, die sie selbst aufgestellt haben, denn sie können sich stets auf den quasimystischen Gedanken eines wirklichen Volkswillens berufen statt auf die bloßen Zahlen an den Wahlurnen.

Das sagt ganz allgemein etwas über das Verhältnis zwischen Populismus und direkter Demokratie. Man sollte sich von der gängigen Vorstellung verabschieden, die den Populismus mit einer grundsätzlichen Forderung assoziiert, das Volk endlich ohne zwischengeschaltete Vertreter und Vermittler sprechen zu lassen. Denn Referenden haben für Populisten eine ganz spezielle Bedeutung. Sie werden *nicht* als ein ergebnisoffener Prozess verstanden, in dem die Bürgerinnen und Bürger ihre Ansichten austauschen und miteinander streiten. Vielmehr ist die richtige kollektive Antwort auf eine Frage immer schon bekannt, da sie sich aus dem – letztlich symbolischen und von den Populisten formulierten – Verständnis des vermeintlich wahren Volkes ableiten lässt. Die Rolle des Volkes ist gar nicht die kontinuierliche Partizipation an Politik; die Bürger sollen einfach das richtige Kästchen ankreuzen und bestätigen, was die populistischen Führer schon immer über den Volkswillen behauptet haben. Hinsichtlich des Ergebnisses soll es keinerlei Ungewissheit geben.

So ist es denn kein Zufall, dass die populistischen Regime in den bereits aufgeführten Ländern das politische System bislang keineswegs in Richtung einer größeren Öffnung für die »einfachen Leute« verändert haben. Im Gegenteil, wo dies ging, versuchten sie, möglichst viel Ungewissheit aus den Wahlen zu nehmen, ob nun durch

Wählerunterdrückung oder andere der bereits genannten populistischen Regierungstechniken.

Aber bestätigt das nicht Clintons These, die Menschen sehnten sich nach einer starken Hand oder seien zumindest bereit, sich damit abzufinden? Gewiss, einige der genannten populistischen Führer genießen tatsächlich starken Rückhalt im Volk. Doch diese Tatsache sollte nicht ohne Weiteres als klarer kollektiver Wunsch nach autoritärer Herrschaft gedeutet werden. Das Problem ist nicht, dass das vermeintlich »einfache Volk« der Demokratie überdrüssig wäre; problematisch sind vielmehr die angebotenen Wahlmöglichkeiten in stark polarisierten und zunehmend gespaltenen Gesellschaften.[18]

Die zweifache Sezession

Der Populismus ist nicht alleine verantwortlich für Spaltungen in der Gesellschaft. Allerdings setzen die Populisten Polarisierung als ihre Schlüsselstrategie ein. Sie versuchen, das politische Gemeinwesen in homogene Gruppen aufzuspalten und dann zu insinuieren, dass einige Gruppen grundsätzlich irgendwie illegitim seien oder gar eine existenzielle Bedrohung darstellten. Statt davon auszugehen, dass die politische Welt durch Identitäten und Interessen gekennzeichnet ist, die sich zum Teil auch quer durch gesellschaftliche Gruppen ziehen, simplifiziert man die Welt und behauptet eine zentrale Spaltung, die zudem von existenzieller Bedeutung sei (im Sinne der Drohung: »Wenn die eine Seite gewinnt, werden wir alle untergehen«). Der Sieg der anderen Seite wird dann nicht als zeitweilige Niederlage interpretiert, sondern als eine grundsätzliche Bedrohung des gesamten Gemeinwesens (nach einer Pew-Umfrage 2016 sahen 45 Prozent der Republikaner und 41 Prozent der Demokraten in der jeweils anderen Partei eine »Gefahr für das Wohlergehen der Nation«).[19]

Entgegen mancherlei Klagen vor allem in den USA ist Polarisierung nicht gleichsam im Menschen verdrahtet; das menschliche Gehirn ist nicht einfach auf Tribalismus programmiert. Polarisierung hat eine Geschichte, sie ist menschengemacht, aber nicht unentrinnbares menschliches Schicksal. Allerdings gilt auch: Wer von Polarisierung profitiert, der hat in stark zersplitterten Gesellschaften sicher leichteres Spiel. Auch Populisten können nicht alle Konflikte frei erfinden. Die Frage stellt sich also: Warum sind Gesellschaften heute auf bestimmte Weise zersplittert? Warum fällt es ihnen schwer, Einigkeit darüber zu erzielen, was das Volk ist und warum sie überhaupt (in diesem so und nicht anders konturierten Gemeinwesen) zusammenleben? Eine konventionelle Antwort verweist auf die wachsende Zahl von Flüchtlingen und Immigranten in diversen Ländern. Es gibt bekanntlich auch mehr oder weniger empirisch begründbare Ängste hinsichtlich eines angeblichen demografischen Niedergangs und insbesondere einer Veränderung der ethnischen Zusammensetzung des Demos aufgrund der unterschiedlichen Geburtenraten verschiedener ethnischer Gruppen. (Beide Befürchtungen befeuern zweifelsohne die Fantasie von Rechtspopulisten, die Angst vor einem »großen Austausch« der gegenwärtigen Bevölkerung schüren.)[20] Diese Antworten sind indessen allzu simpel. Auch sie unterstellen, dass eine einzelne politische Herausforderung die politischen Spaltungen innerhalb der Gesellschaft mehr oder weniger objektiv vorgibt.

Meist werden der Brexit und Trump gemeinsam genannt, wenn es darum geht, den Aufstieg oder die schiere politische Macht des Populismus zu illustrieren. Ein seltsamer Umstand wird nur selten bemerkt: Die Kampagnen, die sich für Hillary Clinton bzw. für den Verbleib in der EU einsetzten, griffen zu ähnlich klingenden politischen Slogans – »Gemeinsam stärker« und »In Europa stärker« –, die in weiten Teilen der Wählerschaft spektakulär scheiterten. Offenbar hatte eine beträchtliche Zahl von Bürgern das Gefühl, gerade *ohne* solche Gemeinsamkeit stärker zu sein.

Man sollte diese Koinzidenz sicher nicht überbewerten, zumal auch noch so raffinierte Wahlslogans wohl kaum Wahlen entscheiden. Es ließe sich darin jedoch ein Hinweis auf eine neue Unsicherheit erkennen: Heute ist sehr fraglich geworden, was »gemeinsam« überhaupt bedeuten soll. In Frankreich erklären ganze 35 Prozent der Menschen, sie hätten *nichts* mit ihren Mitbürgern gemeinsam.[21] Warum sind wir überhaupt zusammen, fragen sich viele, und was geht mich das Schicksal der anderen eigentlich an?

Was genau ist geschehen, dass die Frage nach dem Volk stärker ins Blickfeld gerückt ist als vielleicht jemals zuvor in der Nachkriegszeit? Es ist nicht die Einwanderung (die in jedem Fall keine neue Entwicklung der letzten Jahre darstellt), sondern etwas, das hier als die »zweifache Sezession« bezeichnet werden soll, in Verbindung mit einer wachsenden Verunsicherung der gesellschaftlichen Mitte. Das bedarf einer näheren Erklärung.

Die erste Sezession, oder Abspaltung, ist, grob gesagt, die der privilegiertesten Gruppen. Sie werden heute oft unter der Kategorie der »liberalen kosmopolitischen Elite« zusammengefasst – weniger ein analytisches Konstrukt als ein Schimpfwort, mit dem Rechtspopulisten gerne um sich werfen, aber auch ein Begriff, der von immer mehr Experten und Sozialwissenschaftlern so verwendet wird, als sei er neutral und immer schon klar, wer damit gemeint sei. Die Bezeichnung ist jedoch in zweierlei Hinsicht irreführend. Erstens trifft es zwar zu, dass viele Eliten sehr mobil sind (zumindest potenziell, wenn auch nicht immer faktisch), aber sie sind nicht notwendig kosmopolitisch in irgendeinem gehaltvollen moralischen Sinne – soweit man mit »kosmopolitisch« nicht Leute mit dem höchsten Vielfliegerstatus meint, sondern solche, die der Überzeugung sind, dass alle Menschen in derselben moralischen Beziehung zueinander stehen, oder einfach gesagt, dass Landesgrenzen keine wirkliche moralische Bedeutung besitzen. Mobil sein ist keineswegs dasselbe wie universalistisch sein. Das sollte eigentlich niemanden wundern, seit im 19. Jahrhundert der Gedanke, dass Eisenbahnreisen dem Nationalismus den Garaus machen würden, sich als Illusion erwies. Andererseits verließ einer der größten universalistischen Moralphilosophen – Immanuel Kant – so gut wie nie seine Heimatstadt Königsberg in Ostpreußen.[22]

Gewiss, prominente Mitglieder diverser Eliten – einschließlich weltweit bekannter Stars – machen eine große Show aus ihrer internationalen Wohltätigkeitsarbeit. Aber man sucht vergeblich nach Fürsprechern wahrer globaler Gerechtigkeit, wie sie in der politischen Philosophie verstanden wird: einer echten weltweiten Umverteilung der Ressourcen und Lebenschancen. Es ist bezeichnend, dass in den Neunzigern und in den ersten Jahren des 21. Jahrhunderts die Cheerleader der Globalisierung sie nicht mit ihren Vorteilen für die Menschheit als ganze, sondern mit dem Nutzen rechtfertigten, den sie ihrer nationalen Wählerschaft bringen würde.

Der Begriff »kosmopolitisch« ist noch in einer weiteren Hinsicht irreführend. In vielen westlichen Ländern folgen Wirtschafts- und Verwaltungseliten derweil immer noch eindeutig nationalen Karrierewegen.[23] Zugleich scheinen viele von ihnen in der Lage zu sein, jede wirkliche Abhängigkeit vom Rest der Gesellschaft hinter sich zu lassen. (Ich sage »scheinen«, weil sie natürlich immer auf Polizei, einigermaßen brauchbare Straßen und dergleichen angewiesen sind.) Nicht jeder von ihnen lebt tatsächlich in einer geschlossenen Wohnanlage, einer *gated community*, doch der grundlegende Trend zur Absonderung und Homogenisierung in Enklaven ist deutlich genug. Die Gebildeten und Wohlhabenden heiraten untereinander, leben eng beieinander und reproduzieren viele ihrer Privilegien über Generationen hinweg. Nichts von alledem ist offensichtlich unmoralisch – wollten wir wirklich zurück zu den glorreichen Zeiten, als der Chef natürlich seine Sekretärin heiratete? Würden Städte wieder *great* werden, wenn man die Gentrifizierung völlig rückgängig machte? –, aber diese Separierungen haben natürlich Folgen dafür, wie die Gesellschaft verstanden wird und vor allem wie die Bürger einander betrachten. Für jene Menschen, die tatsächlich in der Lage sind, gesellschaftlich schön »Abstand zu halten« und sich »sozial zu distanzieren« (so der englischsprachige Ausdruck buchstäblich übersetzt), ist in der Tat nicht einsehbar, warum sie sich einer politischen Schicksalsgemeinschaft zugehörig fühlen sollten. Ist der Verweis auf wechselseitige moralische und politische Abhängigkeit nicht auch unplausibel, wenn unklar ist, wofür man seine Mitbürger denn nun *praktisch* überhaupt braucht? Dank der Globalisierung der Lieferketten müssen Arbeiter nicht länger demselben Gemeinwesen anzugehören. Dank des »Freihandels« müssen Konsumenten nicht im selben Land leben. Und seit der Abkehr von Massenarmeen nach dem Ende des Kalten Kriegs ist man auch nicht mehr darauf angewiesen, dass die Mitbürger Militärdienst leisten.[24] Selbst »systemrelevante« Beschäftigte sind, wie die Pandemie gezeigt hat, für manche relevanter als für andere. Die Privilegierten erhalten eine medizinische Vorzugsbehandlung, was den Zugang zu Ärzten, Pflegepersonal und Tests betrifft (bei denen die Ergebnisse schon nach dreißig Minuten vorliegen) – das alles ganz exklusiv.

Eine freimütig eingestandene, aber auch recht karikaturartige Version dieser Sezession der ökonomisch Sondergestellten bietet der Silicon-Valley-Milliardär Peter Thiel. Er bezeichnet sich selbst als libertär (und endete nicht nur als Berater Donald Trumps, sondern als eine der Figuren, die versuchten, den Trumpismus mit politischer Philosophie zu garnieren, nachdem Thiel erklärt hatte, man müsse den Kandidaten Trump ernst, aber nicht wörtlich nehmen).[25] In einer programmatischen Erklärung schrieb der deutschstämmige Mitgründer von PayPal: »In unserer Zeit ist es die große Aufgabe der Libertären, einen Ausweg aus der Politik in all ihren Formen zu finden – von den totalitären und fundamentalistischen Katastrophen bis hin zu dem gedankenlosen Demos, der die sogenannte ›Sozialdemokratie‹ leitet.«[26] Er hoffte auf einen »neuen und bislang unerprobten Prozess, der uns in ein unentdecktes Land führt«. Da es jedoch leider nur sehr wenige »unentdeckte Länder« zu geben scheint, setzt Thiel auf den »Cyberspace«, auf das »Weltall« und auf »künstliche Wohninseln« weit draußen im Meer (gleichsam eine »Besiedlung der Ozeane«). Andere zählen eher auf die Eroberung der Zeit als des Raums und investieren in die Kryonik (»frier mich jetzt ein, und lass mich später wiederauferstehen«) – gewissermaßen eine Sezession vom Leben gewöhnlicher Sterblicher schlechthin.

Thiels abschätzige Bemerkungen über den Demos blieben nicht unbemerkt, vor allem sein Satz: »Seit 1920 haben die gewaltige Zunahme der Wohlfahrtsempfänger und die Erweiterung des Wahlrechts auf die Frauen – zwei für Libertäre notorisch harte Wählergruppen – den Begriff der ›kapitalistischen Demokratie‹ in ein Oxymoron verwandelt.« Später stellte er klar, dass er nicht dafür eintrete, Menschen das Wahlrecht zu entziehen. Eigentlich habe er doch nur sagen wollen, dass mit einem hoffnungslosen Demos nicht viel anzufangen sei (und auch nicht mit einem in irgendeiner Weise reduzierten). Bestenfalls könne man hoffen, auf Distanz zu ihm zu gehen. Diese Einstellung ließe sich gut auch als Wunsch nach Abspaltung bezeichnen. Sie wird nicht oft so deutlich zum Ausdruck gebracht (oder mit mehr oder weniger philosophisch klingenden Technoklischees begründet wie bei Thiel). Die Sezession derjenigen mit großem konzentriertem und vor allem verfügbarem Reichtum ist jedoch zweifellos im Gange.[27] Die banalen Realitäten, die Thiels Sehnsucht nach unentdeckten Ländern entsprechen, sind der Erwerb eines zweiten Passes, ein Hauptwohnsitz in mehr oder weniger glamourösen Steuerparadiesen, Dritt- oder Viertwohnsitze in angeblich apokalypsesicheren Ländern wie Neuseeland und nicht zuletzt transnationale Buchungstricks mit gänzlich staatenlosen Entitäten. Zwei prominente Ökonomen schreiben dazu, dass

> US-amerikanische Firmen im Jahr 2016 […] mehr als 20 Prozent ihrer außerhalb der USA erzielten Gewinne in »staatenlosen Entitäten« verbucht haben – das heißt in Mantelgesellschaften, die an gar keinem Ort registriert sind und nirgendwo besteuert werden.

> Letztlich haben sie damit eine Möglichkeit gefunden, um Gewinne in Höhe von 100 Milliarden Dollar quasi auf einem anderen Planeten zu erzielen.[28]

Solche Abspaltungen werden nicht von »Nirgendwo-Menschen« unternommen, den von dem britischen Journalisten David Goodhart beschworenen »*anywheres*« im Gegensatz zu angeblich fest verwurzelten »*somewheres*« (und auch das Geld landet in Wirklichkeit keineswegs nirgendwo). Auch hat all das nichts mit moralischem oder kulturellem Kosmopolitismus zu tun, wenngleich rechtspopulistische Politiker – allzeit bereit, Kulturkämpfe vom Zaun zu brechen – dies so darstellen. Die Kritik an den Eliten enthält jedoch einen wahren Kern: Manche Bürger entziehen sich tatsächlich allem, was als halbwegs anständiger Gesellschaftsvertrag gelten könnte.

Natürlich ist all dies nicht vollkommen neu. Schon der Abbé Sieyès, eine führende Figur der Französischen Revolution, bemerkte mit Blick auf die französischen Aristokraten, dass die Privilegierten sich als eine eigene »menschliche Spezies« verstünden. Sie mussten schließlich feststellen, dass sie dies nicht waren, geradeso wie manche heute am Ende entdecken werden, dass es keine unentdeckten Länder gibt und man in einer Pandemie selbst bei medizinischer Vorzugsbehandlung überall nur so sicher ist wie an dem am wenigsten sicheren Ort (solange das Virus *überall* sein kann).

Dennoch ist soziale Distanzierung heute nicht ganz dasselbe wie in früheren Zeitaltern. Ungleichheit wird oft verborgen statt offen gerechtfertigt, wie einst in den Aristokratien. Die Undurchsichtigkeit demokratischer Politik in komplexen Gesellschaften mit hoch entwickelter Arbeitsteilung kann den Eindruck entstehen lassen, wir säßen alle im selben Boot, obwohl in Wirklichkeit für verschiedene Menschen verschiedene Regeln auf ganz verschiedenen Schiffen und Yachten gelten.

Sozialwissenschaftler, die diese Komplexität zu durchdringen versuchten, fragten sich (und brachen damit ein politisches Tabu), ob manche Demokratien – vor allem die USA – heute nicht de facto als Oligarchien zu klassifizieren seien. Das heißt nicht, dass man die USA zum Beispiel mit dem kleptokratischen Russland der neunziger Jahre gleichsetzt oder mit dem Libanon nach dem Bürgerkrieg, wo die entscheidenden politischen Positionen unabhängig vom Ausgang jeglicher Wahlen von denselben religiös-politischen Führern kontrolliert und zur Bereicherung genutzt werden. Die Oligarchie kann zwei verschiedene Merkmale aufweisen, die nicht unbedingt miteinander einhergehen. Ein Oligarch war nach dem ersten von Aristoteles bestimmten Kriterium nicht nur ein Mensch mit gewaltigem Reichtum, sondern auch jemand, der von seiner Gier und dem schieren Bedürfnis nach immer mehr beherrscht war (von *pleonexia*, wie die Griechen dies nannten). Als Trump im Februar 2016 die demokratischen Vorwahlen in Nevada gewonnen hatte, verkündete er in einer Rede in Las Vegas:

> Mir fällt es schwer, Geld abzulehnen, denn ich habe mein Leben lang gegrabscht und gegrabscht und gegrabscht. Ihr müsst wissen, ich bin gierig, ich will Geld und noch mehr Geld. Ich sage euch, was wir tun werden, okay? Wir werden gierig sein, okay? Jetzt werden wir gierig für die Vereinigten Staaten sein und grabschen, grabschen, grabschen. Wir werden so viel Geld hereinholen und so viel von allem.[29]

Natürlich ist nicht jeder sehr wohlhabende und nicht jeder von Gier beherrschte Mensch ein Oligarch (und es ist sehr zweifelhaft, ob Trump selbst jemals einer war, soweit man nicht allein die »Hol-dir-so-viel-du-kannst-Mentalität« als Kriterium ansetzt). Denn das zweite (von Aristoteles gleichfalls genannte) Merkmal des Oligarchen lautet, dass er seinen Reichtum einsetzt, um Abhängigkeiten zu schaffen und den politischen Prozess zu verzerren. Die Wirkung liegt grob gesagt darin, dass einzelne Personen mit konzentriertem (und zugleich leicht verfügbarem) Reichtum in einem ganz anderen politischen Universum agieren. Der Sozialwissenschaftler Jeffrey Winters verweist auf die entscheidende Trennungslinie zwischen Allerweltsreichen und jenen, die über so viel überschüssige Ressourcen verfügen, dass sie sich die teuren Dienste der von ihm so genannten »Einkommensverteidigungsindustrie« leisten können.[30] Nur wer Buchhalter und Anwälte engagieren kann, die Steueroasen wie die Cayman Islands zu nutzen verstehen, wird niedrigere Steuern zu zahlen haben als seine eigenen Sekretärinnen (um Warren Buffets berüchtigtes Beispiel zu zitieren).[31]

Entgegen dem Klischee der Ultrareichen als liberaler, global eingestellter Gutmenschen sind die tatsächlichen wirtschaftspolitischen Präferenzen der 0,1 Prozent extrem konservativ. Und sie sorgen dafür, dass diese Präferenzen sehr viel mehr zählen als die der restlichen Bevölkerung, wenn auch nicht unbedingt in allen politischen Fragen. In den USA entscheiden die außergewöhnlich Wohlhabenden zum Beispiel nicht einfach so über Waffengesetze oder Abtreibung. Bei Steuern und Handelsfragen tragen ihre Präferenzen dagegen meist den Sieg davon, und da die politischen Details oft – teils mit Absicht – so kompliziert sind, verstehen viele normale Bürger und selbst viele Profis nicht, in welcher Weise die außergewöhnlich Vermögenden von einzelnen Entscheidungen profitieren (ohne jemals in der Öffentlichkeit zu erscheinen und dort zu sagen, sie wollten »grabschen, grabschen, grabschen«).[32] Und selbst wenn sie es verstehen, fällt es ihnen vielleicht dennoch schwer, zum Beispiel gegen Republikaner anzugehen, die während der Pandemie 2020 die Nothilfegesetze mit Geschenken für Konzerne und insbesondere für Immobilienunternehmen spickten (wobei gerade Letztere, ebenso wie, krude gesagt, die Wall Street, in beiden Parteien großen Einfluss haben; andere Businesses sind eindeutiger einer Partei zugeordnet: Silicon Valley den Demokraten, der Bergbau den Republikanern – den Demokraten fällt zu Letzterem meistens nicht mehr ein, als den Kohlearbeitern zu raten, doch auf Computerprogrammierer umzuschulen).

In den USA stellen sich Gestalten, die man mit einigem Recht als Oligarchen bezeichnen kann (von einigen prominenten Ausnahmen abgesehen), an die Seite einer immer radikaleren Rechten. Sie waren uneingeschränkt bereit, die populistische Strategie eines Trump zu akzeptieren, die letztlich keine reale *wall* für das »wahre Volk« zustande brachte, Steuererleichterungen für die Wall Street aber schon. Mehr als 80 Prozent der 2017 beschlossenen Steuersenkungen und nach dem Jobs Act gewährten Subventionen gingen direkt an das obere 1 Prozent (republikanische Geldgeber hatten deutlich gemacht, dass sie die Partei nicht länger mit Geld unterstützen würden, falls die Steuersenkungen ausblieben). Trump hatte versprochen, die Mexikaner aus dem Land zu halten. Stattdessen bestand seine größte legislative Leistung darin, den mächtigsten US-Amerikanern die Möglichkeit zu geben, sich von gemeinsamen fiskalischen Verpflichtungen loszusagen und in einer, wie man dies nennen könnte, *concierge society* oder »Vorzugsgesellschaft« zu leben.

Man beachte, dass diese faktische Abspaltung nicht auf irgendeiner Verschwörung basiert, sondern auf der weitgehenden Kontrolle einer der beiden großen politischen Parteien (und natürlich auch dem Einfluss auf die andere Partei). Wie die Politikwissenschaftler Jacob S. Hacker und Paul Pierson gezeigt haben, wissen die Republikaner und ihre Geldgeber sehr genau, dass ihre wirtschafts- und finanzpolitischen Präferenzen in der Wählerschaft eigentlich keine breite Unterstützung genießen (wenn man bei Umfragen erklärt, was die Republikaner genau erreichen wollen, reagieren Wähler der Partei zum Teil ungläubig). Sie müssen ihre ökonomischen Zielsetzungen an eine Strategie permanenter Kulturkämpfe knüpfen, um überhaupt eine Siegeschance zu haben, und selbst diese Siege sind nur deshalb möglich, weil die ländlichen Wähler im politischen System der USA einen strukturellen Vorteil genießen, vor allem aufgrund ihrer gewaltigen Überrepräsentation im US-Senat.[33] Und zur Not gibt es immer noch Wählerunterdrückung und andere Möglichkeiten, um dafür zu sorgen, dass aus einer nominellen Demokratie de facto eine Tyrannei der Minderheit wird – ein

Szenario, über das die von den Republikanern angeblich so verehrten Gründerväter sich nicht weniger Sorgen machten als über die viel häufiger evozierte »Tyrannei der Mehrheit«.

Wir sollten uns deshalb – bei allem Respekt vor Aristoteles – weniger Sorgen um die Psychologie der Hochvermögenden machen als um die der Demokratie zugrunde liegende Infrastruktur – insbesondere den Charakter des Parteiensystems und die Gesetze zur Wahlkampffinanzierung, die das System ganz entscheidend prägen. Denn diese Infrastruktur erleichtert auch so etwas wie die Sezession der Hochvermögenden.

Die zweite Abspaltung ist weit weniger sichtbar. Sie ähnelt nicht der *secessio plebis* in der römischen Republik, als die Plebejer buchstäblich unter Protest die Stadt verließen und eine Art Generalstreik organisierten, um die Senatoren zu politischen Veränderungen zu zwingen. Sie ist auch nicht der Reaktion der ärmeren Bürger im alten demokratischen Athen vergleichbar, die entdeckten, dass die Reichen eigentlich zu nichts gut waren. Platon (zugegeben kein objektiver Beobachter) beschrieb diesen Augenblick der Erkenntnis:

> Wenn ein rüstiger und in der Sonne abgehärteter Proletarier in der Schlacht der Nebenmann eines reichen Herren mit der Stubenfarbe und einem von fremdem Fette gemästeten Balge wird und diesen voll Atemnot und ganz unbeholfen sieht: glaubst du nicht, daß jener dann die nicht unbegründete Ansicht gewinnt, daß solche Herren nur allein durch ihre proletarische Schlechtigkeit reich seien, und daß die Proletarier, wenn sie unter sich allein zusammen sind, sich gegenseitig zuflüstern: »Unsere Herren sind so viel wie nichts!« Nicht wahr?[34]

Solch ein Sinneswandel – erschreckend für alle, die fürchten, Demokratie berge stets die Gefahr, dass die Armen die Reichen bluten lassen – zeichnet sich heute freilich eher nicht ab.

Die zweite Sezession hat man sich vielmehr so vorzustellen: Eine wachsende Zahl von Bürgern am unteren Ende des Einkommensspektrums (um es sehr neutral auszudrücken) geht nicht mehr zur

Wahl und beteiligt sich auch nicht in anderer Weise an der Politik. Das heißt natürlich nicht, dass die faktische Enthaltung auf einem bewussten Programm nach Art der Weltraumfantasien eines Peter Thiel basierte. Für derart Abgehängte gibt es keine »unentdeckten Länder«. Sie haben nur das Land des Mangels und der stillen Verzweiflung.[35]

Eine weitgehend unsichtbare Abspaltung dieser Art verstärkt sich möglicherweise selbst, da politische Parteien auch keinen Grund haben, sich um Leute zu kümmern, die keinen Gebrauch von ihrem Wahlrecht machen. Das verstärkt wiederum den Eindruck der Armen, dass die Politik ihnen nichts zu bieten habe (falls sie es sich denn überhaupt leisten können, der Politik Aufmerksamkeit zu schenken). Die Folge ist eine sinkende und insbesondere immer stärker verzerrte Partizipation. Der Sozialwissenschaftler Claus Offe fasst die hier wirksame Logik zusammen:

> Wenn die Menschen dazu konditioniert werden, ihre Rechte und politischen Möglichkeiten ungenutzt zu lassen, und konkurrierende politische Eliten wie auch politische Parteien zu der Erkenntnis gelangen, dass Teile der Wählerschaft ihre politischen Möglichkeiten mit geringerer Wahrscheinlichkeit nutzen dürften, werden diese Eliten ihre Wahlprogramme, Wahlkämpfe und Mobilisierungsstrategien auf jene Segmente der Wählerschaft konzentrieren, die tatsächlich »zählen«, und andere vernachlässigen.[36]

Die Folge ist ein Teufelskreis, der politische Eliten und ärmere Bürger immer weiter voneinander entfernt; oder, anders gesagt: Politischer Wettbewerb nimmt ab, während ökonomischer Wettbewerb unter den Bürgerinnen und Bürgern immer weiter wächst.

Die Pandemie von 2020 war einerseits wie ein Rorschachtest. Jeder konnte darin die politische Lektion sehen, die er eh schon immer gepredigt hatte (»Wir brauchen einen starken Staat!«). Sie glich aber auch einer Röntgenaufnahme, denn sie machte strukturelle Probleme deutlich sichtbar (die sie nicht selbst geschaffen hatte). Die Privilegierten konnten sich in ihre Häuser und Wohnungen zurückziehen, die besonders Privilegierten an ihre Zweitwohnsitze (von denen es beispielsweise in Frankreich erstaunliche 3,4 Millionen gibt), und die Oligarchen konnten sich auf ihren hotelähnlichen Anwesen in den Hamptons verschanzen oder gar noch mehr Abstand halten und mit ihren Yachten aufs offene Meer verschwinden (was allerdings das Luxusproblem aufwarf, ob und wie man mit seinem Personal in Quarantäne ging). Die ohnehin schon Benachteiligten starben weiterhin und bestätigten damit, dass in den USA eine nominelle Demokratie in vielerlei Hinsicht eine rassistische Kastengesellschaft geblieben ist: Die Armen haben eher Vorerkrankungen und leben häufiger auf engem Raum zusammen. Selbst der Gedanke, auch die Bessergestellten seien von der Gesundheit der Lieferanten und Zusteller abhängig, scheint kein wirkliches Gefühl dafür ausgelöst zu haben, dass wir, wie der wohlfeile Spruch nun mal lautet, »alle in einem Boot sitzen«, weil wir tatsächlich aufeinander angewiesen seien (und dass – um den Dichter W.H. Auden zu paraphrasieren – dies eine Zeit sei, in der wir entweder einander helfen oder aber sterben müssten). Abhängigkeit einzugestehen hätte nicht das Ende der Konflikte und politischen Meinungsverschiedenheiten bedeutet, aber es hätte einige Absurditäten der Kulturkämpfe bloßgelegt, wonach selbst das Tragen von Mund-Nasen-Bedeckungen zum Schutz seiner selbst und anderer als Zeichen der falschen (irgendwie unpatriotischen) politischen Identität gedeutet werden konnte. Dagegen scheint Benjamin Disraelis Beschreibung Großbritanniens im 19. Jahrhundert einige westliche Länder im 21. Jahrhundert bestens zu charakterisieren:

> Zwei Nationen, zwischen denen es keinen Verkehr und keine Sympathie gibt; die von den Bräuchen, vom Denken und Fühlen der jeweils anderen so wenig wissen, als wohnten sie in ganz verschiedenen Zonen [...]; die aus Menschen ganz unterschiedlichen Schlages bestehen, sich anders ernähren, verschiedene Umgangsformen besitzen und nicht denselben Gesetzen gehorchen.[37]

An der Spitze stehen Bürger, die sich stark an der Politik beteiligen, aber zugleich viele Möglichkeiten haben, irgendwo anders hinzugehen. Die abgesonderte Nation unten setzt sich aus Männern und Frauen zusammen, die sich kaum mit Politik befassen und eigentlich nirgendwo hinkönnen. Natürlich ist das eine radikale – viele werden einwenden: zu radikale – Vereinfachung. Denn schließlich gibt es außerdem noch das Problem einer unter wachsenden Druck geratenden Mitte, zu der in manchen Ländern auch jene Gruppe gehören mag, die oberflächlich wie eine aus wohlhabenden Berufstätigen bestehende obere Mittelschicht erscheint. In den USA macht sich diese Gruppe zunehmend Sorgen wegen der steigenden Ausbildungskosten und der schmaler werdenden Wege zum College (das heißt zu Möglichkeiten, die eigenen Privilegien an die Nachkommen weiterzugeben, nach dem schönen Prinzip dessen, was der britische *Economist* als Erb-Meritokratie kritisiert). Wenn sie an den »großen Bevölkerungsaustausch« denken, kommen ihnen nicht Muslime in den Sinn, sondern Maschinen, die Arbeitsplätze in Buchhaltung und Management bedrohen.

Es gibt zahlreiche empirische Belege für den wachsenden Pessimismus der Bürger hinsichtlich ihrer eigenen wirtschaftlichen Zukunft und der ihrer Nachkommen: 58 Prozent der US-Amerikaner und 60 Prozent der Europäer glauben, dass es ihren Kindern schlechter gehen wird als ihnen selbst. Der Politologe Adam Przeworski schreibt dazu: »Der Verlust des tief verwurzelten Glaubens an den intergenerationellen Fortschritt ist ein markanter historischer Bruch.« Diese wahrgenommene Bedrohung und die Aussicht auf einen Niedergang vermögen am besten zu erklären, warum Bürger der Mittelschicht zumindest zeitweilig bereit zu sein scheinen, Verstöße gegen demokratische und rechtsstaatliche Prinzipien zu billigen. Vielen Bürgern ist zumindest teilweise bewusst, dass die Orbáns und Trumps dieser Welt der Demokratie Schaden zufügen. In hochgradig polarisierten und immer ungleicheren Gesellschaften sind sie jedoch willens, den Schaden aus (illusorischem oder realem) wirtschaftlichem Eigennutz hinzunehmen.[38] Das Problem erreicht seine größten Ausmaße, wenn Populisten ein Gefühl des »wir oder sie« oder die Angst schüren, das Land würde »uns weggenommen«. Wie wiederum der Politikwissenschaftler Larry Bartels gezeigt hat, vermag »ethnische Feindseligkeit«, wie er dies nennt (im Klartext: Feindseligkeit gegenüber Nichtweißen, die angeblich die Macht übernehmen oder zumindest zu viele Forderungen an den Staat stellen), die schwindende Bindung an demokratische Prinzipien bei einer beträchtlichen Zahl bekennender Republikaner in den USA zu erklären. Dabei geht es nicht lediglich um den Verzicht auf Nettigkeiten bei der Verteidigung eines Staates, den sie offenbar als einen »ethnischen Staat« verstehen; vielmehr billigen sie auch explizit Gesetzlosigkeit oder gar Gewalt.[39]

Heute sind also manche Bürger bereit, eine Beschädigung der Demokratie in Kauf zu nehmen – so denn die politischen Abbruchunternehmer ihnen einen persönlichen Vorteil versprechen. Dieser Impuls, um anderer Dinge willen eine Aushöhlung der Demokratie zu akzeptieren, ist eine Versuchung, der nicht nur wirtschaftlich (oder ethnisch) unsichere Mehrheiten oder verängstigte Mittelschichten erliegen. Gerade die Privilegiertesten behaupten oft lautstark, sie wären begeisterte Anhänger der Demokratie und wir alle müssten sie verteidigen – allerdings nur solange keine Steuern erhöht werden. Im antiken Griechenland bedeutete Demokratie ursprünglich so etwas wie: Das ganze Volk rauft sich auch mal zusammen. Für ihre damaligen Gegner bedeutete Demokratie, dass die Armen die Reichen bedrohten, weil die Armen ihre materiellen Interessen vertreten konnten (ebenso wie die Oligarchen es tun).[40] Das Engagement der sehr Wohlhabenden für die Demokratie war somit noch nie bedingungslos.

Lloyd Blankfein, ehemals Chef von Goldman Sachs und eingetragener Demokrat, erklärte während der Vorwahlen 2020: »Ich denke, es könnte mir schwerer fallen, Bernie zu wählen als Trump.« Nach Sanders' Attacke auf die »Milliardärsklasse« gefragt, meinte er:

> Ich mag keine Ermordung durch Kategorisierung. Das halte ich für unamerikanisch. Ich finde, das ist destruktiv und maßlos. Ich finde, das ist ebenso schädlich für den amerikanischen Charakter wie Trump, der Gruppen von Menschen verunglimpft, denen er niemals begegnet ist. Aber wenigstens kümmert Trump sich um die Wirtschaft.

So können sehr Wohlhabende denn an rechtspopulistischen Parteien etwas Positives finden, weil sie ihren wirtschaftlichen Interessen dienen (»wenigstens kümmert Trump sich um die Wirtschaft«). Die Mittelschichten wiederum können in diesen Parteien Retter des »wahren Volks« vor allerlei unwürdigen Anderen erblicken, ob das nun die Armen oder ethnische Minderheiten (oder beide) sein mögen. »Wir brauchen die Ängstlichen, um Mehrheiten zu bewegen«, erklärte eine führende Politikerin der AfD dazu.[41] Und die am schlechtesten Gestellten gehen erst gar nicht zur Wahl oder, falls doch, nur, um den etablierten Parteien per Protestwahl einen Denkzettel zu verpassen, wobei der rechtspopulistische Kandidat oft schlicht für das lauteste »Ihr könnt mich alle mal!« zu stehen scheint (um Michael Moores Äußerung über Trump zu zitieren).

In Jean Renoirs Film *Die Spielregel*, der in vielerlei Hinsicht von der Krise der Demokratie in den dreißiger Jahren handelt, meint eine Figur namens Octave, »dass jeder seine Gründe hat«. Es ist unwahrscheinlich, dass man das, was manche für gute Gründe halten, ganz grundsätzlich ändern kann. Man kann jedoch die Anstrengung unternehmen, die Institutionen und die Wahlmöglichkeiten zu ändern, mit denen sie sich konfrontiert sehen. Und das heißt unter anderem: Die kritische Infrastruktur der Demokratie zu öffnen und umzugestalten. Dazu braucht es allerdings ein klares Verständnis der Prinzipien, die der Demokratie zugrunde liegen. Bevor diese näher erläutert werden, soll indessen noch auf eine weitere mögliche Lehre aus den Siegen des Rechtspopulismus verwiesen werden.

Rechts- und Linkspopulisten mögen nicht ganz Unrecht haben, wenn sie auf ihre Weise von der Sezession bestimmter Eliten sprechen. Sie haben jedoch ganz sicher Unrecht, wenn sie alle Konflikte auf Fragen der Zugehörigkeit reduzieren oder jeden Dissens mit ihnen per se für illegitim halten (»wer anderer Meinung ist, muss ein Volksverräter sein«). Wegen dieses Impulses sind echte Linkspopulisten – also politische Akteure, die auf der Basis der einen oder anderen linksgerichteten Ideologie einen Alleinanspruch auf die Vertretung des Volkes erheben – gleichfalls geneigt, demokratische Institutionen zu untergraben. Schließlich gibt es keinen Grund, die politischen Grundrechte ihrer Gegner zu schützen, da doch klar ist, dass diese eigentlich gar keinen Platz im demokratischen Spiel verdienen. Das beste Beispiel dafür ist Venezuela unter Chávez und Maduro.

Rechtspopulisten hingegen lassen sich oft auf eine sonderbare politische Projektion ein. Sie beschwören so etwas wie eine Vertreibung des angeblichen »wahren Volkes«, dessen Angehörige auf »sehr unfaire Weise« (im Trump-Sprech) dazu gebracht würden, sich wie Fremde im eigenen Land zu fühlen. Doch kann das wahre Volk sich kaum von der eigenen Heimat loslösen, wenngleich einige Rechtsextreme sich genau darum bemühen, etwa wenn sie in North Dakota ein Wunderland der weißen Vorherrschaft – eine Art White-Supremacy-Disneyland – zu schaffen versuchen (darüber später mehr) oder wenn die Freiheitliche Partei in Österreich ein pittoreskes kleines Gasthaus – die Pension Enzian – aufkaufte und dort Gold versteckte, weil man im Falle eines europäischen Bürgerkriegs natürlich einen angemessenen Zufluchtsort benötige: Formen, wenn man so will, von innerer Sezession.

Dieselben Leute, die Ängste davor schüren, »das Land zu verlieren«, streben de facto danach, all jene aus dem politischen Gemeinwesen auszuschließen, die angeblich nicht wirklich zum Volk gehören. Betroffen davon sind kaum die Mächtigsten, sondern in der

Regel ohnehin verwundbare Minderheiten, die schikaniert oder gar ihrer Rechte beraubt werden. Da ist es denn auch egal, dass die Pandemie eines hätte lehren können: dass nämlich die Angehörigen des »wahren Volkes« gerade auf die oft als »volksfremd« diffamierten Minderheiten angewiesen sind: auf die wandernden Erntearbeiter in den USA; auf die Rumänen und Bulgaren, letztlich die einzigen verbliebenen hochgradig mobilen Europäer, die man mit Charterflügen zur Arbeit in Fleischfabriken nach Deutschland transportierte (während die angeblich liberal-kosmopolitischen Eliten bequem von zu Hause aus arbeiteten). Solche wechselseitigen Abhängigkeiten werden von Rechtspopulisten stets geleugnet, denn wer wechselseitige Abhängigkeit anerkennt, der gesteht ein, dass andere gleichfalls Ansprüche haben und dass diese Ansprüche vielleicht auf faire Weise in einen politischen Prozess eingebunden werden müssen.[42] Stattdessen vermitteln diese politischen Führer Mehrheiten das Gefühl, sie wären die wahren Opfer, die attackiert würden, oder stiften Gemeinschaft durch geteilte Empörung über diejenigen, die gar nicht richtig zum Volk gehören.[43] Diese Empörung hat eine reale Ursache, denn Minderheiten erheben tatsächlich manchmal neue Ansprüche, doch es ist nicht unvermeidbar, dass solche Forderungen von den Wählern rechtspopulistischer Parteien in dem Sinne verstanden werden, dass »Leute, die nicht wirklich zu uns gehören, uns was wegnehmen wollen«.

Heißt all das letztlich, dass jeder Bezug auf »das Volk« von vornherein gefährlich und vielleicht per se illiberal sei oder immer auf Ausschließung zielte? Die Antwort ist nein. Es wäre nämlich sonderbar, wenn man in einer Demokratie versuchte, jede Bezugnahme auf »das Volk« zum Unding zu erklären. Was wäre zum Beispiel von einer Berufspolitikerin zu halten, die auf die Frage nach einem für sie attraktiven Selbstverständnis der Bürgerschaft nur zu antworten vermöchte, sie habe keine Ahnung, könne aber gerne über einige technische Lösungen für die jüngsten Probleme mit dem Abwassersystem der Stadt referieren?

Politik als Beruf umfasst auch die Pflicht, sich Gedanken darüber zu machen, was das Volk ist – oder was es sein könnte und sollte. Daran ist nichts Absonderliches, auch wenn es in Deutschland aufgrund der enormen Vorbelastung des Wortes »Volk« oft so wahrgenommen wird (nicht umsonst schuf der Künstler Hans Haacke ein Denkmal mit der Inschrift »Der Bevölkerung«). Der Unterschied zwischen einem populistischen und einem nichtpopulistischen Politiker besteht darin, dass letzterer Vorstellungen über »das Volk« als grundsätzlich falsifizierbare Aussagen versteht, gleichsam als Hypothesen, die an der Wahlurne (zumindest zeitweilig) widerlegt werden können.[44] Der populistische Politiker weiß dagegen nicht nur immer schon, dass er die einzig richtige Antwort auf die Frage kennt, was denn das Volk sei. Er tut auch so, als wäre diese Antwort eine schlichtweg gegebene, unbestreitbare Tatsache (die eben er als Einziger klar sieht). Behauptungen dieser Art über das einzig wahre Volk können niemals durch die Ergebnisse einer Wahl oder einer Volksabstimmung widerlegt werden. Falls es den Anschein hat, dass sie widerlegt worden seien, kann das nur durch Betrug geschehen sein. Populisten erheben nicht den Anspruch, den Willen des Volkes zugleich zu *formen* und zu befolgen, wie demokratische Politikerinnen und Politiker dies im Großen und Ganzen tun. Sie geben vor, sie *fänden* ihn lediglich vor, da der kollektive Wille sich unmittelbar aus dem einen und einzig authentischen Verständnis des Volkes ableiten lässt.[45]

Der Hinweis auf diesen Unterschied, so bedeutsam er ist, beantwortet natürlich noch nicht die Frage, was denn dann ein nichtpopulistisches Verständnis von Volk auszeichnet. Die Debatten politischer Philosophen über diese Frage bewegen sich meist zwischen zwei Extremen. Auf der einen Seite findet sich die Position, eine moralisch korrekte Theorie sei in der Lage, die politischen Grenzen ein für alle Mal zu klären. Verteidiger des Nationalismus als einer moralischen Theorie vertreten zum Beispiel die Auffassung, alle größeren Gruppierungen mit gemeinsamer Kultur müssten politische Selbstbestimmung genießen. Auf der anderen Seite steht die Ansicht, solche Theorien stellten eine undemokratische Zumutung seitens der Moralphilosophen dar. Stattdessen solle man die Frage nach den Konturen des Volkes ganz der konkreten politischen Auseinandersetzung überlassen. Aus dieser Perspektive wirkt jedes von oben dekretierte Zusammengehörigkeitskriterium wie ein illegitimer Versuch, ein wirklich demokratisches Ringen erst gar nicht zuzulassen (wobei Moralphilosophen von solcher Macht natürlich nur träumen können).[46]

Angesichts politischer Konflikte nur die Achseln zu zucken – sollen die Würfel doch fallen, wie sie wollen – resultiert dann aber vielleicht in Sprachlosigkeit angesichts von Politikern, die Minderheiten systematisch schwächen oder sogar entrechten. Zugleich haben Anhänger des Gedankens, dass man die Konflikte einfach konsequent ausfechten solle, durchaus nicht Unrecht, wenn sie Zweifel am Gedanken einer einzigen korrekten moralischen Antwort säen, einer Antwort, die dem Demos keine andere Aufgabe zuwiese, als dankbar den richtigen, von Philosophen heruntergereichten Plan in Empfang zu nehmen.[47] Sie können aber auch nicht davon ausgehen, dass »Auseinandersetzung« in jedem Fall zu Inklusion führt. Sie könnte durchaus auch die Forderung, den Demos zu verkleinern (zum Beispiel durch Ausschluss oder Vertreibung), zur Folge haben.[48]

So sind denn beide Antworten unbefriedigend. Vielleicht liegt das daran, dass die Frage schlecht gestellt ist. Bei allem Respekt vor Gedankenexperimenten als Methode zum Schärfen der eigenen moralischen Intuitionen: Man fängt eigentlich nicht mit einem von Menschen bevölkerten Globus an und fragt dann, wie man diese am besten in verschiedene Staaten und Völker aufteilt. Man würde vergeblich nach einem archimedischen normativen Punkt suchen, von dem aus alles klar würde.[49] Ein anderer Weg ist plausibler. Es geht eigentlich nicht um »das Volk« in einem abstrakten Sinne, sondern um ein spezifisch *demokratisches* Volk. Natürlich ist das höchst voraussetzungsvoll. Vor allem setzt es voraus, dass eine bestimmte Gruppe ihr Leben nach Prinzipien der Gleichheit und Freiheit zu gestalten versucht.[50] Der Frage, welcher Zusammenhang zwischen diesen Prinzipien und der Demokratie besteht, wird im nächsten Kapitel nachgegangen. Hier soll erst mal eine weitere Annahme aufgestellt werden – dass nämlich eine gemeinsame Absicht, nach diesen Prinzipien zu leben, in den Imperativ übersetzt werden muss, einen institutionellen Apparat (kurz: einen Staat) zu unterhalten, der diese gemeinsame Absicht auch durchsetzt.[51]

Man könnte natürlich einwenden, was eigentlich bewiesen werden müsse, sei damit vorausgesetzt worden. Doch diese sehr grobe Skizze eines demokratischen Volkes schreibt im endlosen Konflikt über Grenzen keine bestimmte Antwort vor. Sie beschränkt lediglich mögliche Konflikte auf zweierlei nichttriviale Weise.

Erstens darf ein demokratisches Volk Bürger nicht vertreiben oder entrechten (also gegen ihren Willen ausschließen). Es darf auch nicht den Status als Mitglieder des Gemeinwesens bei einzelnen Bürgern auf perfidere Weise in Frage stellen; das widerspräche der Verpflichtung auf politische Gleichheit. Solch ein Verhalten – oder auch nur eine entsprechende Rhetorik – läge außerhalb dessen, was man die *harte Grenze* des demokratischen Konflikts nennen könnte. Den Befürwortern von Vertreibung und Entrechtung ihre Wünsche zu versagen ist kein Verstoß gegen demokratische Prinzipien, da diese Bürger sich dem kollektiven demokratischen Projekt ja gar nicht wirklich angeschlossen haben. Weniger offensichtlich ist, dass man ihnen noch nicht einmal besondere Bemühungen zur Rechtfertigung einer Ausgrenzung verweigernden Politik schuldet, da sie den gemeinsamen Rahmen von Freiheit und Gleichheit, den das politische Gemeinwesen sich gesetzt hat, ohnehin nicht akzeptieren.[52]

Zweitens darf man bei Auseinandersetzungen über Grenzen nicht einfach auf eine angeblich selbstverständliche, quasi-natürliche Volkskonzeption verweisen. Genau das versuchen Anhänger eines bestimmten ethnischen Verständnisses der Nation gern (auch wenn sie dabei nicht unbedingt gleichzeitig Populisten sein müssen, die behaupten, als Einzige den Ethnos zu vertreten).[53] Das Problem ist nicht, dass eine Position, die Einwanderung zu beschränken versucht, von vorneherein außerhalb der demokratischen Debatte stünde. Hier geht es nicht um den Inhalt dieser Auffassung, sondern um die Art, wie sie vorgetragen wird – nämlich, indem das Verständnis von Volk als über jeglichen politischen Konflikt erhaben naturalisiert (oder gar sakralisiert) wird. Es ist eine Sache, zu behaupten, die Einwanderung treibe die Löhne geringqualifizierter Beschäftigter nach unten (auch wenn die empirischen Belege für diese These höchst umstritten sind). Es ist etwas anderes, zu dekretieren, nur Christen könnten Amerikaner sein – und damit Schluss der Debatte! Wie der Rechtstheoretiker Christoph Möllers einmal bemerkt hat: »Wo sich endgültige Sicherheit über den Volksbegriff durchsetzt, ist die Demokratie am Ende.«[54]

Das lässt viel Raum für demokratischen Konflikt. Keinen Raum lässt es hingegen für die simple Behauptung, das Volk sei kulturell eindeutig determiniert oder gar von Natur vorgegeben (»Amerikaner müssen weiße Christen sein, und der Staat gehört ihnen allein« – jene Art von Kulturkampf-Rhetorik, die US-Republikanern half, sowohl mit ihrer extrem regressiven Steuerpolitik als auch mit ihrer Duldung von Trump, dem offensichtlichen Demokratie-Terminator, immer wieder durchzukommen).

Natürlich kann man fragen, ob die oben angesprochene harte Grenze nicht auch nur eine schliche »Behauptung« ist – zumal eine, die die Frage nach Zugehörigkeit einfach aus der politischen Auseinandersetzung herausnimmt. Entscheidend ist hier, dass die harte Grenze nicht willkürlich oder mit Verweis auf quasi-natürliche Gegebenheiten gezogen wird; stattdessen wird sie mit dem Hinweis auf ein unverzichtbares Element der Demokratie an sich – nämlich politische Gleichheit – gerechtfertigt. Es stimmt, dass nichtdemokratische Staaten Sorgen dieser Art (und solch harte normative Grenzziehungen) nicht kennen.[55]

Aus alledem folgt nicht, dass die heute bestehenden Staatsgrenzen niemals verändert werden dürften oder dass jeder Prozess, an dessen Ende ein Demos scheinbar kleiner geworden ist, automatisch illegitim wäre. Man denke etwa eine permanent entfremdete kulturelle Minderheit – wie die Kurden –, die keine Stimme hat, weil eine dominierende Gruppe den Staat benutzt, um die eigene Kultur (einschließlich der eigenen Sprache) auf Kosten aller übrigen zu fördern. Solch eine Situation könnte Grundlage für eine tatsächliche rechtliche Abspaltung sein, die zu einer Verkleinerung des verbleibenden Demos führte (auch wenn es selbst bei Trennung und Abspaltung unter demokratischen Völkern natürlich kein Recht auf Vertreibung gibt).

So kann es denn nicht überraschen, dass Fragen nach dem Volk zurückführen zu einer grundsätzlichen Klärung von Demokratie (solange man von der Annahme eines demokratischen Volkes ausgeht), und das wiederum zwingt einen, die Idee politischer Gleichheit genauer in den Blick zu nehmen. Es ist notwendig, die Möglichkeit einer Auseinandersetzung auch über Fragen der Zugehörigkeit innerhalb der oben genannten harten Grenzen offenzuhalten; dies wiederum macht es erforderlich, die Qualität der kritischen Infrastruktur der Demokratie zu untersuchen. Es ist schließlich nicht ein »Volk« an sich, das da Konflikte austrägt. Wie Judith Shklar einmal in einem Artikel mit dem vielsagenden Titel »Let us not be hypocritical« (»Lasst uns nicht scheinheilig sein«) bemerkte: »Ein Volk ist nicht einfach nur eine politische Entität, wie man einst hoffte. Parteien, organisierte Wahlkämpfe und Anführer sind die eigentliche Realität.«[56] Diese Realität kann besser oder schlechter aussehen. Zu den Grundlagen der Demokratie zurückzugehen hilft, deutlicher zu erkennen, was sie jeweils besser oder schlechter macht.

2. Vertretbare Demokratie: Freiheit, Gleichheit, Ungewissheit

Wie sollte man jemals zu einem Konsens gelangen, wenn es zuvor keinen Konflikt gab? Konflikte bilden den lebendigen Kern einer offenen Gesellschaft. Wollte man Demokratie in einer Partitur zum Ausdruck bringen, wäre das Hauptmotiv die Harmonie der Dissonanz. Wandel bedeutet Bewegung, Bewegung bedeutet Reibung, und Reibung bedeutet Hitze.

Saul Alinsky

Weshalb diese Sucht nach Gleichförmigkeit – wo die Hauptsache doch Verschiedenartigkeit ist? [...] »Der Gewinner bekommt nichts«, das ist die große Wahrheit unseres und jedes anderen Landes. Das Leben will gelebt, nicht kontrolliert werden, und Menschlichkeit wird dadurch gewonnen, dass man auch im Angesicht der sicheren Niederlage weiterspielt. Unser Schicksal ist es, eins zu werden und doch viele zu sein.

Ralph Ellison, Der unsichtbare Mann

Wettbewerb ist etwas für Verlierer.

Peter Thiel

Autoritäre Rechtspopulisten geben zu verstehen, nicht alle Bürger seien Teil des wahren Volkes, vielmehr gehörten manche gar nicht wirklich dazu oder wären bestenfalls Bürger zweiter Klasse. Selbst wenn diese Aufforderung zu Verachtung oder regelrechtem Hass nicht zu »nach unten durchsickernder Aggressivität« führt (aber warum sollte sie das nicht tun?), darf man annehmen, dass hier ein demokratisches Grundprinzip verletzt wird: In einer Demokratie müssen die Bürger die Erfahrung von politischer Gleichheit machen.

Diese Intuition wird weithin geteilt und schützt die Demokratie vor einer ganz bestimmten Gefahr: Wenn Demokratie deshalb als etwas Gutes gilt, weil sie Wohlstand und Frieden sichert, könnte man sie ja aufgeben, falls ein anderes System Wohlstand und Stabilität noch effektiver bietet (zum Beispiel eine Idealversion des autoritären China – also eines Systems, dessen Versprechen von Wohlstand und gesellschaftlicher Harmonie wirklich eingelöst wären). Wenn Menschen nicht in einer Gesellschaft leben wollen, in der manche als den anderen grundsätzlich überlegen gelten – in einer Art Kastengesellschaft also –, dann haben sie gute Gründe, die Demokratie selbst noch einem Autoritarismus mit sehr menschlichem Antlitz vorzuziehen. Größere Leistungsfähigkeit schlägt dann nicht automatisch chaotische, langsame und oft irrational erscheinende demokratische Verfahren.[1]

Man beachte, dass hier zwei verschiedene Arten von Gleichheitsverständnis im Spiel sind. Das eine handelt von gleichen Rechten, das andere von »Gleichheit im Zusammenleben« – jener Ungezwungenheit im Umgang miteinander, die den anderen als prinzipiell ebenbürtig (aber nicht als in jeder Hinsicht gleich) betrachtet. Gerade das Fehlen von Ehrerbietung und Machtspielen im US-amerikanischen Alltagsleben hatte den französischen Aristokraten Alexis de Tocqueville so erstaunt, schließlich stammte er aus einer Welt, in der Statusunterschiede – selbst nach dem offiziellen Ende des Ancien Régime – das ganze Leben bestimmten. Diese Art von Gleichheit entspricht einem starken menschlichen Grundbedürfnis, anderen auf Augenhöhe zu begegnen. Man möchte nicht sein Leben lang Kratzfüße und Verbeugungen machen (und ständig kalkulieren müssen, was andere von einem wirklich halten).[2] Solche auf Gleichheit basierenden Beziehungen sind in einer nichtdemokratischen – das heißt politisch hierarchischen – Gesellschaft *per definitionem* ausgeschlossen.[3] Natürlich sind gleichberechtigte soziale Beziehungen auch in Ländern mit fairen und freien Wahlen nicht automatisch garantiert. Viele Bereiche des heutigen Lebens sind durch willkürliche Herrschaft und Grausamkeit gekennzeichnet, das reicht von patriarchalischen Familien bis hin zu Unternehmen, in denen Beschäftigte sich einnässen (weil es nur eine begrenzte Zahl von Toiletten gibt oder nur wenige Toilettengänge erlaubt sind). Die Menschen, obwohl nominell gleichberechtigte Bürger eines demokratischen Staates, sind faktisch der Willkür der Mächtigen ausgeliefert.

Nimmt man Gleichheit im Zusammenleben ernst, erweist sich eine klare Trennung zwischen offizieller »Politik« – den Dingen, die in den Abendnachrichten gewöhnlich als erste genannt werden – und der gelebten Erfahrung am Arbeitsplatz oder in der Familie als unmöglich.[4] Das heißt nicht, dass es in allen Lebensbereichen demokratische Wahlen geben müsste, damit sie akzeptabel wären. Es gibt Hierarchien, die sich rechtfertigen lassen und nicht in Willkürherrschaft ausarten (ich kann meinen Studenten sagen, was sie tun sollen, ohne deshalb zu unterstellen, sie wären irgendwie minderwertig, und ohne ihre Würde zu verletzen, so wie ein Verbot, zur Toilette zu gehen, dies zweifellos tut). Dennoch wirkt Demokratie in diesem spezifischen sozialen Sinne sich auf andere Lebensbereiche aus – und das ist auch gut so, geraten die Machthabenden dadurch doch unter Druck, ihre Positionen zu rechtfertigen. Glatte Behauptungen, wonach die Weltgeschicke stets von Männern gelenkt werden müssten, Starprofessoren eben das Recht hätten, Studentinnen zu unterbrechen, oder dergleichen reichen dann als Rechtfertigung kaum aus.

Gleichheit, ob nun im sozialen Sinne oder im Sinne gleicher politischer Grundrechte, bedeutet nicht Unterschiedslosigkeit oder Homogenität. Das Gegenteil von Gleichheit ist nicht Vielfalt – die mit politischer Gleichheit vollkommen verträglich sein kann –, sondern Ungleichheit.[5] Zudem verlangen weder politische noch soziale Gleichheit, dass die Menschen immer einer Meinung wären. Eines der am weitesten verbreiteten Missverständnisse bezüglich demokratischer Politik unserer Zeit besagt, Spaltung und Konflikt wären an sich problematisch oder sogar gefährlich. General James M. Mattis, Trumps glückloser Verteidigungsminister, erklärte, die Gesellschaft benötige eine »grundlegende Freundlichkeit« – auf den ersten Blick ähnlich der Ungezwungenheit, die Tocqueville so beeindruckte. Doch gleich im Anschluss lamentierte der General über die »mangelnde Einigkeit« in seinem Land.[6] Das Versprechen der Demokratie lautet jedoch nicht, dass wir am Ende alle einer Meinung sein werden, und sie verlangt auch nicht, dass die Bürger eine »Einheitlichkeit der Prinzipien und Gebräuche« aufwiesen, wie Alexander Hamilton forderte (ein anderer politischer Denker kam der Wahrheit schon näher, als er sagte oder vielmehr sang: »We're one, but we're not the same«).[7] Die Bürgerinnen und Bürger haben ganz unterschiedliche Vorstellungen über ein gutes Leben für sie selbst und auch über das Gemeinwohl. Diese Unterschiede lassen sich nicht allein auf Irrationalität, mangelnde Information oder ein Fehlen der rechten politischen Bildung (oder gar Umerziehung) zurückführen. Menschen haben unterschiedliche Dispositionen und Lebenserfahrungen, und sie gewichten empirische Befunde unterschiedlich, ohne dass man immer gleich sagen könnte, die eine Gewichtung sei richtig und die andere eben offensichtlich falsch.[8] In einer Gesellschaft freier und gleicher Bürger werden solche Unterschiede – und mithin auch Konflikte – nicht wie durch Zauberhand verschwinden.

Dissens ist jedoch nicht dasselbe wie Nichtachtung oder *disrespect*. Letzteres ist nicht einfach nur »Grobheit« oder »Unhöflichkeit«, sondern eine Einstellung, die anderen Bürgern die Stellung als freie und gleiche Mitglieder der politischen Gemeinschaft abspricht. Wenn man dieses präzisere Verständnis von Nichtachtung akzeptiert, lautet die gute Nachricht, dass es weniger »Nichtachtung« gibt als oft behauptet (zum Beispiel von einer Figur wie Trump, der jegliche Kritik als »respektlos« bezeichnete – vor allem, wenn sie von Frauen kam). Die schlechte Nachricht lautet, dass echte Nichtachtung eine ernsthaftere Herausforderung für demokratische Politik darstellt als gewöhnlich angenommen. Auf die Frage, wie man streitfreudig – und sogar *sehr* streitfreudig – sein kann, ohne gegen demokratische Standards zu verstoßen, werde ich am Ende des letzten Kapitels noch näher eingehen.

Theoretisch ließe sich das Gleichheitsverhältnis zwischen den Bürgern auch sichern, wenn alle ihre Entscheidungsgewalt auf einen neutralen Schiedsrichter übertrügen, der irgendwie garantieren könnte, selbst kein Interesse an Herrschaft zu haben. Man denke etwa an die mythischen Gründergestalten, die in den Werken Rousseaus und anderer ein perfektes politisches Gemeinwesen errichten und dann auf unerklärliche Weise und auf Nimmerwiedersehen verschwinden. Oder man stelle sich einen riesigen Computer vor, der die Präferenzen aller Bürger gleichermaßen berücksichtigte und ein bestmögliches politisches Ergebnis ausspuckte, bei dem kein Bürger das Gefühl hätte, als minderwertig behandelt worden zu sein.

Es ist recht klar, inwiefern eine andere Intuition in Bezug auf Demokratie solch ein Bild unattraktiv machen könnte.[9] Einerseits ist es ein Unterschied, ob man von einem unpersönlichen Apparat Gleichbehandlung erfährt oder ob die Menschen einander als Gleiche behandeln und einander wechselseitig ihre Stellung als gleichberechtigte Mitglieder des politischen Gemeinwesens aktiv bestätigen.[10] Andererseits – und wichtiger noch als eine Gleichbehandlung durch eine Maschine – möchten Menschen auch eine Wahl haben. Sie möchten handeln und Handlungsmacht erfahren, statt nur passive Empfänger von Entscheidungen zu sein, und sei es seitens einer wohlwollend programmierten Maschine (oder seitens eines China, das so funktionierte, als wäre die chinesische Propaganda wahr). Wahlen dienen nicht nur dazu, schlechte Herrscher auf friedliche

Weise loszuwerden, wie es gängige Meinung ist. Sie erlauben es den Bürgern auch, Wahlmöglichkeiten zu wägen und auszuschöpfen und etwas kreativ zu sagen und zu tun, indem sie von Grundrechten wie der Meinungs- und Versammlungsfreiheit Gebrauch machen. Anders ausgedrückt, Wahlen versprechen nicht nur so etwas wie die Möglichkeit, im Blick auf eine Regierung kollektiv den Daumen zu heben oder zu senken. Und sie bieten die Freiheit, die Initiative zu ergreifen und etwas Neues anzubieten – neue Formen politischen Redens oder eine bislang unbekannte politische Vereinigung (das geschieht natürlich nicht alle Tage, aber es ist von vitaler Bedeutung, dass die Möglichkeit dazu offenbleibt). Solche Schritte verursachen wahrscheinlich Reibung – um Saul Alinskys Ausdruck aufzunehmen –, doch das ist, wie gesagt, keineswegs dasselbe wie die schädliche Polarisierung, von der im letzten Kapitel die Rede war.

Freiheit heißt, dass man sich politisch engagieren kann. Freiheit heißt auch, dass man entscheiden kann, sich nicht politisch zu engagieren. Die einen mögen mit Vergnügen Klinken putzen gehen und Wahlwerbung machen; andere gelangen aus guten oder weniger guten Gründen zu dem Schluss, dass Politik nichts für sie sei. Das bedeutet nicht, dass die Bürgerinnen und Bürger einander nicht mehr mit Respekt begegnen könnten. Gewiss werden einige der staatsbürgerschaftlich Engagierten mit Verachtung auf die Desinteressierten herabschauen, doch das ist nicht dasselbe, als sprächen sie ihnen ihren Platz als Freie und Gleiche innerhalb der Demokratie ab.[11]

Die Demokratie braucht sowohl Gleichheit als auch Freiheit, doch gerade die Verknüpfung von Gleichheit mit Freiheit macht gleichen Einfluss auf Fragen des Staates auf diesem Gebiet extrem unwahrscheinlich (obwohl nicht begrifflich unmöglich). Bürger, die sich aktiv am Wahlkampf beteiligen, werden größeren Einfluss ausüben als die Gleichgültigen. Wer sich die Zeit nimmt, überzeugende Argumente auszuarbeiten, wird mehr bewirken können als jemand, der das nicht tut (obwohl er gleichzeitig mit allerlei Klischees über die Ermächtigung des Volkes um sich werfen mag). Wenn wir das Spannungsverhältnis zwischen Gleichheit und Freiheit einschätzen – und uns die möglichen Kosten einer Bevorzugung der einen gegenüber der anderen vor Augen führen – wollen, ist es hilfreich, die ursprüngliche griechische Version der Demokratie in ihrer radikalsten Form zu verstehen. Deren Erfahrungen zeigen, dass Chancengleichheit hinsichtlich des Einflusses tatsächlich kein vollkommen unerreichbares Ziel darstellt. Zudem relativiert sie das Vorurteil der Modernen, wonach Wahlen – und die Idee der Wahl – das einzige Kernelement der Demokratie bildeten.

Präsident für einen Tag?

Kann Gleichheit jemals bedeuten, dass alle Bürger mit gleicher Wahrscheinlichkeit Einfluss auf politische Ergebnisse nehmen?[12] In Demokratien, in denen durch Wahlen Repräsentanten bestimmt werden, scheint die Antwort nein zu sein. Manche Kandidaten sind überzeugend und charismatisch, andere nicht. Manche Kandidaten sind nahezu im ganzen Land bekannt, weil sie im Reality-TV einen erfolgreichen Geschäftsmann oder in einer Fernsehserie den Präsidenten geben. Man wird kaum klagen können, einem politischen System fehle es an Gleichheit, weil man zufällig nicht Donald J. Trump oder Wolodymyr Selenskyj ist (der den Vorteil hatte, in der TV-Serie *Diener des Volkes* den ukrainischen Präsidenten zu spielen, deren Folgen am Tag vor der Präsidentschaftswahl 2019, an dem jegliche Wahlwerbung verboten war, pausenlos wiederholt wurden).[13]

Selbst für solche, die keine Fernsehshow haben, gilt ein weit profaneres Argument: Ein tatsächlich gleicher Einfluss kann nicht erstrebenswert sein, weil das hieße, dass schlechte Argumente und falsche Informationen dasselbe Gewicht haben müssten wie schlüssige, auf Fakten basierende Behauptungen. Das Gebot, für gleichen Einfluss zu sorgen, bedeutete eine Beschränkung für die Aktivitäten mancher Bürger (schließlich darf man an so viele Türen klopfen, wie man nur will) und einen Zwang für andere, die sich nicht politisch engagieren möchten.[14]

Das heißt nicht, dass Chancengleichheit – im Unterschied zu faktisch gleichem Einfluss für alle – ein unerreichbares Ideal wäre. In der antiken Polis wurden viele Ämter über ein kompliziertes (und gegen Manipulationen gut abgesichertes) Lossystem vergeben, sodass die Idee, sich bei der Ausübung von Herrschaft abzuwechseln, zumindest für Männer ethnisch athenischer Abstammung durchaus Realität war. So hatte jeder Bürger eine angemessene Chance, Leiter des Rates zu werden, der die Aufgabe hatte, die Tagesordnung für die Bürgerversammlung festzulegen (in der alle Anwesenden durch Handzeichen wählen durften). Der Vorsitz im Rat war zugleich ein zeremonielles Amt, dessen Inhaber das Siegel Athens wie auch die Schlüssel zur Staatskasse aufbewahrte und die Polis gegenüber anderen politischen Gemeinwesen vertrat – allerdings nur vierundzwanzig Stunden lang (ja, so ernst nahm man die häufige Rotation der Magistrate – für uns, die wir Ämter mit Fachkenntnissen assoziieren, nahezu unvorstellbar). Der Historiker Mogens Hansen schreibt, »daß jeder zweite Bürger über dreißig [...] mindestens einmal als Mitglied des Rates diente; und drei Viertel aller Ratsmitglieder in jedem einzelnen Jahr mußten eine Nacht und einen Tag als *epistates ton prytaneon* Dienst tun (und niemals wieder). Einfaches Rechnen führt zu folgendem erstaunlichen Ergebnis: Jeder vierte erwachsene athenische Bürger konnte sagen: ›Ich war 24 Stunden lang athenischer Präsident‹ – aber kein athenischer Bürger konnte sich jemals rühmen, das *länger* als 24 Stunden gewesen zu sein.«[15] Die Chancen, das Amt des »Präsidenten« zu bekleiden (das keine besonderen Privilegien bei der Bestimmung des politischen Kurses der Polis mit sich brachte), waren tatsächlich gleich.

Gewiss, die Inhaber anderer Ämter innerhalb der Demokratie wurden durch Wahl bestimmt. Der *strategos* – simpel gesagt: der General – wurde aufgrund seiner speziellen Fähigkeiten ernannt, und ein Perikles wurde immer wieder gewählt. Genau aus diesem Grunde bezeichnen einige politische Denker unserer Zeit die Wahl von Vertretern als Form von Aristokratie, wenngleich im besten Sinne des Wortes und im Unterschied zu einem wirklich demokratischen Mechanismus wie dem Losverfahren.[16] Schließlich haben die Bürger nach gängiger Auffassung die Aufgabe, durch ihre Wahl die *aristoi* (wörtlich: die Besten) auszuwählen (und nicht bloß die Reichsten, also Oligarchen).[17] Wir möchten nicht, dass irgendein x-Beliebiger uns repräsentiert. Wir brauchen deutliche Beweise für Kompetenz, Charisma oder zumindest die Fähigkeit, sich im Fernsehen wie ein Präsident zu benehmen (Selenskyj kann als Präsident zumindest sich selbst als Präsidentendarsteller spielen, Trump konnte immer nur Trump geben).

Wenn wir wirklich an Gleichheit glaubten, so lautet dieses Argument, wären wir mit der Idee des Losverfahrens vollkommen einverstanden.[18] Als gute Demokraten sollten wir annehmen, dass alle unsere Mitbürger (heute einschließlich der Frauen und der ethnischen Minderheiten) gleichermaßen qualifiziert – oder zumindest qualifiziert genug – sind, die Staatsgeschäfte zu führen. Schließlich knüpfen wir die Kandidatur für ein politisches Amt an keine speziellen Voraussetzungen außer an ein Mindestalter oder in manchen Ländern an eine Geburt auf heimischem Boden, und auch das Amt des Staatsbürgers (ja, auch das ist ein Amt) wird nicht mit der Erwartung verbunden, dass man zunächst einmal seine Fähigkeiten zu beweisen hätte. Falls wir es also wirklich ernst meinen, wenn wir über politische Gleichheit reden, wäre die Auslosung – das Verfahren, das dieselbe Erfolgswahrscheinlichkeit für alle garantiert – eigentlich die naheliegende Lösung.

Wenn zumindest einige von uns vor dieser Idee zurückschrecken, wäre das dann ein Beweis, dass wir es mit unseren Lobliedern auf die politische Gleichheit nicht wirklich ernst meinen? Nein. Wahlen – und das Prinzip der Repräsentation – sind zwar nicht an sich demokratisch, aber sie sind auch nicht unvermeidlich an ein aristokratisches Politikverständnis gebunden. Hier sei nur angemerkt (und ich werde später in diesem Kapitel ausführlicher darauf eingehen), dass Wahlen und Repräsentation uns die Möglichkeit bieten, mit tiefsitzenden und dennoch legitimen Konflikten innerhalb der im letzten Kapitel angesprochenen harten Grenze umzugehen. Repräsentanten – insbesondere Führungsfiguren in politischen Parteien – können unterschiedliche Interessen und Ideen, aber auch Identitäten zum Ausdruck bringen. Sie können Grundlinien des politischen Engagements vorschlagen und auf dieser Grundlage den Kampf (an der Wahlurne, im Fernsehen, auf Twitter usw.) aufnehmen. Der Charakter der Auseinandersetzung ist nicht einfach vorgegeben; der Konflikt betrifft zum Teil auch die Frage, wie Konflikte definiert werden sollen. Der Politikwissenschaftler E. E. Schattschneider schrieb dazu in seiner entschieden realistischen Einschätzung US-amerikanischer Politik: »Der politische Konflikt gleicht keinem Debattierclub von College-Studenten, bei dem die Kontrahenten sich im Voraus einig über die Definition der Probleme sind. Tatsächlich *ist die Definition der Alternativen das wichtigste Machtinstrument*. Die Gegner können sich nur selten auf eine genaue Bestimmung der Probleme einigen, weil bei dieser Definition Macht im Spiel ist.«[19] Für die Bürger, die dann Teil des Konflikts werden, geht es dabei um etwas: Sie haben das Gefühl, mit im Spiel und repräsentiert zu sein. Wie wir gleich noch sehen werden, gab es im alten Athen natürlich Konflikte, aber keine ständigen Repräsentanten oder Gruppen, also Parteien, die sich damit auseinandersetzten (es gab nicht einmal politische Gruppierungen, die in der Versammlung beisammensaßen). Tatsächlich hatte man überhaupt keine Wörter für »Partei« oder auch »Politiker«.[20]

Wahlen zu einer repräsentativen Versammlung, mit bekannten Kandidaten, die eindeutig für verschiedene Seiten eines von allen

Seiten auf gleiche Weise verstandenen Konflikts stehen, sind Auslosungen in einer Hinsicht klar überlegen: Wahlen führen zu Ergebnissen, die zumindest auf einer Ebene nicht Gegenstand subjektiver Meinungsverschiedenheiten sind. Was Gegner der Demokratie zuweilen als »König Zahl« verspotten, hat den Vorteil, dass Zahlen nicht wirklich individuelle Interpretationen zulassen.[21] In diesem einfachen Sinne dienen Wahlen einer (auf Zeit) abschließenden Konfliktbewältigung. Sie bringen eindeutige Sieger und Verlierer hervor.[22] Wenn wir nach Art hartgesottener Realisten unterstellen, dass über der Politik ständig die Gefahr eines Bürgerkriegs schwebt, dann geht es in Wahlen um potenzielle Parteien einer gewaltsamen Auseinandersetzung, die dort ihre Muskeln spielen lassen. Sie tragen den Kampf um die Frage, wer der Stärkere ist, untereinander aus, ohne einen Schuss abzufeuern.[23] Wahlen – wie Walt Whitman dichtete: »ein schwertloser Konflikt, / Doch wichtiger als alle Kriege Roms im Altertum oder die modernen Napoleons« – sorgen also letztlich für Frieden.[24]

Auslosungen sagen dagegen nichts über die relative Stärke verschiedener politischer Gruppierungen aus. Sie ermöglichen es dem Verlierer auch nicht, sich neu aufzustellen und es beim nächsten Mal dann wieder zu versuchen. Sie mögen den kollektiven Glauben an eine gleichwertige Grundkompetenz bei den Bürgern bestätigen, doch sie helfen nicht bei der Bewältigung von Konflikten.

Man könnte nun sagen, das sei ja alles gut und schön, aber es entkräfte nicht den Vorwurf, dass Wahlen zu Vertretungsorganen einen aristokratischen Charakter hätten. Das wichtigste Gegenargument lautet, dass letztlich die Bürger entscheiden müssten, welche Konflikte am dringlichsten sind und wie oder von wem ihre Auffassung vertreten und zumindest manchmal so etwas wie eine Lösung eines gesellschaftlichen Problems gefunden werden soll. Wir legen keine Kriterien fest, nach denen man die Kandidaten in einer Wahl auswählen müsste. Anders ausgedrückt, in einer Demokratie gibt es keine allgemein akzeptierte oder gar selbstverständliche Vorstellung davon, wer »die Besten« wären. Die Bürger haben die Freiheit, unter denen, die sich selbst vorschlagen (nicht aufzwingen), jene auszuwählen, die sie aus welchen Gründen auch immer und nach ihrem eigenen Verständnis für die Besten halten (und sich – jedenfalls im Prinzip – selbst vorschlagen, wenn sie auf der Liste der Kandidaten niemanden finden, der ihren Vorstellungen entspricht).[25]

Das beschwört genau jenes Gespenst des Reality-TV-Präsidenten herauf, vor dem Liberale solche Angst haben.[26] Dennoch ist es von zentraler Bedeutung für einen Begriff gleicher politischer Freiheit. Der Einzelne behält die Freiheit, darüber zu entscheiden, was für ihn selbst am meisten zählt. Es ist sinnvoll, darüber zu reden, was das denn sein mag, weil es andere anregen könnte oder weil andere mich sinnvollerweise korrigieren möchten, falls meine Entscheidungen auf falschen Informationen beruhen (es stellt sich heraus, dass der Reality-TV-Tycoon nicht einmal sein eigenes Unternehmen ordentlich führen kann). Ich schulde den anderen jedoch keine Darlegung meiner Kriterien oder meiner letztendlichen Entscheidung, falls mehrere Kandidaten diese Kriterien erfüllen. Die Demokratie ist zwar eine kollektive Unternehmung, aber es ist aufschlussreich, dass der Wahlakt selbst isoliert und anonym erfolgt.[27] Bei den Franzosen heißt die Wahlkabine sehr treffend *isoloir*. Diese bewusste »Isolation« wurde ursprünglich eingeführt, um die Wähler vor dem Druck der Mächtigen zu schützen, und auch vor Korruption (schließlich hat es keinen Sinn, Menschen zu bestechen, wenn man nicht überprüfen kann, ob sie wirklich tun, wofür man sie besticht).

Aber was wäre, wenn man den korrumpierenden Einfluss des Geldes oder, wie bei US-amerikanischen Wahlen im 19. Jahrhundert üblich, reichlich spendierten Whiskeys ausschalten könnte? Weshalb müssten wir dann immer noch den »kleinen Mann in die kleine Kabine schicken« (wie eine von Winston Churchills weniger bekannten Definitionen der Demokratie lautete). Manche politischen Denker halten dagegen eine öffentliche Stimmabgabe für das richtige Prinzip, sofern kein unzulässiger Druck besteht. Denn, so das Argument, die öffentliche Rechenschaftspflicht werde zu besseren Wahlentscheidungen führen. Ein Liberaler des 19. Jahrhunderts wie John Stuart Mill erklärte: »Wenn die eigenen Präferenzen den Wähler in die Irre führen können, das Verantwortungsgefühl gegenüber anderen ihn dagegen auf dem rechten Wege zu halten vermag, sollte nicht die geheime, sondern die offene Wahl die Regel sein.«[28]

Ganz abgesehen davon, dass der Druck seitens Mächtiger – ob nun Arbeitgeber oder Patriarchen – kaum vom Antlitz der Erde verschwunden ist, zeigt sich, dass dort, wo es »offene« (das heißt nichtgeheime) Wahlen gibt, in den allermeisten Fällen die Amtsinhaber siegen.[29] Und wichtiger noch, die Ausgangsannahme, wonach man bei Wahlen leicht zwischen falsch und richtig unterscheiden könne, verstößt gegen die grundlegende Freiheit, selbst über die angemessenen Kriterien nachzudenken. Umfragen zeigen, dass die meisten Wähler aufrichtig wünschen, im Sinne des Gemeinwohls abzustimmen.[30] Das Problem ist nur, dass die Forderung, dies zu tun, zu schwach und zugleich zu stark ist. Sie ist zu schwach, weil es allzu leicht ist, Partikularinteressen (anderen und sogar sich selbst gegenüber) als das Allgemeininteresse auszugeben, wie jeder bezeugen kann, der schon einmal an einer bestimmten Art von Ausschusssitzungen oder Geschäftstreffen (oder politischen Versammlungen) teilgenommen hat. Zugleich ist die Forderung aber auch zu stark, denn die Demokratie verlangt nicht, dass alle jederzeit altruistisch handeln. Die Menschen können sich gerade deshalb in einer Demokratie zu Hause fühlen, weil sie ihre Interessen dort selbstbewusst vertreten und auf dieser Grundlage Koalitionen eingehen können (sofern sie damit nicht gegen die grundlegenden Prinzipien der Freiheit und Gleichheit verstoßen: Ich kann nicht sagen, ich sähe meine Interessen nur dann respektiert, wenn ich eine

Massenbewegung zur Vertreibung der Hälfte meiner Mitbürger ins Leben rufen darf).

Mill deckt dann schließlich auch seine Karten auf und zeigt, was ihm tatsächlich Sorge bereitete. Er behauptete, das Zeitalter des »Zwangs durch Grundherren, Arbeitgeber und Kunden« sei vorüber, doch eine »weitaus größere Quelle des Übels« seien

> die Selbstsucht oder die selbstsüchtigen Voreingenommenheiten des Wählers selbst. Eine »niederträchtige und böswillige Wahlentscheidung« rührt heute nach meiner Überzeugung weit öfter aus dem persönlichen Interesse, dem Klasseninteresse oder einem anderen niederträchtigen Gefühl im Kopf des Wählers als aus einer Angst vor den Folgen seitens anderer. Und die [geheime] Wahl bietet ihm die Möglichkeit, sich diesen schlechten Einflüssen ohne jedes Scham- oder Verantwortungsgefühl hinzugeben.[31]

Mill schloss mit Schrecken, dass »die Wähler selbst zur Oligarchie« würden.[32] Mit anderen Worten, er hatte – 1859 – die Befürchtung, dass eine Klasse, nämlich die Arbeiterklasse, ihre Wahlentscheidungen am eigenen materiellen »Interesse« statt am Gemeinwohl ausrichten würde.[33] Es war und ist jedoch nichts falsch daran, dass die Bürger ihre Interessen artikulieren, sofern dies im Rahmen eines fairen, freien und offenen demokratischen Prozesses geschieht (im Gegensatz zu den Versuchen des 1 Prozents, diesen Prozess systematisch zu seinen Gunsten umzugestalten).

Zu seiner Zeit war Mill ein Progressiver. Er war nur einfach überzeugt, man müsse die habgierigen Massen im Zaum halten. Er trat sogar dafür ein, den Gebildeten mehr als eine Stimme zu geben, und sah nicht, dass die Privilegierten ebenso anfällig für selbstsüchtige Wahlentscheidungen sein könnten wie die breite Masse. Doch in jedem Fall ermöglichen Wahlen Freiheit, zu der auch die Freiheit gehört, Kandidaten (unter dem Schutz der Anonymität) zu diskriminieren.[34] Kein Kandidat kann sich beklagen, er hätte die Wahl gewonnen, wenn die Bürger ihn nicht diskriminiert hätten (während Kandidaten sich sehr wohl beklagen können, sie hätten ihre Argumente nicht vortragen dürfen, zum Beispiel in einem nach außen hin demokratischen Regime, das systematisch Pluralismus in den Medien eingeschränkt hat).[35]

Repräsentation oder Demokratie?

In einer repräsentativen Demokratie haben wir die Freiheit, unsere eigenen Kriterien zur Bestimmung der »Besten« anzuwenden, und müssen die diesbezüglichen Entscheidungen anderer Bürger respektieren. Das ist offensichtlich nicht dasselbe wie Selbstregierung oder abwechselnd zu regieren und regiert zu werden, wie Aristoteles empfahl. Vielmehr wählen wir Vertreter, die uns regieren sollen, und natürlich landen viele der von uns gewählten Politiker am Ende in der Opposition (oder gelangen gar nicht erst ins Parlament), mit der Folge, dass viele Bürger nicht einmal sagen können, sie regierten gewissermaßen indirekt.

Für jene, die wie Jean-Jacques Rousseau denken, wäre die Geschichte hier zu Ende – und es wäre offensichtlich kein Happyend: Die Macht des Volkes an Repräsentanten zu delegieren ist mit einer echten Demokratie schlicht nicht vereinbar. Rousseau machte sich über die Einbildung der Engländer lustig, sie regierten sich selbst: »Das englische Volk glaubt frei zu sein, es täuscht sich gewaltig, es ist nur frei während der Wahl der Parlamentsmitglieder; sobald diese gewählt sind, ist es Sklave, ist es nichts.«[36] Rousseau war der Ansicht, in einem echten politischen Gemeinwesen gehorche man nur Gesetzen, die man selbst erlassen habe. Alles andere sei Knechtschaft. Er behauptete zugespitzt, entweder lebe man in einer »Form des Zusammenschlusses, die mit ihrer ganzen gemeinsamen Kraft die Person und das Vermögen jedes einzelnen Mitglieds verteidigt und schützt und durch die doch jeder, indem er sich mit allen vereinigt, nur sich selbst gehorcht und genauso frei bleibt wie zuvor«, oder man sei versklavt.[37] Repräsentation ist demnach gleich zweifach schlecht. Sie bedeutet Unfreiheit, aber zugleich auch fundamentale Ungleichheit. Denn als bloße Wähler sind wir nicht den Repräsentanten gleich, die tatsächlich den Kurs des Gemeinwesens bestimmen.

Rousseaus düstere Diagnose beruht auf zwei Annahmen: Repräsentation ist per se stets undemokratisch, und Freiheit im öffentlichen Leben erfordert Einstimmigkeit. Wenn ich das Gefühl habe, dass ich mit den von allen anderen beschlossenen Gesetzen nicht einverstanden sein kann, bin ich entweder gezwungen, mich einem fremden Willen zu unterwerfen und daher unfrei zu sein, oder ich muss mich dem politischen Gemeinwesen irgendwie entziehen. (Es gibt noch eine dritte Möglichkeit: Ich ändere meine Gefühle – vielleicht mit ein bisschen Hilfe meiner Mitbürger. Das ist das ominöse Szenario in Rousseaus Gemeinwesen, in dem die Menschen »zur Freiheit gezwungen werden«.)

Eine konventionelle Antwort auf die erste Annahme wäre wie folgt: Die moderne Welt lässt einfach keine ständige Beteiligung aller Bürger zu. Die Vertretung durch gewählte Politiker ist lediglich ein Aspekt der modernen Arbeitsteilung. Den Athenern war es nur deshalb möglich, zu regieren und regiert zu werden, weil sie von alltäglichen Lasten aller Art freigestellt waren. In der demokratischen Polis konnten die Bürger mehr oder weniger ununterbrochen Politik betreiben, weil Sklaven und Frauen (und in der Stadt lebende Ausländer) die Arbeit taten und weil die Ärmeren in einigen Perioden der athenischen Geschichte eine Bezahlung erhielten, wenn sie öffentliche Aufgaben – vor allem in den Gerichten – übernahmen.[38] Wir haben solche Möglichkeiten nicht (einige Länder, in denen ausländische Arbeitskräfte die gesamte Arbeit verrichten, könnten sich das vielleicht leisten, doch bislang haben die Bürger der Golfstaaten keinen Anschein gemacht, die antike Demokratie nachzuahmen).[39]

Dieses Bild Athens ist zwar nicht vollkommen falsch, aber eben auch nicht ganz richtig. Ein Großteil der athenischen Bürger arbeitete tatsächlich (viele der Armen, die Platon und andere Feinde der Demokratie fürchteten, waren Arbeiter und Handwerker, kein ungebildeter Mob aus Faulenzern, die nur darauf gewartet hätten, sich von einem Demagogen aufpeitschen zu lassen).[40] Diese Leute wurden gerade deshalb für ihre Beteiligung an der Volksversammlung oder ihre Tätigkeit im Volksgericht bezahlt, weil sie es sich nicht leisten konnten, auf einen Tag Arbeit bzw. einen Tageslohn zu verzichten (gewiss, manche erschienen jeden Tag schon früh am Morgen, weil sie hofften, durch das Los ausgewählt zu werden; für sie war Politik zu einem Job geworden). Der Preis für demokratische Politik in Athen war nicht die Sklaverei, sondern das Geld, das erforderlich war, um eine breite Beteiligung der Bürger zu finanzieren (zusammen mit deren Bereitschaft, die dafür nötige Mühe und Zeit zu investieren). Für viele athenische Männer war die Politik zwar eine wichtige Tätigkeit, aber letztlich immer noch eine Teilzeitbeschäftigung. Nach Schätzung von Historikern lag die Zahl derer, die sich intensiv darauf einließen, bei gerade einmal 1000 (von insgesamt 30000) Bürgern.[41] Trotz aller Unterschiede zur antiken Welt ist das eine Praxis, von der wir etwas lernen können, ohne die Idee der Repräsentation aufzugeben oder die unsinnige Annahme zu machen, das Regieren bedürfe keiner Spezialkenntnisse und fachlichen Fähigkeiten. Im letzten Kapitel dieses Buchs werde ich einige überzeugende Lehren aus Athen darlegen.

Der offensichtliche Einwand gegen Rousseaus zweite Annahme lautet, dass unser komplexes modernes Leben keine Einstimmigkeit zulässt. Auch hier ist die Entgegensetzung von Vergangenheit und Gegenwart nicht vollkommen falsch, aber auch nicht ganz richtig. Denn vormodernes Leben war kaum von völliger Einhelligkeit geprägt. Die Athener stritten ständig über Politik und waren ganz allgemein ein extrem streitlustiger Menschenschlag. Sie stimmten hinsichtlich der Grundregeln überein – etwa dass einfache Mehrheit der Stimmen entscheidet –, aber kaum in substanziellen politischen Fragen. In den Augen der Kritiker bedeutete Konflikt so etwas wie Unbeständigkeit oder schlichte Unberechenbarkeit – in der Einleitung habe ich erwähnt, dass Athen bei den Zeitgenossen als kapriziös galt. Meinungsverschiedenheiten brachten jedoch auch unterschiedliche Perspektiven und – weniger offensichtlich – Wissen und Information unterschiedlicher Art ins Spiel. So empfanden die Verteidiger Athens es geradezu als Vorteil, dass die Polis heftigen inneren Wettstreit erlaubte, trug der doch zur bemerkenswerten Innovationsfähigkeit des Gemeinwesens und letztlich zu ihrem erstaunlichen Erfolg in einer Welt von Stadtstaaten und Reichen bei, in der insgesamt gleichfalls extremer Wettbewerb herrschte.[42]

Dennoch fragt sich: Ist die auf Wahlen basierende repräsentative Demokratie vielleicht höchstens eine zweitbeste Lösung (die bei politischen Theoretikern oder sogar manchen modernen Bürgern grenzenlosen Polis-Neid verursacht)? Ist sie nicht bestenfalls ein fauler Kompromiss zwischen Prinzipen, die letztlich in einem tiefen Spannungsverhältnis zueinander stehen? Genau das dachten offenbar die Gründerväter der USA. Sie sahen in der Repräsentation eine klare Alternative zur Demokratie, die sie als ständige direkte Beteiligung des Volkes verstanden. James Madison meinte, Repräsentation diene dazu, »die Sicht der Öffentlichkeit zu verfeinern und zu erweitern, indem man sie durch das Medium einer gewählten, aus Bürgern bestehenden Körperschaft schickt, deren Weisheit die wahren Interessen der Gesellschaft am besten zu erkennen vermag«.[43]

Solche Ansichten haben den Verdacht, »repräsentative Demokratie« sei in Wirklichkeit ein Widerspruch in sich, verstärkt: Man müsse sich entscheiden – *entweder* Repräsentation *oder* Demokratie. So sind denn zahlreiche Denker, oft von Rousseau inspiriert, zu dem Schluss gelangt, dass Repräsentation in der modernen Welt dazu diene, das Volk unter Kontrolle zu halten. Manche behaupteten sogar, Repräsentation sei nichts anderes als Repression. Doch dieser Schluss ist übereilt; Repräsentation per se ist weder demokratisch noch antidemokratisch. Dasselbe gilt für Wahlen. Es kommt darauf an, wie sie genau verstanden werden und was geschieht, bevor, vor allem aber *nachdem* die Repräsentanten gewählt worden sind.

Demokratie für Verlierer

Wahlen sind ein Verfahren zur Erzeugung kollektiv bindender Entscheidungen für ein politisches Gemeinwesen. Natürlich gibt es andere Möglichkeiten, solche Entscheidungen herbeizuführen: »Allein der Diktator entscheidet« ist gleichfalls eine Regel. Und wenn es nur darum geht, faktisch zu klären, wer die Macht hat und wer nicht, könnte man auch auf das Ergebnis eines Bürgerkriegs warten. Im Unterschied dazu verspricht die Demokratie, Entscheidungen auf friedliche Weise und auf der Grundlage herbeizuführen, dass jeder Bürger dieselbe Chance hat, daran teilzuhaben, was wiederum in der Vorstellung gründet, dass alle im Prinzip dieselbe politische Urteilskraft besitzen, die zu respektieren sei.

Naturgemäß können jedoch nicht alle als Sieger aus einer Wahl hervorgehen. Und selbst die Gewinner fühlen sich möglicherweise nicht recht wohl mit einem Sieg. Sie erhielten vielleicht Tweets, in denen Sätze wie folgende standen: »Die Verlierer wollen all das, was du hast. Gib es ihnen nicht! Sei stark, und du wirst gedeihen; sei schwach, und du stirbst.« Auch ohne Trump'sches Hintergrundrauschen, das den Gewinnern Angst einjagen soll, kann man sich über das scheinbare Bedürfnis der Verlierer wundern, zumindest ein wenig politisch schizophren zu sein. Sie stimmen nicht mit den Ideen des Wahlsiegers überein, sind aber dennoch der Meinung, dass diese Ideen ihren Ausdruck in für alle verbindlichen Gesetzen finden sollen. Von den Besiegten wird erwartet, so schrieb ein weiterer Politikbeobachter, der sich viel auf seinen Realismus zugutehielt – Walter Lippmann –, »eine von ihnen nicht gebilligte Politik mit guter Miene zu ertragen«.[44] Nach Rousseau verweist dieser scheinbare Widerspruch auf einen Verlust von Freiheit. Doch stimmt das?

Es ist nicht immer ausreichend verstanden worden, dass das mit dem Verlieren in einer Demokratie eine komplizierte Sache sein kann. Dabei geht es nicht um Manieren beim formvollendeten Eingeständnis der Niederlage, wie der Südstaaten-Gentleman Al Gore sie an den Tag legte, als er George W. Bushs Sieg im Dezember 2000 nicht nur mit einem etwas künstlichen Lächeln anerkannte (wobei manchen alles an Al Gore irgendwie künstlich vorkam), sondern auch hinzufügte: »Für mich ist es an der Zeit zu gehen.«

Es geht darum, dass manche Formen des Verlierens die Demokratie aktiv unterminieren, während andere sie stärken können. In unserer Zeit am auffälligsten ist die Tatsache, dass Populisten oft – wenn auch nicht immer – eine Strategie wählen, die für sie vollkommen sinnvoll ist, aber in Wirklichkeit den politischen Prozess beschädigt (und das selbst dann, wenn die betreffenden populistischen Parteien niemals an die Macht gelangen). Das Phänomen, um das es spezifisch geht, ist folgendes: Populistische Parteien, die bei Wahlen nicht sonderlich gut abschneiden, stehen vor einem offenkundigen Widerspruch. Wie kann es sein, dass die Populisten die einzigen moralisch legitimen Repräsentanten des Volkes sind und dennoch bei den Wahlen keine überwältigende Mehrheit erzielen?[45]

Nicht alle Populisten entscheiden sich für den scheinbar einfachsten Ausweg aus diesem Widerspruch. Aber viele tun es, wenn sie anmahnen, man solle einmal einen zweiten Blick auf einen ihrer Lieblingsausdrücke werfen: »die schweigende Mehrheit«. Wenn die schweigende Mehrheit sprechen kann, müssen die Populisten definitionsgemäß immer bereits an der Macht sein; sind sie nicht an der Macht, so haben wir es nicht mit einer *schweigenden*, sondern einer *zum Schweigen gebrachten* Mehrheit zu tun. Irgendjemand oder irgendetwas muss die Mehrheit daran gehindert haben, ihrer Stimme Gehör zu verschaffen. So insinuieren Populisten häufig, sie hätten die Wahl gar nicht wirklich verloren, vielmehr müssten korrupte Eliten den Ausgang hinter den Kulissen manipuliert haben. Trump ist da ein unübersehbares Beispiel aus jüngster Zeit. Als er im Herbst 2016 offenließ, ob er einen Wahlsieg Hillary Clintons akzeptieren würde, stellte er damit die Integrität des US-amerikanischen Wahlsystems in Frage. Zahlreiche Anhänger verstanden sehr genau, was er damit wirklich meinte: Nach einer Umfrage glaubten 70 Prozent seiner Anhänger, dass Clinton nur durch »getürkte« Wahlen zur Präsidentin werden könnte (die gute Nachricht lautete, dass nur 40 Prozent der Trump-Wähler in Florida der Ansicht waren, Clinton sei ganz buchstäblich eine Dämonin; mit anderen Worten, eine klare Mehrheit sprach ihr immerhin nicht das Menschsein ab).[46]

Und bei den Präsidentschaftswahlen 2020 erlebten wir die Chronik eines angekündigten Betrugs. Trump hatte erneut erklärt, dass er einen für ihn ungünstigen Wahlausgang möglicherweise nicht akzeptieren werde. Diesmal versuchte er aktiv, die Wahlen zu stehlen, indem er seine politischen Gegner beschuldigte, die Wahlen zu stehlen. Die dahintersteckende Logik folgte auch hier der populistischen Kernthese: Nur eine Wahl des einzig authentischen Repräsentanten des Volkes ist legitim (und legal).

Natürlich hat jeder das Recht, zum Beispiel das US-amerikanische Wahlsystem zu kritisieren. Und – das sei nochmals gesagt – solch eine Kritik kann ein Zeichen kraftvollen demokratischen Engagements sein. Nicht vereinbar mit Demokratie ist dagegen die These der Populisten, die auf die Behauptung hinausläuft: »Weil wir nicht gewonnen haben, muss unser System korrupt und manipuliert sein.« Populisten unterminieren also systematisch das Vertrauen der Bürger in ihre Institutionen und beschädigen damit selbst dann die politische Kultur, wenn sie nie auch nur in die Nähe der tatsächlichen Machthebel gelangen.

Abgesehen von diesen mehr oder weniger symbolischen Möglichkeiten, ein schlechter Verlierer zu sein, gibt es für Amtsinhaber einen weitaus konkreteren Weg, nach verlorenen Wahlen dennoch nicht die Konsequenzen zu tragen. Man denke an die Wahlniederlage von Erdoğans AKP bei den Kommunalwahlen 2019 in Istanbul. Zunächst klagte der autoritäre Führer, der Sieg eines Oppositionskandidaten der säkularen sozialdemokratischen Partei sei auf »Unregelmäßigkeiten« oder blanken »Diebstahl an der Wahlurne« zurückzuführen. Am Ende verlor seine Partei eine Wiederholungswahl mit noch größerem Rückstand. Dieses Ergebnis wurde als Beweis dafür gefeiert, dass Wahlen selbst in der Türkei nicht beliebig manipuliert werden können. Doch was dann geschah, wurde von einer inzwischen wieder optimistischen internationalen Öffentlichkeit kaum zur Kenntnis genommen: Ankara reduzierte systematisch den Zugriff des Istanbuler Bürgermeisters auf Ressourcen und Geldmittel.

Eine ähnliche Dynamik entfaltete sich im Herbst 2019 in Budapest. Die dortige Opposition hatte verzweifelt auf die Ankunft des »Istanbul-Express« in Ungarn gehofft. Und schließlich machte er tatsächlich einen Stopp: In der Hauptstadt gewann ein linksliberales Bündnis und versetzte damit Viktor Orbán einen empfindlichen Schlag. Doch die nationale Regierung sabotierte daraufhin die Verwaltung der Stadt, indem sie ihr Geldmittel strich und Machtbefugnisse entzog (und das in einem Land, in dem die Macht ohnehin stark zentralisiert ist).

Oder man denke daran, dass in einer Reihe von US-Bundesstaaten republikanisch beherrschte Parlamente Ämtern, die ihre Partei verloren hatte (vor allem solche von Gouverneuren), bestimmte Zuständigkeiten entzogen. Man änderte also die Spielregeln, um Gewinner letztlich in Verlierer zu verwandeln oder zumindest in Akteure, die nun gezwungen waren, ein anderes Spiel zu spielen, als sie nach ihrem Wahlsieg eigentlich gedacht hatten. Man braucht gar nicht bis nach der Wahl zu warten. Viele Beobachter im Niedergang befindlicher Demokratien wie der USA oder faktischer Autokratien wie Ungarn monieren zu Recht, dass Amtsinhaber Wahlbezirksgrenzen manipulieren oder den Staatsapparat für parteipolitische Zwecke nutzen – etwa indem sie die Öffentlichkeitsarbeit der Regierung zu Parteipropaganda umfunktionieren.[47] Gelegentlich machen politische Player auch deutlich, dass sie manche Bürger gänzlich vom Spielfeld fernhalten möchten, weil ihre unbequeme Anwesenheit das Siegen erschwert. Paul Weyrich, einer der Gründer der konservativen Bewegung in den USA, sagte es sehr klar: »Ich möchte nicht, dass alle wählen. Wahlen werden nicht von einer Mehrheit des Volkes gewonnen. Tatsächlich steigen unsere Wahlchancen, wenn die Zahl der Wahlberechtigten sinkt.«[48] Politiker, die das Volk wählen, statt Politiker, die das Volk wählt – das scheint die von Rousseau inspirierte Sorge zu bestätigen, dass die Verlierer alles tun werden, um Widerstand gegen eine drohende Form von Unfreiheit zu leisten.

Vielleicht bedeutet Verlieren jedoch nicht immer schlicht Unfreiheit oder pure Machtlosigkeit. Es gibt so etwas wie Opferbereitschaft, die Hinnahme einer Niederlage, um das Spiel in Gang und das politische Gemeinwesen zusammenzuhalten.[49] Man kann durch eine Niederlage verwundbar werden, das muss aber nicht bedeuten, dass man dann machtlos wäre (vor allem wenn die Präsenz in politischen Institutionen weiterhin gesichert ist; es gibt Hinweise darauf, dass Verlierer in Systemen mit einem Verhältniswahlrecht sich weniger enttäuscht oder gar verwundbar fühlen als in Systemen mit reinem Mehrheitswahlrecht). Insbesondere berücksichtigt die Annahme, dass Verlieren zu Unfreiheit führe, nicht genügend die Rechte und Freiheiten, die eine Opposition in der Demokratie genießen sollte. Und weniger offensichtlich: Auf richtige, gar geschickte Weise zu verlieren kann langfristig den Weg zum Sieg ebnen und neue Bedingungen für das Leben im politischen Gemeinwesen als ganzem schaffen.

Eine offenkundige Möglichkeit für Verlierer, zumindest Teilerfolge zu erzielen, kann darin liegen, die Sieger zu größeren Konzessionen zu zwingen, entweder schon im Wahlkampf oder als

Konsequenz eines starken Wahlergebnisses.[50] Eine weitere, weniger offensichtliche Möglichkeit ist es, die Gewinner wenigstens zum Zuhören oder sie vor aller Öffentlichkeit in Verlegenheit zu bringen. Man denke daran, wie Tony Blair, als er seinen Wahlkreis Sedgefield bei den britischen Parlamentswahlen 2005 gewonnen hatte, mit versteinerter Miene dastand und sich die Rede Reg Keys, des Vaters eines im Irak gefallenen Soldaten, anhören musste. Keys hatte nach dem Tod seines Sohnes beschlossen, als unabhängiger Antikriegskandidat anzutreten (er errang etwas mehr als 10 Prozent der Stimmen).

Eine weitere, noch weniger offensichtliche Lehre besteht darin, dass man eine Wahlniederlage in einen Beweis für Integrität umwandeln kann. Barry Goldwater wurde bei den Präsidentschaftswahlen 1964 von Lyndon B. Johnson vernichtend geschlagen (er gewann lediglich den tiefen Süden und seinen Heimatstaat Arizona). Aber er hatte dabei nicht seine *Integrität* verloren, wie die Politologen Jeffrey Tulis und Nicole Mellow gezeigt haben. Er blieb seinen politischen Grundsätzen treu und formulierte ein Programm für die konservative Bewegung, auf dessen Grundlage Ronald Reagan schließlich zu siegen vermochte – wobei er einige der grausameren Teile dieses Programms mit seinem Charme überdeckte.[51] Gewiss, auf einer Ebene geht es allein ums Gewinnen. Aber *wie* man gewinnt, ist nicht weniger wichtig, als *wie* man verliert. Selbst verheerende Niederlagen können sich – wenn man nur auf die richtige Weise verliert – auf lange Sicht in Siege verwandeln.

Es gibt im Übrigen eine eindeutig demokratische »Kunst des Verlierens«: Demokratische Verlierer gestehen ihre Niederlage ein, indem sie sagen, da alle im Großen und Ganzen dieselbe Chance hatten, sich einzubringen – eine reelle Chance, ihre Argumente in einem fairen Prozess vorzutragen –, sei die Niederlage akzeptabel.[52] Eine demokratische Wahl ist keine einmalige quasi-mechanische Abbildung von Präferenzen, sondern Endpunkt eines langen dynamischen Prozesses, in dem Bürger sich engagieren und zum Prozess beitragen, sodass auch die Wahlverlierer sich in gewissem Maße als Urheber des kollektiven Ergebnisses verstehen dürfen.[53] Ansonsten würde man tatsächlich den Anspruch erheben, über seinen Mitbürgern zu stehen, die bei einer Wahl der Mehrheit angehörten.

Konkret gesagt, man beweist seine demokratische Gesinnung, indem man eine loyale Opposition bildet – loyal gegenüber den Verfahren der Demokratie im Sinne der Aussage: »Wir machen das System nicht schlecht, nur weil wir verloren haben.« Und loyal gegenüber dem Ergebnis des politischen Prozesses im Sinne der Versicherung: »Wir befolgen die Gesetze, obwohl unsere Gegner sie verabschiedet haben und wir weiterhin der Überzeugung sind, dass unser politisches Programm besser ist als ihres, weshalb wir uns beim nächsten Mal noch stärker dafür einsetzen werden.«

Eine der wichtigen Neuerungen der modernen Demokratie gegenüber dem antiken athenischen Typus ist genau dieser Gedanke einer loyalen Opposition. Als John Cam Hobhouse, ein Reformpolitiker und Freund Lord Byrons, sich selbst 1826 erstmals als Mitglied von »His Majesty's Opposition« bezeichnete, war das als Scherz gemeint (und das Protokoll des House of Commons verzeichnete pflichtgemäß »Gelächter«).[54] Doch am Ende gewann der Gedanke weitgehend Anerkennung: Demokratie benötigt eine mehr oder weniger zusammenhängende Gruppierung, die aus prinzipiellen Gründen gegen die Regierung, aber *nicht* gegen das politische System ist.[55] Eine Gruppe also, die zwar die Regierung gegebenenfalls auch heftig kritisiert, ihr aber nicht die Legitimation abspricht. Und eine Gruppe, die nach einer scharfsinnigen Beobachtung Alexis de Tocquevilles in der relativen Ruhe der Oppositionszeit konsistente Ideen in einer Weise zu entwickeln vermag, wie dies nach Max Weber der »Forderungen des Tages« verpflichteten Regierung vielleicht nicht möglich ist.[56] Und nicht zuletzt eine Gruppe, die ihre gesamte Oppositionsarbeit öffentlich vollzieht und sich auf eine Auseinandersetzung über genuine Prinzipien einlässt. Die Alternative zur loyalen Opposition besteht nicht in Konsens, sondern in heimlichen Intrigen oder chaotischen Gefechten um jedes neue Thema.

Eine Regierungspartei wiederum muss die besondere Rolle der Opposition anerkennen.[57] Als Theresa May mit wachsender Verzweiflung angesichts der ständigen Niederlagen im Parlament immer wieder zu der scheinbaren Tautologie »Brexit ist Brexit« griff, meinte sie in Wirklichkeit offenbar, die Opposition habe bis zu den nächsten Wahlen jetzt endlich mal den Mund zu halten – eine zutiefst undemokratische Einstellung und eine klare Missachtung der Notwendigkeit, dass die Opposition das Handeln der Regierung tagtäglich in Frage stellen und eine systematische, kohärente, aber eben nicht gegen das System gerichtete Alternative anbieten kann. In einem ganz ähnlichen Sinne erklärte Silvio Berlusconi mit einem Lächeln: »Da ihr mich nach einem freien Wahlkampf gewählt habt, müsst ihr nun still sein und mich meine Arbeit tun lassen.«[58] George Washington, eingestandener Gegner »selbstgeschaffener Vereine« – das heißt eines Pluralismus der politischen Parteien – und Anhänger einer Theorie von Demokratie als Einmütigkeit, empfand es als Beleidigung, wenn man ihn in der Zeit zwischen den Wahlen kritisierte.[59]

Die loyale Rolle der Opposition lässt sich auf vielfältige Arten institutionalisieren, die wiederum den Siegern die Möglichkeit bieten, *ihre* Loyalität gegenüber dem politischen System zu beweisen. So kann man dafür sorgen, dass Oppositionsführer auf Reden eines Ministers im Parlament direkt antworten dürfen, wodurch die Opposition die Chance erhält, Unterschiede deutlich herauszustellen und andere politische Ideen vorzutragen. Weitere Möglichkeiten sind: geringe Schwellen für die Einsetzung von Untersuchungsausschüssen; Tage der Opposition, an denen die Wahlverlierer die Tagesordnung des Parlaments bestimmen; Geldmittel, mit denen die Opposition ihre Parlamentsarbeit finanzieren kann.[60] Man kann auch den Mitgliedern der Opposition den Vorsitz wichtiger Ausschüsse überlassen (in denen schließlich ein Großteil der eigentlichen Parlamentsarbeit geleistet wird). So werden Regierung und Opposition gezwungen, sich aufeinander einzulassen. Je mehr alle Beteiligten solch ein Verfahren als fair (und trotz aller notwendigen Gegnerschaft letztlich als gemeinsames Unterfangen) empfinden, desto besser. Das steht in deutlichem Kontrast zu der kruden Vorstellung, wonach demokratische Regeln lediglich »hydraulische Mechanismen« seien, »welche die Gesellschaft in Richtung der stärksten Kraft bewegen sollen«.[61]

So wichtig es auch ist, dass die Opposition eine Stimme erhält, muss die Mehrheit doch letztlich bestimmen können, wo es langgeht.[62] Das ist deshalb zu betonen, weil eine kreative Opposition durchaus Möglichkeiten hat, nicht nur gehört zu werden, sondern auf negative Weise de facto zu herrschen: durch eine Behinderung der Gesetzgebungsvorhaben des Wahlsiegers, und zwar am ehesten, indem sie die Legitimität der Regierung in Frage stellt. Die Taktiken des Mehrheitsführers im US-Senat Mitch McConnell sind in dieser Hinsicht legendär. Nachdem er angekündigt hatte, sein oberstes Ziel sei es, eine zweite Amtszeit Barack Obamas zu verhindern, entwickelte er ein ganzes Arsenal an Möglichkeiten, gesetzgeberische Verfahren – unter Missachtung ihres Geistes – zur Verhinderung von Gesetzgebung umzufunktionieren, damit der gewählte Präsident ja nicht irgendetwas zustande brachte (eine verwandte Seele, Steve Bannon, kündigte an, falls die falsche Person die Wahlen 2016 gewinne, werde die »Rückzugsstrategie« darin bestehen, »sie so stark zu behindern, dass sie gar nicht regieren kann«).[63] McConnell war in zweierlei Hinsicht ein schlechter Verlierer. Er akzeptierte die Niederlage seiner Partei bei Präsidentenwahlen nicht, und er fügte dem politischen System in seiner skrupellosen Verfolgung parteipolitischer oder möglicherweise schlichtweg persönlicher Ziele Schaden zu (im Übrigen gelang es ihm gar nicht, eine zweite Amtszeit Barack Obamas zu verhindern – was von denen, die McConnells angebliche Meisterschaft in der finsteren Kunst der Obstruktion bewundern, oft vergessen wird).

In einer echten repräsentativen Demokratie ist die Opposition nicht schon deshalb geknechtet, weil sie nicht an den Hebeln der Macht sitzt, wie Rousseau meinte. Und entgegen McConnells Behauptung, dass der Wahlsieger die Gesetze macht und der Verlierer nach Hause gehen muss, gehen die Verlierer eben nicht nach Hause, sondern auf die Oppositionsbänke, von wo aus sie scharfe Kritik an der Regierung üben und weiterhin unermüdlich für ihre Alternativen kämpfen können. Im Idealfall gibt es eine fortlaufende Diskussion zwischen Mehrheit und Minderheit im Parlament und außerhalb des Parlaments – genau das, was nach Ansicht George Washingtons unter seiner Würde als republikanischer Quasi-Monarch war.[64]

»Fortlaufende Diskussion« mag hier eine Spur zu nett klingen – so etwas wie die unablässige Auseinandersetzung zwischen einem britischen Premierminister und dem Oppositionsführer gleicht eher einem fortlaufenden Gefecht. Daran ist nichts auszusetzen, es sei denn, aus einem harten Spiel wird ein unfaires Spiel, in dem die Inhaber der Macht systematisch versuchen, die Opposition auszuschließen oder echte Auseinandersetzungen zu verhindern. In einem parlamentarischen System wie dem ungarischen kommt es vor, dass die Regierungspartei durch ein Mitglied des Parlaments, das nicht dem Kabinett angehört, mitten in der Nacht eine Gesetzesvorlage einbringen lässt und dadurch die ausführliche Debatte vermeidet, die bei einer Regierungsvorlage vorgeschrieben ist.

Nun könnte man meinen, auch wenn das Spiel unfair werde, sei es besser, wenn die Opposition für das Wohl des größeren demokratischen Ganzen Opfer bringe. Dann besteht allerdings die Gefahr, dass die Demokratie unter Schwächlingen und Schurken aufgeteilt wird, wie der Politikwissenschaftler Andreas Schedler es ausdrückte.[65] Spieltheoretiker sagen uns, wir könnten eine korrekte Regelbefolgung wiederherstellen, indem wir Gleiches mit Gleichem vergelten – nur dass die Beantwortung von Unfairness mit Unfairness zu einer Abwärtsspirale der Normverstöße führen könne; wer Feuer mit Feuer bekämpft, laufe Gefahr, das ganze Haus abzufackeln (ein Szenario, mit dem ich mich im letzten Kapitel dieses Buches ausführlicher befassen werde).

Wenn es um politische Konflikte geht, sind nicht alle Normverletzungen gleich. Nicht jeder neue beleidigende Spitzname auf Twitter muss mit ähnlich kindischen Bemerkungen beantwortet werden (selbst Trump-Anhänger dürften dessen irgendwann überdrüssig geworden sein). Die beste Antwort auf Wählerunterdrückung ist nicht, Anhänger der anderen Seite nun auch von der Wahl abzuhalten. Alles blindlings mit gleicher Münze heimzuzahlen mag eine gewisse Befriedigung bieten, man sollte jedoch zugunsten einer die Demokratie erhaltenden oder vielleicht sogar stärkenden Reziprozität darauf verzichten und stattdessen auf Maßnahmen setzen, die der anderen Seite nicht gefallen, aber durch wirklich demokratische Prinzipien gerechtfertigt werden können.[66] Im US-amerikanischen Kontext könnte man zum Beispiel daran denken, dem District of Columbia, ergo der Hauptstadt Washington (D. C.), und Puerto Rico den Status von Bundesstaaten zu geben (die Ungerechtigkeit der gegenwärtigen Situation sollte angesichts des Grundsatzes »keine Besteuerung ohne Repräsentation« eigentlich jedem US-Bürger einleuchten).

Natürlich kann es sein, dass eine Opposition nicht genug Macht für solch eine Drohung hat. Dann bleibt immer noch die Möglichkeit, dass eine legitime Opposition gelegentlich ihre Systemtreue beweist, indem sie Unfairness mit drastischen und sogar normverletzenden Maßnahmen beantwortet – solange diese Maßnahmen sich eindeutig auf die Grundprinzipien der Freiheit und Gleichheit zurückführen lassen: ein *back to the basics* seitens politischer Akteure.

Eine Folge des Aufstiegs populistischer Parteien oder im weiteren Sinne systemfeindlicher Gruppen kann das faktische Verschwinden der Institution einer loyalen Opposition sein.[67] Wenn andere Parteien sich verpflichtet fühlen, die systemfeindliche Partei von der Macht fernzuhalten, müssen sie möglicherweise *sämtlich* in die Regierung eintreten. Zu einer derartigen Situation kam es im Herbst 2019 in Thüringen, wo die AfD bei den Landtagswahlen sehr gut abgeschnitten hatte. Dadurch sahen sich Parteien mit zutiefst gegensätzlichen Programmen wie die CDU und die postkommunistische Linke zur Zusammenarbeit gezwungen. Diese Lage eines »Alle gegen einen, einer gegen alle« hat eine sehr schädliche politische Nebenwirkung. Sie scheint die These zu bestätigen, die populistische Politiker ihren Anhängern ständig auftischen: Die anderen Parteien seien nur darauf aus, ihre ungerechtfertigten Privilegien und unrechtmäßigen Gewinne zu sichern. Sie bildeten ein Kartell, um die echten Vertreter des Volkes außen vor zu halten.

Es gibt noch eine weitere, weniger offensichtliche Nebenwirkung. Große Koalitionen können den Eindruck verstärken, dass es keine klaren politischen Wahlmöglichkeiten gebe. Populistische Politiker erinnern ihre Anhänger, sie hätten immer schon gesagt, den »etablierten Parteien« gehe es trotz unterschiedlicher politischer Programme doch nur darum, den Staat auszuplündern. Und wer hätte auch schon gedacht, dass der laut Parteibuch linke italienische Ministerpräsident Matteo Renzi, der eine *rottamazione*, wörtlich: eine Zerschlagung, des alten Systems versprochen hatte, am Ende einen Deal mit Silvio Berlusconi abschließen würde, um eine Änderung des Wahlgesetzes zu verabschieden? Er schien damit die Schimpftiraden des Populisten Beppe Grillo über die korrupte *casta* der etablierten Politiker vollauf zu bestätigen.

Wenn alle Parteien außer den systemfeindlichen in der Regierung sind, gibt es *per definitionem* keine loyale Opposition mehr, sondern nur noch eine illoyale Opposition. Die Nationalsozialisten bezeichneten ihre Gegner als »Systemparteien« – ein Schimpfwort, das die AfD eins zu eins übernahm.[68] Damit verschwindet ein wesentliches Element der repräsentativen Demokratie: der Gedanke nämlich, dass es stets eine systemkompatible und nicht nur eine systemfeindliche Alternative gibt.[69] Das bedeutet nicht nur einen

Verlust für einzelne Parteien, sondern einen Schaden für die gesamte Demokratie.

Wie steht es um das entgegengesetzte Szenario: eine Opposition in einem Regime, das populistische Regierungstechniken einsetzt, oder eine Regierung, die unablässig die demokratischen Regeln beugt (aber noch kein im vollen Sinne populistisches Regime geschaffen hat)? Man möchte meinen, in einem tatsächlich populistischen Regime *müsse* die Opposition illoyal und explizit systemfeindlich sein.[70] Die Dinge liegen jedoch nicht ganz so einfach, vor allem wenn die Opposition in viele kleinere Parteien zersplittert ist (gelegentlich wird solche »Diversität« von populistischen Regimen aktiv gefördert; ein Beispiel dafür wäre Ungarn). Hier ist es wichtig, dass die Parteigänger an ihren üblichen politischen Überzeugungen festhalten, unter der Annahme, dass Bürger in politischen Fragen eben völlig verschiedener Meinung sein können, ohne deshalb Nichtachtung der Mitbürger zum Ausdruck zu bringen.

Man wird einräumen müssen, dass nicht alles, was ein gefestigtes oder angehendes populistisches Regime tut, autoritär ist. Wenn dagegen politische Grundprinzipien auf dem Spiel stehen, muss eine Opposition unbedingt Einigkeit beweisen und den Bürgern klar signalisieren, dass es um deutlich mehr geht als bei alltäglichen politischen Kontroversen. So ist die Abschaffung des Patient Protection and Affordable Act in den USA (auch Obamacare genannt) eine grausame und in vielerlei Hinsicht in sich widersprüchliche politische Entscheidung; dennoch würde jeder republikanische Präsident genau dies versuchen, und falls es gelänge, wäre das kaum das Ende der Demokratie. Bei dem Versuch, die Kontrollfunktion des US-Kongresses über die Regierung auszuhebeln, handelt es sich dagegen nicht um üblichen politischen Dissens, sondern um einen Angriff auf die amerikanische Demokratie schlechthin. Und dieser Angriff könnte eine spezielle demokratische Form von *Ungehorsam* rechtfertigen (auf die ich im vierten Kapitel noch ausführlicher eingehen werde). Solche Unterscheidungen zu treffen ist eine Kunst und keine Sache, die sich mechanisch aus politischen Management-Lehrbüchern deduzieren ließe. Falls das überzeugend geschieht, vermag es die Ausbreitung einer resignierten und zynischen Sicht einzudämmen, die sich mit den Worten zusammenfassen ließe: »Ganz gleich, was die Regierung tut, es wird ihnen nicht gefallen, darum sollte es auch keinen kümmern, woran die Opposition jetzt wieder rummäkelt.«

Natürlich fällt es einer stark zersplitterten Opposition schwerer, eine konsistente politische Alternative zu einem populistischen Regime zu präsentieren. Daraus kann sich auch ein spezielles Dilemma ergeben. In Ungarn mussten liberale und linke Oppositionsführer entscheiden, ob sie mit der rechtsextremen Jobbik-Partei zusammenarbeiten. Die plausibelste Antwort lautet, dass eine Opposition vereint auftreten kann – zum Beispiel indem sie eine aus Technokraten bestehende Liste von Kandidaten aufstellt –, ohne deshalb darauf zu verzichten, wichtige interne Unterschiede herauszustellen. Weniger offensichtlich kann sie auch versuchen, Situationen zu schaffen, in denen kein gemeinsames Regierungsprogramm entwickelt werden muss. Wie im letzten Kapitel bereits erwähnt, sind an der Macht befindliche Populisten nicht unbedingt erpicht auf direkte Demokratie, ganz entgegen dem Klischee von den großen Volksermächtigern. Oppositionsgruppen können jedoch gut daran tun, Volksabstimmungen zu verlangen. Schließlich besitzen solche Abstimmungen oft eine binäre Struktur – ja oder nein. Und falls die Frage so gestellt wird, dass sie die Regierung in Verlegenheit bringt (indem sie demonstriert, dass die angeblich einzigen Repräsentanten des Volkes in Wirklichkeit nicht Mehrheitsmeinungen bei spezifischen Problemen zum Ausdruck bringen), kann sie einem Regime Schaden zufügen, ohne dass es dazu einer ideologischen Übereinstimmung innerhalb der Opposition bedürfte. Entgegen der verbreiteten Ansicht sind Referenden eben nicht unbedingt der beste institutionelle Freund der Populisten. In Wirklichkeit können sie auch zu einer mächtigen Waffe werden, die sich in ihrem eigenen Spiel zielgenau gegen sie einsetzen lässt. Kein Wunder, dass zum Beispiel die ungarische Regierung alles tut, um von einzelnen Bürgern initiierte Referenden zu verhindern.

Und schließlich liegt die Bürde, kohärente Alternativen aufzuzeigen, in autokratischen (oder in Richtung Autokratie drängenden) Regimen nicht ausschließlich bei den Oppositionsparteien. Wenn die regierenden Populisten Institutionen wie das Verfassungsgericht unter ihre Kontrolle gebracht haben, können pensionierte Richter eine unabhängige Parallelinstitution bilden. Sie können dieselben Fälle behandeln wie das gekidnappte Gericht und Urteile ergehen lassen, die zeigen, wie eine wirklich autonome Körperschaft entschieden hätte. Diesen Versuch hat man in Polen unternommen, wo die regierende Partei das Verfassungsgericht de facto unter ihre Kontrolle gebracht hat.[71] In diesem Fall wird nicht eine Art Doppelstaat von oben oktroyiert, sondern von unten her aufgebaut, um die Macht des Arguments gegen die Willkür der Macht zu setzen.[72]

Erwarte das Unerwartete?

Eine gut ausbalancierte repräsentative Demokratie benötigt mehrere Dinge. Nach einer Niederlage sollte es eine realistische Chance geben, dass unsere Seite später auch wieder gewinnen kann. Wir müssen sicher sein können, dass dies zumindest eine Möglichkeit ist, denn anderenfalls stellt sich die Frage, warum wir das Spiel nicht gleich ganz verlassen sollten. Wenn wir jedoch stets sicher sind, das Spiel zu gewinnen, mag uns das zwar ganz lieb sein, aber Beobachter könnten zu Recht den Verdacht haben, dass es mit der Demokratie eigentlich vorbei ist. Deshalb definiert der Politologe Adam Przeworski Demokratie als eine Form »institutionalisierter Ungewissheit«.[73] Diese sperrige Formulierung enthält eine profunde Erkenntnis: Politische Ergebnisse – insbesondere Wahlen – müssen auf eine spezifische Weise ungewiss sein. Zieht man es vor, dass alles im Voraus kristallklar ist, gibt es mehr oder weniger attraktive Alternativen: Nordkorea, wo die offiziellen Kandidaten buchstäblich 100 Prozent der Stimmen erhalten, oder andere Diktaturen wie Aserbaidschan, wo man die Wahlergebnisse 2013 versehentlich schon am Tag vor den Wahlen per iPhone-App bekanntgab (was an Tom Stoppards Bemerkung denken lässt: »Nicht Wählen macht die Demokratie aus, sondern Zählen«).[74] Przeworski fasst seine zentrale Einsicht mit einer scheinbar trivialen, in Wirklichkeit aber brillanten Beobachtung noch klarer zusammen: Demokratie lässt sich definieren als ein System, in dem Parteien Wahlen verlieren (und, so könnte man hinzufügen, um keine Missverständnisse aufkommen zu lassen, sie ist kein System, in dem immer dieselben Parteien verlieren).[75]

Ungewissheit ist nicht dasselbe wie Chaos oder reine Zufälligkeit, denn sie ist notwendig institutionalisiert (schließlich kann das Ergebnis eines Bürgerkriegs gleichfalls ungewiss sein, doch solche Kriege sind eben nicht an Regeln gebunden, die letztlich mit den Prinzipien von Freiheit und Gleichheit gerechtfertigt werden können). Regeln müssen den Konflikt zugleich ermöglichen und eingrenzen, aber es sei noch einmal betont: Die Rolle von Regeln zu unterstreichen bedeutet nicht, dass sich die Demokratie auf eine Art Staffellauf von verschiedenen Eliten reduzieren ließe. Verfahren müssen es den Verlierern ermöglichen mitzureden, gleichzeitig aber auch den Gewinnern, ihre Vorstellungen umzusetzen. Es reicht nicht, wenn sie es Verlierern und Gewinnern ermöglichen, die Plätze zu tauschen; Regeln müssen auch die Chance eröffnen, dass mit der Zeit neue Gewinner und Verlierer ins Spiel kommen.

Natürlich fällt es schwer, sich Demonstranten mit Plakaten vorzustellen, auf denen steht: »Institutionalisierte Ungewissheit jetzt!« (zumal nach einer Pandemie, die durch ein oft unerträgliches Maß an Ungewissheit geprägt ist, und nach US-Wahlen, deren Ergebnis lange Zeit im Ungewissen blieb). Aber Ungewissheit für die Gewinner bedeutet Hoffnung für die Verlierer. Deshalb hat Peter Thiel durchaus Recht, wenn er sagt, Wettbewerb sei etwas für Verlierer (auch wenn er in Wirklichkeit meinte, ein echter Gewinner im Geschäftsleben werde immer Wege finden, sich eine Monopolmacht zu sichern). Und nicht zuletzt hätten Bürger kaum Grund, sich politisch zu engagieren, wenn es gar keine Ungewissheit gäbe.

Daraus folgt nicht: je unvorhersehbarer oder gar zufälliger. desto besser oder demokratischer. Es ist jedoch wichtig zu betonen, dass auf einer ganz elementaren Ebene Demokratie gar keinen Sinn hätte ohne die Möglichkeit, dass Bürgerinnen und Bürger zumindest manchmal ihre Meinung ändern, und dazu gehört auch ihre Meinung über die Demokratie und deren Umsetzung an bestimmten Punkten durch bestimmte Regeln. Das ist der Grund, weshalb das wirklich schockierende Wort in Hillary Clintons berüchtigter Rede über die *deplorables* (»die Erbärmlichen«) nicht der Ausdruck *deplorables* war – was ihr Gegner bei den Präsidentschaftswahlen 2016 und einige seiner Anhänger sagten, war (und ist) erbärmlich. Schockierend war vielmehr Clintons beiläufige Bemerkung, dass manche Bürger einfach *irredeemable* (»nicht zu retten«) seien. Anders gesagt, man brauche gar nicht erst versuchen, mit ihnen zu sprechen, sie für etwas zu interessieren und am Ende vielleicht sogar zu bewegen, ihre Meinung zu ändern. Ähnlich im Geiste, aber inzwischen fast vergessen ist Mitt Romneys Version dieses antidemokratischen Determinismus: 2012 zog er einen nicht sonderlich subtilen Vergleich zwischen *makers* und *takers*, »Machern« und »Nehmenden« (oder, deutlicher gesagt: Produktiven und Schmarotzern), wobei Letztere – nach Schätzung des Republikaners 47 Prozent – Obama in jedem Fall wählen würden, »ganz gleich, was er tut«.

Am folgenreichsten dürfte jene Art von demografischem Determinismus sein, der oft von Linken und Rechten geteilt wird, die ansonsten wenig Gemeinsamkeiten finden. In den USA glauben manche Demokraten offenbar immer noch, die Entstehung einer

Mehrheits-Minderheits-Demokratie – also eines Gemeinwesens, in dem keine ethnische Gruppe mehr als fünfzig Prozent der Mitglieder stellt – steigere langfristig ihre Wahlaussichten. Umgekehrt kann jemand wie McConnell den Vorschlag, Washington (D.C.) und Puerto Rico zu Bundesstaaten zu machen, als »Machtergreifung« durch die Linke verdammen, da er schlicht unterstellt, Minderheiten würden eh immer gegen seine Partei stimmen.

Natürlich wissen wir, dass in der Praxis viele Menschen ihre Meinung nicht allzu oft ändern und bestimmte Gruppen historisch loyal gegenüber einer bestimmten Partei bleiben. Aber wir können nicht immer im Voraus wissen, wer sich wie entscheidet. Wir dürfen nicht die Vorstellung aufgeben, dass Demokratie auf der Erwartung basiert, manche Menschen entwickelten zumindest gelegentlich andere Ansichten – und dass zugeschriebene Identität kein politisches Schicksal ist. Wer die Ungewissheit aus der Demokratie herausnimmt, fügt nicht nur den Verlierern – oder, anders gesagt, der Minderheit – Schaden zu. Echte Demokratie schützt auch die Mitglieder einer einstigen Mehrheit, die vielleicht ihre Meinung ändern möchte.

Um dieses Bild zu akzeptieren, braucht man keine luftigen Ideen zu übernehmen, wonach die Bürger vor jeder Wahl eingehend Parteiprogramme studierten und dann nach sorgfältiger rationaler Abwägung für die Partei stimmten, die in ihren Augen am besten für das Gemeinwohl wäre.[76] Seit Jahrzehnten scheint der Berufsstand der Politikwissenschaftler in den USA sich mit aller Kraft der Aufgabe zu widmen, Lehrbuchthesen über den politisch wachsamen, mit widerspruchsfreien Ansichten ausgestatteten Bürger zu zerstören. Tatsächlich scheint es einigen meiner Kollegen sogar Spaß zu machen, Punkt für Punkt zu demonstrieren, wie unglaublich irrational und schlecht informiert die meisten Menschen sind (soweit es politische Fragen betrifft; über *American Idol*, *Big Brother* und dergleichen seien sie dagegen oft bestens informiert). Bei Liberalen, die angesichts politischer Katastrophen wie Brexit und Trump verzweifeln, wird daher die Ansicht immer beliebter, wir müssten die »volkstümliche Theorie von Volksherrschaft« endlich fallenlassen. Nach dieser Theorie – die laut ihrer Kritiker gar nicht so sehr vom Volk, sondern von blauäugigen politischen Philosophen verfochten wird – bilden die Bürger einen kohärenten Volkswillen aus, den die Regierung dann umsetzen solle.[77]

Manche Wissenschaftler scheuen sogar nicht davor zurück, Zweifel an dem zu säen, was sich – in den Augen vieler als absolutes Minimum – zugunsten der Demokratie sagen ließe: dass sie nämlich die einzige friedliche Möglichkeit darstelle, schlechte Regierungen loszuwerden. Und selbst das könnte auf einer allzu naiven Sicht unserer Mitbürger basieren. Denn was im Englischen oft umgangssprachlich mit »Werft die Penner raus!« umschrieben wird, setzt voraus, dass die Menschen wissen, wer genau »Penner« sind und wer nicht. Eine beliebte Geschichte zur Verdeutlichung dieses Gedankens – gleichsam ein Bestandteil der Volksweisheit auf dem Gebiet des politischen Realismus – handelt von Haien.

Vier Monate vor den US-amerikanischen Präsidentschaftswahlen 1916 wurde die Küste von New Jersey durch eine Serie von Haiangriffen in Angst und Schrecken versetzt. Ein Hai (der sechs Jahrzehnte später als Inspirationsquelle für einen Hollywood-Blockbuster dienen sollte) schwamm offenbar sogar einen Fluss hinauf und zerriss dort zwei Jugendliche.[78] Die später so genannten »zwölf Tage des Schreckens« führten in den betroffenen Städten angeblich zu einem Rückgang der Unterstützung des amtierenden Präsidenten Woodrow Wilson um 9 bis 11 Prozentpunkte, obwohl der Präsident selbstverständlich nichts mit dem Horror an den Stränden zu tun hatte.[79] Unangenehme Erlebnisse – vielleicht so harmlos wie eine Niederlage der Mannschaft des lokalen Sportvereins – können dazu führen, dass Menschen sich in irrationaler Weise gegen ihre Regierenden wenden. Sogenanntes rückblickendes Wählen – also eine politische Entscheidung aufgrund der Bilanz einer Regierung – scheint blind zu sein. Es ist keine ganz blinde Wut, denn Wut hat ihre Gründe, aber die Gründe haben nichts mit einer rationalen Bewertung von Regierungsarbeit zu tun.

Die Geschichte vom Präsidenten und dem Hai ist eine tolle, Hollywood-reife Story, und sie ist nicht umsonst äußerst beliebt bei Liberalen, denen hier eine ganze Reihe von Gründen für ihre Skepsis gegenüber den politischen Fähigkeiten der »einfachen Leute« geliefert werden. Aber die Story stimmt womöglich so nicht ganz. Wilson verlor bei den Wahlen 1916 auch andere, nicht von Haien heimgesuchte Bundesstaaten im Nordosten, während sein Stimmenanteil dort, wo der Hai den Fluss hinaufgeschwommen war, sogar zunahm. Vor allem aber schadeten die Haiattacken dem Tourismus in den betroffenen Küstenstädten. Die Regierung tat fast gar nichts, um die wirtschaftlichen Auswirkungen zu lindern, obwohl verzweifelte Bürger den Kongress mit Briefen bombardierten, in denen sie um Hilfe baten.[80] Es mag anachronistisch sein, anzunehmen, Washington hätte damals – noch vor dem New Deal – substanzielle Hilfe leisten können, dennoch war es vielleicht nicht vollkommen irrational, wenn Bürger sich gegen Wilson wandten, weil er keinerlei Mitgefühl oder besondere Betroffenheit hinsichtlich eines Bundesstaats äußerte, den er zwei Jahre lang als Gouverneur regiert hatte.[81] Denn auch nur symbolisch erscheinende Gesten senden immer noch eine wichtige Botschaft über einen Politiker – ob nun über seine Fähigkeit, angesichts einer Katastrophe die richtigen Worte zu finden, oder, wichtiger noch, einen Ton anzuschlagen, der den US-Kongress ermuntert hätte, die Interessen einzelner Menschen ernst zu nehmen. Trump scheiterte nicht nur kläglich, als es darum ging, die US-Bundesverwaltung während der Pandemie 2020 effektiv einzusetzen; er versagte auch im Umgang mit der Stimmung im Lande. Vor allem war er unfähig, irgendeine Art von Empathie oder kollektiver Trauer zum Ausdruck zu bringen (oder sich gar für irgendwelche Fehler zu entschuldigen). Das sprach in der Tat gegen ihn, ganz unabhängig von seiner Leistung als Führungspersönlichkeit in irgendeinem technischen Sinne.

Man kann relativ leicht beweisen, dass dem Einzelnen alles erdenkliche politische Wissen fehlt oder dass seine Ansichten bei näherer Prüfung vielleicht voller Widersprüche stecken. Daraus folgt jedoch nicht, dass der politische Siegespreis stets dem größten Demagogen zufiele. Die Bürger sind oftmals sehr wohl in der Lage, ihre fundamentalen Interessen zu identifizieren: Sie übernehmen Hinweise von anderen Personen oder Institutionen (Parteien, Medien und Organisationen wie Gewerkschaften), denen sie Grund haben zu vertrauen, und wie in vielen Lebensbereichen sind Abkürzungen bei der Entscheidungsfindung nicht automatisch Ausweis von Irrationalität.[82] Wenn überhaupt, liegt das Problem nicht in der Psychologie individueller Bürger, sondern im Zustand der von mir so genannten kritischen Infrastruktur der Demokratie, die in den USA und einigen anderen Ländern sehr reparaturbedürftig ist.

Wenn Bürger bei Wahlen scheinbar gegen ihre rein materiellen Interessen stimmen, tun sie das oft nicht deshalb, weil sie dem großen Demagogen auf den Leim gegangen wären oder an einem falschen Bewusstsein litten, sondern weil sie andere Interessen – die eher etwas mit den sogenannten moralischen oder kulturellen Fragen oder mit »emotionalem Eigeninteresse« zu tun haben – für wichtiger halten (was nicht ausschließt, dass sie in wirtschaftspolitischen Fragen manchmal wirklich irregeführt werden – siehe die bereits diskutierte Strategie der US-Republikaner).[83] Wie E. E. Schattschneider einst schrieb, haben Menschen eben nicht einfach Interessen, sondern Vorstellungen über Interessen.[84] Und derartige Vorstellungen – Werte – sind nicht immer eine simple Sache von Rationalität oder Irrationalität.

Es ist ein Fehler, anzunehmen, Politik wäre einfacher gewesen, als es dabei angeblich nur darum ging, dass Gruppen über materielle Interessen verhandelten. Einerseits dürfte bei näherer Betrachtung solch ein Goldenes Zeitalter in der Geschichte nirgendwo zu finden sein. Die Arbeiter waren nicht nur eine Art Lohnlobby, die allein für mehr Geld oder auch bessere Arbeitsbedingungen kämpften. Sie stritten ebenso für Würde und Anerkennung – also was man heute eher den »kulturellen Werten« und der »Identitätspolitik« zuschlagen würde. Lawrence Lessig schreibt dazu: »Das Wahlrecht war das erste Gefecht der Identitätspolitik«, denn in der gesamten US-amerikanischen Geschichte – wie auch in der Geschichte anderer Nationen – wurde um die Abschaffung identitätsbasierter Wahlrechtsbeschränkungen gekämpft.[85]

Umgekehrt geht es bei der heute so oft verspotteten »Identitätspolitik« nicht bloß um eine abstrakte Forderung nach Bestätigung der Erfahrungen einer bestimmten Gruppe, sondern um eine sehr konkrete Umverteilung oder gelegentlich auch erst Durchsetzung von Grundrechten. Entgegen der Behauptung vieler Kritiker verlangt »Identitätspolitik« nicht die Anerkennung irgendwelcher obskurer kultureller Besonderheiten oder Präferenzen immer kleinerer und skurrilerer Grüppchen, die andere gar nicht nachzuvollziehen können. Vielmehr geht es um den Anspruch, dass Grundrechte effektiv durchgesetzt werden: zum Beispiel das Recht, nicht von mächtigen Männern begrapscht (oder gar vergewaltigt) zu werden, oder das Recht, nicht ständig von der Polizei schikaniert (oder am Ende gar erschossen) zu werden. Die Vorstellung, Konflikte wären leichter zu lösen, wenn sie lediglich um die Verteilung materieller Ressourcen – im Unterschied zum Umgang mit der Identität – gingen, verkennt, wie sehr Interessen, Identitäten und Vorstellungen über Interessen und Identitäten immer schon miteinander verwoben waren.

Aber was, wenn die Partei, die meine – wie auch immer verstandenen – Interessen vertritt, ständig verliert? Oder wenn die Parteien sich zwar immer wieder an der Macht abwechseln – Przeworskis Minimalkriterium für Demokratie –, aber meine Interessen dennoch niemals wirklich zum Zuge zu kommen scheinen? Genau dieses Szenario haben Politikwissenschaftler für eine ganze Reihe demokratischer Systeme diagnostiziert – und das Phänomen erklärt zumindest teilweise eine der im ersten Kapitel erörterten Sezessionen. Vor allem, aber nicht nur in den USA scheint der Befund schockierend eindeutig auszufallen: Wenn die Hochvermögenden und die übrige Bevölkerung (nicht nur die Armen) divergierende Präferenzen haben, gewinnen stets die Wohlhabenden. Und das nicht etwa, weil nur die Wohlhabenden rationale oder zumindest realistische Vorstellungen von Politik hätten, sondern weil das politische System in den USA in vielen Dingen unempfänglich für die Präferenzen der *unteren zwei Drittel* der Bürger ist.[86] Politik ist hier ein Nebenprodukt der Ansichten der an der Spitze Stehenden, die zufällig mit denen zahlenmäßiger Mehrheiten übereinstimmen (ohne dass diese Mehrheiten wirklich etwas zu sagen oder zu bewirken hätten). Ein naheliegender Schluss lautet: In Demokratien verlieren nicht nur Parteien Wahlen, in echten Demokratien müssen zumindest gelegentlich auch mächtige Interessen bei Wahlen verlieren.

Damit ist lediglich auf umständliche Weise gesagt, dass ein regelmäßiger Parteienwechsel noch kein Beweis dafür ist, dass politische Gleichheit oder politische Freiheit tatsächlich existieren. Und wir dürfen nicht schon deshalb annehmen, dass politische Gleichheit herrsche, weil keine Rechtspopulisten Teile der Bevölkerung verunglimpfen oder behaupten, manche Bürger wären keine »echten« Bürger oder allenfalls solche zweiter Klasse. Die Existenz robuster Antidiskriminierungsgesetze mag vollkommen vereinbar mit einer politischen Entmachtung weiter Teile der Bürgerschaft sein. Es muss also noch mehr drin sein.

Lob der »Demagogen«

Wenn eine exakte Gleichheit des Einflusses kein sinnvolles Ziel darstellt, was könnte dann politische Gleichheit sonst noch bedeuten? Eine Antwort lautet: eine etwa gleiche Chance, die Politik zu bekommen, die den eigenen Interessen dient. Wenn man verliert, so nicht, weil die eigenen Interessen systematisch übergangen würden (oder gar die eigene Stellung innerhalb des politischen Gemeinwesens systematisch untergraben würde), sondern weil es schlicht Pech war, dass man diese Runde verloren hat.[87] Anders gesagt, Verlieren ist noch kein Beweis für eine systematische Benachteiligung oder eine unzureichende tatsächliche oder rechtliche Stellung.

Wie Niederlagen gesehen (oder empfunden) werden, hängt nicht zuletzt von der Beantwortung einer wichtigen Frage ab: Wie leicht oder schwer ist es, sich für Politik zu engagieren? Können die Bürger ihre politischen Grundrechte in einer Weise ausüben, die ihnen nicht nur an der Wahlurne eine Stimme gibt? In der Praxis läuft das oft auf die Frage hinaus: Wie viele Stimmen sind bereits zu hören? Wie viele Chöre gibt es, denen man sich anschließen könnte (insbesondere solche, die nicht mit einem Oberschichtakzent singen)? Wie viele Vertretungen unterschiedlicher Ideen, Interessen und auch Identitäten gibt es?

Die alten Athener hatten das Recht, in der Volksversammlung abzustimmen, und dank der Auslosung hatten sie gleiche Chancen, in ein Amt zu kommen, vor allem in den Volksgerichten, die auf entscheidende Weise die potenziellen Oligarchen unter politischer Kontrolle hielten. Doch auch die antike Demokratie kam nicht ganz ohne das Vertretungsprinzip aus. Tatsächlich gab es dort an prominenter Stelle eine Figur, die als *demagogos* bezeichnet wurde. Das war kein Demagoge in unserem heutigen Sinne. Vielmehr fungierte er als eine Art Anstifter oder Impulsgeber, der Probleme ansprach und sich im Lichte bestimmter Ideen oder Interessen an das Volk wandte. Diese Figuren waren keine Parteiführer, denn wie wir gesehen haben, gab es noch keine politischen Parteien, und obwohl dauerhafte Vereinigungen und das, was wir heute als professionelle Medien bezeichnen, gänzlich fehlten, übernahmen sie doch ganz ähnliche Funktionen und waren für das Funktionieren der athenischen Demokratie unverzichtbar.[88]

Repräsentation wird traditionell auf zweierlei Weise verstanden.

Wir wählen eine Repräsentantin, die unsere inhaltlichen Interessen vertritt, oder wir wählen eine Repräsentantin, die wichtige Merkmale mit uns gemein hat, etwa im Blick darauf, dass Frauen sich von Frauen repräsentieren lassen sollten (während ein rein inhaltlich ausgerichtetes Verständnis zu so etwas wie der Partei der brasilianischen Frau führen kann, die eine Zeitlang keine weiblichen Abgeordneten im Parlament hatte, weil es in dieser Partei als das primäre substanzielle Interesse der »brasilianischen Frau« galt, die Abtreibung zu verbieten).

Es gibt jedoch noch ein dynamischeres und kreativeres Verständnis der Repräsentation. Danach reproduziert Repräsentation nicht inhaltlich oder deskriptiv, was es bereits gibt; es geht nicht um eine Art mechanischer Reproduktion. Vielmehr handelt es sich um einen Prozess, in dem einer potenziellen Gefolg- und Wählerschaft ein Selbstbild angeboten wird, das auf bislang nicht anerkannten Ideen, Interessen oder Aspekten ihrer Identität basiert. In der Folge nehmen die Bürger sich selbst und die Politik möglicherweise in einem neuen Licht wahr. Hier wird eine Wählerschaft nicht einfach reproduziert oder ans Licht geholt, sondern in gewisser Weise – und das ist in keiner Weise negativ gemeint – herbeigeredet und nutzt dann ihre politischen Rechte anders als bisher.

Diese Form von Repräsentation ist weder neu, noch ist sie etwas, das erst mit der »Identitätspolitik« begonnen hätte. Arbeiter wissen, dass sie Arbeiter sind, aber sie bemerken nicht spontan, dass sie Teil der Arbeiterklasse sind. Weder Identitäten noch Interessen drängen sich uns von selbst auf. Sie müssen organisiert werden, wenn daraus so etwas wie politische Solidarität entstehen soll.[89] Der Gefreite Willis in Gilbert & Sullivans *Iolanthe* nimmt genau das Gegenteil an, wenn er singt:

I am an intellectual chap,
And think of things that would astonish you.
I often think it's comical – Fal, lal, la!

How Nature always does contrive – Fal, lal, la!
That every boy and every gal
That's born into the world alive
Is either a little Liberal
Or else a little Conservative!

Ich bin ein intellektueller Bursche
Und denke über Dinge nach, die dich verwundern würden.
Ich denke oft, 's ist komisch – Fallalla!
Was die Natur sich da ersinnt – Fallala!
Dass jeder Bube, jedes Mädchen,
Die lebend in die Welt hineingeboren,
Entweder kleine Liberale
Oder kleine Konservative sind.

Dagegen erkannte die Londoner *Times* das kreative und dynamische Element in der Repräsentation, als sie Disraeli (also den First Earl of Beaconsfield) lobte:

> Was Lord Beaconsfield von den üblichen Tory-Führern unterschied, war seine Bereitschaft, dem englischen Volk zu vertrauen, dem sie nicht vertrauten, wie auch seine vollkommene Gleichgültigkeit gegenüber Kastenschranken, die für sie Wesen und Endzweck der Politik darstellten. In der sprachlosen Masse der englischen Bevölkerung, die sie weit von sich fernhielten, erkannte er den konservativen Arbeiter, wie der Bildhauer den im Marmor eingeschlossenen Engel erkennt. Er verstand, dass der gemeine Engländer, auch wenn er selbst nur ein bescheidenes Einkommen und ein frugales Heim besitzt, dennoch konservative Instinkte hat, die ebenso stark sind wie die des reichsten Peers.[90]

In der Theorie kann jeder den Anspruch erheben, für andere zu sprechen – das heißt eine Vorstellung über eine Gruppe artikulieren, die bislang angeblich nicht richtig oder gar nicht repräsentiert wird.[91] Walter Lippmann, der wohl einflussreichste US-amerikanische Journalist des 20. Jahrhunderts (und zutiefst ernüchterter Demokrat), hatte nicht Unrecht mit seiner Beobachtung: »Die Öffentlichkeit wählt ebenso wenig die Kandidaten aus, schreibt ebenso wenig die Wahlprogramme, bestimmt ebenso wenig die Politik, wie sie die Autos baut oder das Stück spielt. Sie positioniert sich für oder gegen jemanden, der sich angeboten hat.« Doch dieser Jemand hat möglicherweise etwas Neues an verschiedenen Öffentlichkeiten entdeckt oder ihnen bislang nicht dargestellte Teile ihrer gelebten Erfahrung vor Augen geführt oder ein gänzlich neues Bild von ihnen entworfen. Das kann, muss aber nicht von oben nach unten erfolgen. So breitete sich die MeToo-Bewegung horizontal aus und wurde nicht von oben oktroyiert. Dasselbe gilt für die erstaunliche Tatsache, dass ein bis dahin unbekannter Teenager, Emma González, eine Überlebende des Schulmassakers in Parkland, auf Twitter innerhalb weniger Tage mehr Follower fand als die mächtige National Rifle Association.

Oder man denke an Black Lives Matter. Was Polizeigewalt bedeutet, war bis 2013 kaum völlig unbekannt. Es bedurfte aber eines besonderen Anstoßes durch drei Aktivistinnen – und eines eigenen Hashtags! –, damit eine Erfahrung, die für viele Amerikaner einfach nicht sichtbar gewesen war, endlich ins Bewusstsein rückte. Die Menschen, die der Grausamkeit seitens der Polizisten ausgesetzt waren, schienen einfach nicht zu zählen, ihr Leben schien keinen Wert zu haben (sie hatten sozusagen keinen gesicherten Status als freie und gleiche Bürger; in diesem Sinne versuchte BLM auch durchzusetzen, was ich oben als harte Grenze bezeichnet habe). Hier wurde also nichts erfunden, und wenn man die Aufmerksamkeit auf eine bestimmte Erfahrung lenkte, forderte man die Bürger auch nicht dazu auf, vorzugeben, sie könnten diese Erfahrung wirklich so nachempfinden, als wäre es ihre eigene. Wie die Massenproteste nach der Ermordung George Floyds zeigten, konnten Menschen ganz unterschiedlicher Herkunft auf der Basis eines gemeinsamen Prinzips (und im Namen der Verteidigung von Grundrechten) zusammenkommen.

BLM enthüllte aber nicht einfach, dass alle möglichen Amerikaner eigentlich schon immer antirassistisch eingestellt waren; der Versuch, bisher nicht repräsentierte Erfahrungen zu artikulieren, bildete eine neue politische Subjektivität aus. Dasselbe gilt für die frühen Pride-Parades oder die Proteste gegen den weißrussischen Diktator Alexander Lukaschenko 2020. Ein Beobachter schrieb dazu: »Da kommt etwas Unterdrücktes hervor, erstaunt und erfreut, sich selbst zu erkennen.«[92] Doch allein schon das Coming-out – ob nun aus der Heimlichkeit oder aus den Wohnungen hinaus auf die Straße, um sich einer brutalen Polizeimacht entgegenzustellen – verändert, wie die Menschen von sich selbst denken und wie sie sich mit anderen zusammentun. Identitäten sind nicht schon vor ihrer Politisierung objektiv gegeben, sondern werden darin zumindest teilweise erst ausgeformt.

Dieser Umstand unterstreicht, warum der demografische Determinismus, dem Politiker jeglicher Couleur anhängen, so fehlgeleitet ist. Welche Parteiloyalitäten die Menschen entwickeln, hängt auch davon ab, wie man sie anspricht. Trotz McConnells Defätismus ist es keineswegs ausgemacht, dass zum Beispiel die in Sittlichkeitsfragen recht konservativen Einwohner Puerto Ricos im Parteiprogramm der Republikaner niemals etwas finden könnten, das ihnen gefiele (falls sie denn vergäßen, wie ein republikanischer Präsident ihnen nach einem Hurrikan Haushaltsrollen zuwarf und damit bereits seine Gleichgültigkeit und Grausamkeit im Umgang mit einer Pandemie Jahre später erahnen ließ). Wahlen basieren zwar auf einer Volkszählung, aber sie sind nicht wie Volkszählungen. Ein dynamischer politischer Prozess mag Bürger veranlassen, bestimmten Aspekten ihrer Identität in überraschender Weise Priorität einzuräumen. Das ist auch der Grund, weshalb Isaac Asimovs Erzählung »Die Wahl« (1955) so dystopisch ist. In der darin erzählten Welt hat sich das Prinzip, dass alle Bürger an die Urnen gehen, überholt. Stattdessen wählt ein Supercomputer namens Multivac einen einzelnen US-Bürger aus, der angeblich der »repräsentativste« aller Amerikaner ist und über den Ausgang der Wahlen am 4. November 2008 entscheiden soll (wobei überhaupt nur Männer in die Auswahl kommen). Am Wahltag stellt die Maschine Fragen an Norman Muller, den »Wähler des Jahres«, und in der »ersten und größten elektronischen Demokratie« der Welt bestimmen dann seine Antworten die Wahlergebnisse im gesamten Land.

Politische Repräsentation ist nicht in erster Linie eine Art neutrale Reproduktion einer offenkundigen oder gar objektiven sozialen Realität; sie ist ein Kampfaufruf. Linien um eine Gruppe zu ziehen, die bislang nur schlecht oder gar nicht vertreten war, bedeutet auch, Konfliktlinien zu ziehen. Diese Linien sind nicht irgendwie von der Natur vorgegeben. Ob Bauernfamilien in Ostpolen der rechtsgerichteten Partei für Recht und Gerechtigkeit näher stehen als einer glaubwürdigen linken Alternative, der es ebenso am Herzen liegt, dass Kindergeld gezahlt wird, ist eine offene Frage. Über die Antwort werden letztlich zumindest teilweise das Geschick und die Kreativität der Politiker entscheiden. Oder nehmen wir ein weiter westlich gelegenes Beispiel: Es hatte den Anschein, als würde die Macht in Irland auf ewig zwischen zwei Mitte-rechts-Parteien hin- und herwechseln, deren archaische Namen schon verraten, wie sehr sie immer noch von ihren Verdiensten im Kampf um die irische Unabhängigkeit zehren – Fianna Fail, die »Soldaten des Schicksals«, und Fine Gael, der »Stamm der Iren«. Bei den Wahlen 2020 veränderte Sinn Féin (»Wir selbst«), obwohl selbst nicht gerade frei von historischem Ballast, den Charakter des Spiels, als die Partei die drängenden Sorgen der Menschen wegen der Wohnungssituation und des Gesundheitswesens aufgriff; Ergebnis war, dass schließlich in der irischen Politik tatsächlich eine echte Wahl zwischen links und rechts herbeigeführt wurde.[93]

Schattschneider, der vielleicht am tiefsten über die Rolle von Konflikten in der Demokratie nachgedacht hat, bemerkte Mitte des 20. Jahrhunderts, dass die Kunst der Darstellung von Konflikten ein großes Geschick erfordere, die Reichweite eines Konflikts möglichst zum eigenen politischen Vorteil zu definieren. Dabei gehe es um die Frage, »wer sich am Kampf beteiligen darf und wer ausgeschlossen wird«. (Oder wie er es gleichfalls ausdrückte: »*Wer darüber entscheidet, worin das Spiel besteht, entscheidet auch darüber, wer sich daran beteiligen kann.*«)[94] Schattschneider führte weiter aus:

> Der Mechanismus zur Erweiterung eines Konflikts ist der Wettbewerb. Es ist der *Verlierer,* der nach Hilfe von außen ruft. (Als Jefferson innerhalb der Washingtoner Regierung politisch den Kürzeren zog, suchte er Unterstützung im Land als ganzem.) Die Erweiterung des Wahlrechts resultiert aus einem Wettstreit der Parteien um Stimmen. Sobald sich abzeichnet, dass eine neue soziale Gruppe das Wahlrecht erhalten wird, befürworten beide Parteien solch eine Erweiterung. *Das ist das expandierende Universum der Politik.* Andererseits ist jeder Versuch, Politik zu monopolisieren, fast schon definitionsgemäß ein Versuch, die Reichweite von Konflikten zu begrenzen.[95]

Je leichter es ist, Konfliktlinien zu ziehen und bestimmte Darstellungen gemeinsamer Interessen gesellschaftlichen Gruppen anzubieten, desto eher erleben die Bürger ihr politisches System als frei und offen für Wandel. Sie finden heraus, was andere denken und welche konkreten Interessen man mit anderen teilt. Je mehr Darstellungen im Umlauf sind und je eher wir sagen können, dass gleiche Chancen auf die Erhebung von Vertretungsansprüchen bestehen, desto größer der Wert der eigenen Stimme und Stimmabgabe.

Ich betone den kreativen und dynamischen Aspekt von Repräsentation auch deshalb immer wieder, weil Beobachter der zeitgenössischen Politik ihn so oft völlig übersehen. Sie meinen, Wahlerfolge enthüllten eine objektive Wahrheit über die Gesellschaft. Wenn Rechtspopulisten Erfolg haben, wird das frühere Urteil, dass sie alle lügenhafte Demagogen oder zumindest *terribles simplificateurs* seien, schnurstracks durch die Vorstellung ersetzt, sie hätten von den »Mainstream-Parteien« lange ignorierte soziologische Wahrheiten ans Licht gebracht. Demnach demonstrierte Trump die Unzufriedenheit der »weißen Arbeiterklasse« (obwohl entscheidende Unterstützung von Bürgern kam, die eindeutig wohlhabender waren, als der Ausdruck »Arbeiter« nahelegt; und obwohl nicht die Arbeiter, die zur Wahl gingen und für Trump stimmten, Clinton den Sieg kosteten, sondern die Arbeiter, die zu Hause blieben). Und nach einer anderen Fehlinterpretation der objektiven Lehren aus den Wahlen 2016 hatte der Reality-Star unwiderlegbar demonstriert, dass es in den USA 63 Millionen Rassisten gibt (oder sogar noch mehr, wenn man die Ergebnisse der Wahlen von 2020 zugrunde legt). Unterdessen bewies uns Boris Johnson vermeintlich, dass der Brexit immer schon den tiefsten Sehnsüchten des britischen (oder zumindest englischen) Volkes entsprach.

Natürlich können Politiker nicht komplett nach Belieben plausible Darstellungen von Identitäten und Interessen kreieren. Sie brauchen schon etwas, mit dem sie arbeiten können, und im ersten Kapitel habe ich die größeren politischen, sozialen und ökonomischen Entwicklungen analysiert, die den Rechtspopulisten ihr Tun erleichtert haben. Entscheidend ist die Tatsache, dass Aussagen über Konflikte in einer Gesellschaft auf unterschiedliche Weise präsentiert werden können. In der Art, wie politische Wahlmöglichkeiten zusammengesetzt und den Wählern angeboten werden, besteht immer Handlungsspielraum. Und jede spezifische Konfliktdarstellung hat ihre Kosten – nicht nur im offensichtlichen Sinne, dass es bei Konflikten eben auch Verlierer gibt, sondern auch weil manche Bürger das Gefühl haben mögen, bei dem Konflikt gehe es nicht um sie, für sie stehe nichts auf dem Spiel. Verfestigt sich ein solcher Eindruck (»Bei Politik geht es nie um meine Interessen!«), wird man sich früher oder später von der Demokratie entfremden. Eine gute Demokratie wird solche Kosten zu minimieren wissen.

Warum Repräsentation nicht durch Losverfahren ersetzen?

Das dynamische und kreative Element der Repräsentation fehlt in Systemen, die Ämter mit Hilfe eines Losverfahrens besetzen – manche Philosophen, die sich für eine Wiederbelebung antiker athenischer Verfahren starkmachen, sprechen von einer »Lottokratie«.[96] Danach sollen durch Losentscheid ausgewählte Bürger sich mit bestimmten politischen Problemen befassen und dabei von Experten beraten werden. Lobbyarbeit oder regelrechte Bestechung wären nicht nur per Gesetz ausgeschlossen, sondern auch de facto unmöglich – denn man kann ja nicht vorher wissen, wen das Los auswählen wird (deshalb zogen die Athener die Lose am Morgen; sie fürchteten, wenn die Amtsinhaber am Vorabend festgelegt würden, könnte es in der Nacht noch Bestechungsversuche geben).[97] In diesem ganz speziellen Sinne wäre also institutionalisierte Ungewissheit hinsichtlich der politischen Akteure garantiert.

So verbindet die Lottokratie denn elegant Chancengleichheit mit institutionalisierter Ungewissheit. Ist dieses Verfahren also nicht besser als Wahlen, die möglicherweise in einem dieser beiden Aspekte oder auch in beiden versagen? Das Problem ist, dass Vorschläge in Richtung Lottokratie ein Denken verraten, das man nur als technokratisch bezeichnen kann. Politik wird als eine Reihe von Problemen verstanden, die aus der Welt zu schaffen sind; es gilt schlicht, die einzig richtige Lösung zu finden. Es bleibt jedoch unklar, wer bestimmt, worin das Problem besteht, und besonders unklar bleibt, ob neue politische Ansprüche, die auf neuartigen Selbstwahrnehmungen beruhen, in bewusst entpolitisierten und von Experten getragenen Institutionen Gehör finden. Die chaotischen Straßen und das lottokratisch-technokratische *isoloir*, in dem durch Zufall bestimmte Bürger zusammenkommen, könnten völlig getrennte Welten bleiben. Die repräsentative Demokratie ist nicht immer die beste Staatsform, wenn es um das Finden von Lösungen geht. Aber sie ist wahrscheinlich die beste, wenn es darum geht, Probleme aufzuzeigen und zu identifizieren.

Was auf den ersten Blick wie das genaue Gegenteil von Lottokratie erscheinen mag, die Meritokratie, leidet an demselben Mangel. Ein meritokratisches System – selbst wenn man von all den offensichtlichen Problemen im Umgang mit solch einem System absieht – basiert auf einer mehr oder weniger festen Vorstellung davon, wer am besten geeignet ist, Probleme anzugehen. Sie unterstellt eine »natürliche Aristokratie«, wie Thomas Jefferson dies nannte. Statt der vom Zufall bestimmten und von Experten beratenen (oder vielleicht auch umerzogenen) einfachen Leute gehen hier die Experten selbst ans Werk. Auch in diesem Fall scheint man zu erwarten, dass es für ein Problem jeweils nur eine einzige richtige Lösung gibt. Der Gedanke, dass Probleme erst durch Kämpfe um demokratische Repräsentation sichtbar werden und dass angesichts unterschiedlicher Wertvorstellungen verschiedene Lösungen durchaus plausibel sein könnten, bleibt außen vor oder hätte tatsächlich nicht einmal einen Sinn. Sowohl für die Lottokratie als auch für die Meritokratie gilt: Sobald die glücklichen Gewinner der Auslosung bzw. die durch Prüfungen ermittelten kompetentesten Personen sich an die Arbeit machen, haben wir, die Bürger, im Wesentlichen den Mund zu halten. So tun denn Lottokratie und Meritokratie am Ende genau das, was Populisten vorschlagen: Sie verkleinern den Demos – nicht alle Bürger bilden die entscheidungsberechtigte Öffentlichkeit (auch wenn das hier aus ganz anderen Gründen geschieht als bei den Populisten).

Bei allen Vorteilen unter bestimmten Bedingungen fehlt es der Lottokratie (ebenso wie der Meritokratie) an wesentlichen Vorzügen der auf regelmäßigen Wahlen basierenden repräsentativen Demokratie: nämlich deren dynamischen und kreativen Elementen, die sich auf technokratische Manier eben nicht reproduzieren lassen. Lottokratie und Meritokratie tragen auch nicht in derselben Weise zur Erhaltung des Friedens bei wie demokratische Wahlen. Sie messen nicht die Stärke unterschiedlicher Gruppen in der Gesellschaft, und sie geben den Verlierern nicht die Möglichkeit, ihre Anhänger zu mobilisieren, um beim nächsten Mal vielleicht doch zu gewinnen.[98]

Repräsentation ist nicht notwendig demokratisch. Der Papst ist repräsentativ, aber das macht in noch nicht zu einer demokratischen Gestalt. Dennoch stehen Demokratie und Repräsentation nicht notwendigerweise im Widerspruch zueinander. Die Wahl eines Vertreters ist ein isolierter Akt, Vertretung dagegen ein fortlaufender Prozess. Den Bürgern entgeht nicht, was in den Vertretungsorganen bis zur nächsten Wahl geschieht. Sie können daran teilhaben, indem sie ihre Meinungen darüber kundtun.[99] Die Vertreter wiederum haken nicht bloß eifrig alle ihre Wahlversprechen ab. Sie nehmen auch vorweg, was den Wählern bei der nächsten Wahl wichtig sein könnte. Und sie können – ohne deshalb gleich manipulativ zu werden – versuchen, die Wähler davon zu überzeugen, dass sie eine Wiederwahl verdienen, selbst wenn sie einen Teil ihrer Wahlversprechen nicht eingehalten haben: Etwas anderes, zum Beispiel ein nationaler Notstand wie eine Pandemie, kann sich als weitaus dringlicher erwiesen haben, und die Politiker mögen danach beurteilt werden wollen, wie sie damit umgegangen sind.[100] Niemand hat jemals die Möglichkeit, zweimal zu wählen: Der Bürger, der entscheiden muss, ob er eine bestimmte Repräsentantin wiederwählen soll, ist eine andere Person als derjenige, der ihr einst zusammen mit anderen zur Macht verhalf.

Die laufende Diskussion zwischen Mehrheit und Minderheit findet also nicht nur innerhalb der Volksvertretungen statt, sondern auch zwischen den Vertretungen und den Bürgern und zwischen den Bürgern selbst, vor allem wenn gut funktionierende intermediäre Institutionen diesen Prozess erleichtern.[101] Gewiss, auf einer Ebene haben Repräsentanten mehr Macht – und mehr Freiheit – als wir einfachen Wähler. Das von Rousseau heraufbeschworene Gespenst verschwindet nicht einfach von der Bildfläche.[102] Das bedeutet jedoch nicht, dass sie die Bürger einfach ignorieren könnten. Und man kann ihnen auch nicht einfach im Stile Theresa Mays oder George Washingtons sagen, sie sollten gefälligst zwischen den Wahlen den Mund halten.

Auch wenn es auf den ersten Blick nicht sehr intuitiv erscheinen mag: Repräsentation und Partizipation sind keine Gegensätze. Die Antithese von Repräsentation ist Ausschließung, und das Gegenteil von Partizipation ist Enthaltung oder eine irgendwie geartete Abspaltung vom gemeinsamen politischen Leben.[103] Das Beste, was man den Verlierern sagen könnte, wäre daher: Sie behalten die Freiheit, für ihre Sache einzutreten; sie werden nicht ausgeschlossen oder systematisch benachteiligt (wie es unter der Herrschaft autoritärer Populisten geschieht). Und das Beste, was man denen sagen könnte, die befürchten, nicht im demokratischen Spiel zu sein, wäre: Wenn gleiche Freiheit real ist, dann sollte es ihnen möglich sein, den Status quo zu stören und einen Konflikt darüber vom Zaun zu brechen, welche Konflikte am wichtigsten sind. Ob gleiche Freiheit real ist, hängt nicht nur von abstrakten Bekenntnissen zu einem Verfassungsdokument ab, sondern vom Zustand der kritischen Infrastruktur einer Demokratie: Parteien, Bewegungen, Medien – sie alle sind unverzichtbar für das Funktionieren der Repräsentation und einen produktiven Umgang mit Konflikten. Es gilt jetzt, diese Institutionen einer genaueren Prüfung zu unterziehen.

3. Kritische Infrastruktur: Was Parteien und Medien für Demokratie leisten müssen

> Ein Volk ist nicht einfach nur ein politisches Gebilde, wie man einst hoffte. Parteien, organisierte Wahlkämpfe und Anführer bilden die Realität.
>
> *Judith Shklar*

> Die Öffentlichkeit, die politische Formen hervorbringt, ist im Verschwinden begriffen, doch Macht und Gier nach Besitz sind weiterhin in den Händen der von der sterbenden Öffentlichkeit eingesetzten Amtsträger und Institutionen.
>
> *John Dewey*

Demokratie ist undenkbar ohne politische Grundrechte wie Meinungsfreiheit, Versammlungsfreiheit und Vereinigungsfreiheit. Der Wert dieser Rechte erhöht sich entscheidend, wenn ihr Gebrauch von Organisationen erleichtert wird – also dem, was oft als »vermittelnde Institutionen« bezeichnet wird.[1] Ich kann auch ganz alleine auf der Straße demonstrieren, unermüdlich tweeten, all meine unveröffentlichten Zeitungsartikel an Familie und Freunde verschicken oder sie im Spamfilter von Unbekannten landen lassen, aber offensichtlich vermögen Vereinigungen, politische Parteien und die sogenannten alten Medien wahre Wunder zu wirken, wenn es darum geht, meine Botschaft zu vervielfältigen. Politische Gleichheit lässt sich am besten begreifen als Gleichheit der Chancen auf politische Partizipation. Konkret setzt das einen einigermaßen leichten Zugang zu intermediären Mächten voraus sowie nicht völlig illusorische Möglichkeiten, neue Instanzen dieser Art zu schaffen.[2]

Natürlich hat nicht jeder ein so rosiges Bild der Rolle von Vermittlung in der Demokratie. Kritiker monieren üblicherweise, Institutionen, die sich quasi zwischen das Volk und das politische System schöben, verfestigten oder verstärkten gar Ungleichheit. Tatsächlich wird auch die Ansicht vertreten, intermediäre Instanzen seien ihrem Wesen nach konservativ oder sogar aristokratisch. Der Ruf nach *corps intermédiaires* – den man von Liberalen des 19. Jahrhunderts wie Tocqueville kennt, der deren mäßigenden Einfluss lobte – wirkt wie ein höflicher Versuch, politische Gleichheit zu reduzieren. Diese Institutionen scheinen die Bürgerschaft zu *spalten* und *Distanz* zwischen dem Volk und dem Staat zu schaffen. Noch schlimmer: Laut der Kritiker machen sie es unmöglich, »die Stimme des Volkes« wirklich zu vernehmen. Denn Vermittlung sei potenziell stets auch *Verzerrung*. Genau das waren die Gründe, weshalb Rousseau sich so entschieden gegen intermediäre Instanzen wandte und weshalb er nicht einmal wollte, dass die Bürger seines idealen politischen Gemeinwesens über kollektive Entscheidungen diskutierten (und erst recht nicht, dass solche Debatten zur Bildung von etwas führten, das auch nur entfernt Ähnlichkeit mit politischen Parteien hätte). Sein Problem war nicht das der schweigenden oder gar zum Schweigen gebrachten Mehrheit; im Gegenteil: Er wollte vielmehr, dass alle schwiegen (und angestrengt über das wahre Gemeingut nachdachten), damit sich daraus eine vollkommen stillschweigende Übereinkunft des ganzen Volkes ergab. (Was in Frankreich dauerhafte Spuren hinterließ: Intermediäre Instanzen wurden während der Französischen Revolution verboten; politische Massenparteien waren erst ab 1901 klar legal.)

In Gesellschaften, die nicht wie Rousseaus idealisierte – kleine und isolierte – Gebirgsgemeinde aussehen, stellt sich allerdings die Frage: Wie können die Bürger aktiv werden und überhaupt

Macht ausüben, wenn es keine Organisationen gibt, die ihnen helfen, ihre Ansichten zu bilden und zu verbreiten? Die Alternative zu der von dem französischen Theoretiker Pierre Rosanvallon so genannten »strukturierten Demokratie« ist nicht die unstrukturierte Demokratie, sondern gar keine Demokratie. Demokratien, so die hier vertretene These, erfordern eine kritische Infrastruktur. Wie die physische Infrastruktur (oder wie die Post) macht sie es leichter, Menschen zu erreichen und von ihnen erreicht zu werden – nicht umsonst trug die erste deutschsprachige Wochenzeitung, die im frühen 17. Jahrhundert in Straßburg herausgegeben wurde, den Namen *Relation*.[3] Und wie das Netz aus Straßen, Kanälen, Eisenbahntrassen usw., das es den Menschen ermöglicht, Kontakt zueinander zu halten, kann auch diese Infrastruktur von besserer oder schlechterer Qualität sein. Die Frage ist allerdings, nach welchen Kriterien man das entscheiden könnte.

Was macht eine gute vermittelnde Institution aus?

Immer öfter werden Rufe laut, vermittelnde Institutionen idealerweise ganz abzuschaffen. Diese Rufe basieren vielfach auf der Unterstellung, Vermittlung sei an sich Manipulation. Ein texanischer Republikaner meinte, es sei »besser, die Nachrichten direkt vom Präsidenten zu erhalten. Tatsächlich ist das möglicherweise der einzige Weg, an die ungeschminkte Wahrheit zu gelangen.«[4] Trumps bevorzugtes Instrument zur Verbreitung der ungeschminkten Wahrheit war bekanntlich bis zur Sperrung seines Kontos im Januar 2021 Twitter, das er abwechselnd als Zeitung ohne Kosten und Verluste, als literarisches Medium (mit ihm selbst als dem »Ernest Hemingway der 140 Zeichen«) und – etwas näher an der »ungeschminkten Wahrheit« – als ein »Megaphon« beschrieb:

> Das ist mein Megaphon [...]. Auf diese Weise spreche ich direkt zu den Menschen, ohne jeden Filter. Ich durchdringe den Lärm. Ich durchdringe die Fake News. Das ist der einzige Weg, wie ich kommunizieren kann. Ich habe zig Millionen Follower. Größer als die Nachrichten im Fernsehen. Ich gehe raus und halte eine Rede, die von CNN gecovert wird, aber keiner schaut zu, keinen kümmert's. Ich twittere etwas, und das ist mein Megaphon in die Welt hinaus.[5]

Beppe Grillo, einer der Gründer der Fünf-Sterne-Bewegung in Italien, forderte seine Anhänger auf, über seinen Blog in direkten Kontakt zu ihm zu treten und so die Parteien – die, wie er sie nannte, *casta* der korrupten Politiker – wie auch die Berufsjournalisten zu umgehen (Letztere steckten angeblich alle mit den Politikern unter einer Decke). Die »einfachen Leute« wüssten nämlich am besten, was wirklich Sache sei, und Grillo versprach ihnen, schlicht ihr »Verstärker« zu sein. Die Fünf-Sterne-Bewegung und Parteien wie Podemos in Spanien behaupteten denn nichts weniger, als dass sie ein ganz neues politisches Modell böten. Statt sich zwischen Bürger und Staat zu schieben, stellten sie eine (vor allem digitale) Plattform bereit. Diese Plattform werde die Mitglieder miteinander verbinden, wodurch der für Massenparteien seit deren Entstehung im späten 19. Jahrhundert typische bürokratische Apparat überflüssig würde. Während die Parteien durch das von dem Soziologen Robert Michels so genannte »eherne Gesetz der Oligarchie« gekennzeichnet seien – Bürokratie bedeute Herrschaft durch wenige Insider –, seien solche »Plattformparteien« egalitärer und gleichsam »horizontal« organisiert.

Irreführende *self-promotion*? Um das zu beantworten, braucht es ein besseres Verständnis davon, welche Funktionen intermediäre Institutionen – über die Zusammenfassung und Verstärkung individueller Stimmen hinaus – erfüllen sollen. Außerdem gilt es zu verstehen, warum seit dem 19. Jahrhundert zwei Arten intermediärer Institutionen als unerlässlich für das Funktionieren einer repräsentativen Demokratie erachtet wurden: politische Parteien und eine professionelle Presse (und später auch professioneller Rundfunk und Fernsehen).

Von beiden heißt es heute ständig, sie befänden sich in der Krise. Hier zwei typische Beispiele für derlei Diagnosen: »Die aktuelle Krise der westlichen Demokratie ist eine Krise des Journalismus.« – »Die Öffentlichkeit im Sinne eines großen Konsenses von einzelnen, unterschiedlichen Standpunkten hat ausgedient.« Nur dass den ersten Satz Walter Lippmann 1920 schrieb und der zweite aus einem 1967 veröffentlichten Buch von Marshall McLuhan und Quentin Fiore stammt.[6] Es ist leicht, ein Goldenes Zeitalter heraufzubeschwören – nur gab es das offenbar gar nicht. Die eigentliche Frage ist, ob vermittelnde Institutionen einst in der Lage waren, ihre Kernfunktionen selbst in einer Situation aufrechtzuerhalten, in der sie zeitgenössischen Beobachtern zufolge tief in einer Krise steckten.

Auch hier gilt: *back to basics*. Die Demokratie hat eine Doppelstruktur oder, anders ausgedrückt, zwei unabdingbare Schauplätze. Erstens braucht sie einen festen Ort (und klar bestimmte Zeiten), um kollektiv bindende Entscheidungen zu treffen – ein Platz für Gesetzgebung, wo eine Mehrheit ihren Willen bekommt, nachdem die Opposition die Chance bekommen hat mitzureden. Andererseits braucht sie einen Ort für die Bildung von Meinungen und politischen Urteilen innerhalb der Gesellschaft: Hier kann sich jeder zu mehr oder weniger jeder Zeit zu Wort melden.[7]

Entscheidungen stehen bekanntlich am Ende eines Verfahrens, und das wiederum heißt, es gibt eindeutig vorgetaktete Zeitrahmen. Wahlen – Whitmans »mächtigste Szene und Schau« – müssen in regelmäßigen Abständen abgehalten werden. Deshalb ist der erste Ort der Demokratie durch eine gewisse Vorhersagbarkeit gekennzeichnet; es ist, paradoxerweise, diese Gewissheit über die Verfahren, die dann Ungewissheit über die Inhalte ermöglicht.[8] Dabei kann die Meinungsbildung selbst durchaus, wie Jürgen Habermas es einmal formulierte, ein Raum »wilder Kakophonien« sein. Und das ist auch gut so: Zahlreiche Stimmen stoßen aufeinander; Meinungen werden durch Widerspruch verfeinert; man wird sich Informationen und am Ende vielleicht auch des eigenen Urteils sicherer. Auf den ersten Blick gibt es hier keine Taktung und kein Ziel. Die Öffentlichkeit ist ein niemals endender Film, kein Schnappschuss, oder eher noch eine Vielzahl gleichzeitig laufender Filme und Plots. Um ein Bild zu benutzen, das vor dem zweiten Jahrzehnt des 21. Jahrhunderts völlig unverständlich gewesen wäre: Sie ist wie eine große Videokonferenz, ein Online-Meeting, bei dem einige Leute zu uns sprechen, ohne zu wissen, ob jemand zuhört, während andere nebenher in Gruppenchats oder privat zu zweit miteinander reden.

Die beiden Schauplätze der Demokratie sind stets miteinander verbunden. John Stuart Mill bemerkte zum Verhältnis zwischen dem britischen Parlament und der Gesellschaft:

> Darüber hinaus hat das Parlament eine zweite [...] Aufgabe: Es ist gleichzeitig Beschwerdeausschuss der Nation und Kongress der Volksmeinung, ein Forum, auf dem nicht nur die vorherrschende Meinung des Volkes, sondern auch einzelner Gruppierungen und, soweit als möglich, die Meinung jeder bedeutenden Persönlichkeit aus seiner Mitte auftreten und die Diskussion herausfordern kann; wo jeder darauf rechnen darf, einen Vertreter seiner Ansicht zu finden, der das, was er selbst denkt, ebenso gut und noch besser als er ausspricht – und zwar nicht ausschließlich vor Freunden und Parteigenossen, sondern angesichts von Gegnern, gegen deren Angriffe sich seine Meinung behaupten muss; das Parlament ist der Ort, wo diejenigen, deren Meinung unterliegt, die Genugtuung haben, dass ihre Ansicht Gehör gefunden hat und nicht durch einen bloßen Willkürakt, sondern aus Gründen verworfen wurde, die mehr Gewicht haben [...]; wo jede Partei oder Meinung im Land ihre Stärke genau abschätzen und von Illusionen über Zahl oder Macht ihrer Anhänger geheilt werden kann [...].[9]

Die Öffentlichkeit ist indessen weder auf einen spezifischen Ort noch auf Fortschritte in der Medientechnologie angewiesen. Sie kann natürlich ein besonderer Platz sein: Die Agora im alten Athen diente als Raum für Gerichtsbarkeit, Handel, religiöse Riten und, nicht zuletzt, zufällige Begegnungen, wo Oligarchen auf Tuchfühlung mit Sklaven kamen (während die eigentliche Volksversammlung, die Körperschaft, die Dekrete erließ, auf dem nahe gelegenen, Pnyx genannten Hügel zusammentrat).[10] Im 18. Jahrhundert wurden Kaffeehäuser und Salons die Schauplätze, Zeitungen die Werkzeuge zum Schärfen der Meinungen. Über ihrem Kaffee debattierten Gentlemen über die Vorzüge der neuesten Romane; schließlich wandten die Gespräche sich den staatlichen Angelegenheiten zu, aus Literaturkritik wurde politische Kritik, und in beiden Fällen zählte (zumindest nach Habermas' mehr oder weniger idealisiertem Bild) allein das bessere Argument (oder zumindest der schärfere Witz) und nicht die höhere gesellschaftliche Stellung. Das Kaffeehaus war kaum ein wilder Ort, doch die Konversation kannte keine Grenzen. Und aus dem politischen Gespräch erwuchs schließlich Druck auf die Regime, sich nicht bloß vor dem Volk zu präsentieren, sondern sich dem Urteil des Volkes zu unterwerfen.[11] Bis 1771 war es ein Vergehen, über Debatten im britischen Unterhaus zu berichten. Die Auseinandersetzung sollte hinter verschlossenen Türen geführt werden, um den Druck der Öffentlichkeit davon fernzuhalten (und um zu verhindern, dass Parlamentarier sich vor dem Publikum rhetorisch produzierten).

Die *opinion publique* – ein Ausdruck, der auf Montaigne zurückgeht, aber im 18. Jahrhundert immer häufiger in einem politischen Kontext verwendet wurde – sollte die Regierungen überwachen. Der Philosoph Jeremy Bentham lobte die »Oberaufsicht der Öffentlichkeit«, die sich eine »Gewohnheit des Räsonierens und Diskutierens« zugelegt habe. Die Öffentlichkeit herrschte nicht, erhob jedoch ihre Stimme – ein verzerrtes Echo der Rousseau'schen Vision einer einheitlichen, die Herrschaft ausübenden Öffentlichkeit: erst schweigend und dann mit einer Stimme sprechend, die allerdings bei Rousseau auf einem Einklang der Herzen basierte statt auf einem ständigen kritischen Gebrauch des Verstandes.[12]

Balzac konnte 1840 nüchtern feststellen: »Die öffentliche Meinung wird in Paris produziert, und zwar mit Tinte und Papier.« Doch die Medien waren nicht die einzige kritische Institution in diesem neuen »Publizitätsregime«. Im 18. und vor allem im 19. Jahrhundert kamen politische Parteien hinzu, selbst wenn viele politische Denker (und auch viele Politiker) den von George Washington verspotteten »Parteigeist« für alles andere als erstrebenswert hielten. Thomas Jefferson erklärte gar melodramatisch: »Wenn ich nicht ohne eine Partei in den Himmel kommen könnte, käme ich lieber gar nicht hin.«[13] Diese Politiker setzten Parteien nicht nur mit den bei Washington verhassten »selbstgeschaffenen Vereinen« gleich, sondern mit »Faktionen«, die – ganz wie Verschwörungen – darauf aus waren, den Zusammenhalt des Gemeinwesens zu zerstören. Wie James Madison es ausdrückte, waren sie zu fürchten als »eine Anzahl Bürger, ob nun eine Mehrheit oder eine Minderheit des Ganzen, vereint und bewegt durch einen gemeinsamen Impuls der Leidenschaft oder des Interesses, der sich gegen die Rechte anderer Bürger oder die dauerhaften und gemeinsamen Interessen der Gemeinschaft richtet«. (Man beachte, dass Madison hier Raum sowohl für eine repressive, von eigennützigen Interessen geleitete Mehrheit als auch – weniger offensichtlich – für so etwas wie eine Tyrannei der Minderheit lässt, die sich so verhält wie die US-Republikaner in den letzten Jahren.)

Und doch gründete Madison schließlich zusammen mit Jefferson eine politische Partei (die Demokratisch-Republikanische Partei). Am Ende erklärte er sogar: »Kein demokratisches Land war jemals ohne Parteien, die natürliche Abkömmlinge der Freiheit darstellen.« (Selbst der extrem parteienfeindlich eingestellte John Adams räumte in Briefen an Jefferson ein: »Alle Länder unter der Sonne müssen Parteien haben.« Allerdings fügte er sogleich hinzu: »Das große Geheimnis besteht darin, sie zu kontrollieren.«[14]) Martin Van Buren, von 1837 bis 1841 Präsident, schuf das erste echte US-amerikanische Parteiensystem, in dem zwei zentristische Parteien einen geordneten Wettbewerb um Ämter und moderate inhaltliche Auseinandersetzungen zu führen hatten. Oft wird allerdings vergessen, dass er sich auch für die Gründung neuer Parteien einsetzte, falls die bestehenden einander allzu ähnlich werden sollten (und er blieb seinem Wort treu; bei den Präsidentschaftswahlen 1848 trat er als Kandidat der Free Soil Party an).

Dass Parteien und Zeitungen damals nicht selten eng miteinander liiert waren, ist gleichermaßen in Vergessen geraten. Tocqueville schrieb dazu:

> Dagegen geschieht es in den demokratischen Ländern häufig, daß eine große Anzahl Menschen, die den Wunsch oder das Bedürfnis nach Vereinigung empfinden, dies nicht tun können, weil sie sich alle in ihrer Kleinheit und verloren in der Masse nicht sehen und nicht wissen, wie sie sich finden sollen. Da taucht eine Zeitung auf, die das Gefühl oder den Gedanken sichtbar macht, die sich gleichzeitig, aber gesondert, in jedem von ihnen regen. Alle wenden sich alsbald dieser Lichtquelle zu, und die irrenden Geister, die sich seit langem in der Finsternis gesucht haben, treffen sich endlich und vereinigen sich.
>
> Die Zeitung hat sie zusammengebracht, und sie benötigen sie weiterhin, um zusammengehalten zu werden.[15]

Mit anderen Worten, Presse- und Vereinigungsfreiheit waren eng miteinander verbunden, und in Tocquevilles Amerika dienten beide parteipolitischen Zwecken. Natürlich kann man heute den Gedanken einer schamlos parteilichen Presse anstößig finden. Doch diese einstige Verschmelzung verweist auf eine wichtige, von Parteien nicht weniger als professionellen Medien zu erfüllende Funktion: Parteien sind nicht bloß, wie Edmund Burke es beschrieb, »Vereinigungen von Menschen, die sich zusammentun, um durch ihre gemeinsamen Bemühungen das nationale Interesse nach einem bestimmten Grundsatz zu fördern, in dem sie alle übereinstimmen«. Sie bieten auch – ebenso wie die Medien – eine Darstellung *der* Gesellschaft und insbesondere ihrer politischen Konflikte *für die* Gesellschaft. Und sie präsentieren das, was der Gesellschaftstheoretiker Pierre Bourdieu als eine »Vision von Konfliktlinien« bezeichnete. Damit meinte er keine luftigen Spekulationen über gesellschaftliche Trends, sondern reale Macht: »Eine Vision von Konfliktlinien und Spaltungen erfolgreich durchsetzen zu können, das heißt, die Macht, die impliziten sozialen Konflikte und Spaltungen sichtbar und explizit zu machen, stellt die politische Macht par excellence dar: die Macht, Gruppen zu schaffen, die objektive Struktur der Gesellschaft zu manipulieren.«[16] Natürlich tun Parteien dies in der Absicht, ihre tatsächlichen und potenziellen Anhänger zu motivieren und zu mobilisieren. Medien scheinen dagegen in der Regel keine derartigen Mobilisierungsziele zu verfolgen (auch wenn einem da sogleich einige aktuelle Gegenbeispiele einfallen: Zeitungen, die Kampagnen starten, und TV-Sender, die ihre Zuschauer aufstacheln – darauf wird zurückzukommen sein).

Parteien reproduzieren also nicht einfach nur vorhandene Konflikte, sie strukturieren sie und zetteln sie manchmal überhaupt erst bewusst an. Die Medien haben dagegen meist keine andere Wahl, als den Parteien in ihrer Darstellung der Konflikte zu folgen, etwa indem sie ein grundlegendes Links-rechts-Schema übernehmen. Doch die Medien können auch eine andere Sicht auf Konflikte eröffnen, zum Beispiel durch einen investigativen Journalismus, der bislang noch nicht so offensichtliche Formen sozialer und politischer Unzufriedenheit oder Skandale offenlegt, die eine Komplizenschaft nominell oppositioneller Parteien erkennen lassen und daher die Bildung von Protestbewegungen oder sogar gänzlich neuer Parteien motivieren. Man denke etwa an Spanien oder Griechenland, wo die großen Rechts- und Linksparteien tief in Korruption verstrickt waren (in Spanien hatten beide auch die horrende Immobilienblase mit zu verantworten).

Entscheidend ist hier, dass intermediäre Institutionen eine bewusste Wahl treffen können, wenn es um die Darstellung und Strukturierung von Konflikten geht. Sie mögen dafür selbstverständlich Gründe haben, die nicht direkt mit dem Wohlergehen der Demokratie als ganzer zu tun haben. Oder, deutlicher gesagt: Parteien wollen primär Wahlen gewinnen und Medienunternehmer Geld verdienen. Doch diese Ziele sind nicht an sich unvereinbar mit der Notwendigkeit, politische Kämpfe so in Szene zu setzen, dass ein politisches System damit umzugehen vermag, bzw. so, dass es sie auf friedliche Weise bearbeiten kann, bzw. so, um es noch drastischer zu formulieren: dass auch die Verlierer mit den Ergebnissen leben können.

Mit dem Anspruch, gesellschaftliche Gegensätze zu repräsentieren und Konflikte in Szene zu setzen, erheben Parteien nicht in erster Linie einen Wahrheitsanspruch. Wie Hannah Arendt meinte, sollten Meinungen auf Fakten basieren, aber sie seien eindeutig parteiische Perspektiven – und das sei auch gut so.[17] Unter pluralistischen Bedingungen gelangen Bürger, wie bereits erwähnt, zu unterschiedlichen Urteilen, je nach ihren Lebenserfahrungen, ihrer Gewichtung diverser Fakten und ihren subjektiven Dispositionen (die eine ist risikofreudig, der andere nicht).[18] Deshalb kann Demokratie kein Projekt sein, einer einzigen Wahrheit in der Politik Geltung zu verschaffen. Tatsächlich kann *die eine* Wahrheit, wie Arendt betonte, in der Politik nur despotisch sein.[19]

Die These lässt sich leicht missverstehen, doch der österreichische Jurist Hans Kelsen, der wohl größte Rechtsphilosoph des 20. Jahrhunderts, hatte Recht mit seiner Behauptung, dass die Demokratie eine Affinität zum philosophischen Relativismus aufweise. Verschiedene Menschen sehen die Welt schlicht auf ganz verschiedene Weise und verfolgen verschiedene Ziele. Wenn sie sich voneinander unterscheiden, so nicht unbedingt deshalb, weil sie egoistisch wären oder dumm oder es ihnen einfach an Kenntnis der Fakten mangele. Formen des philosophischen Absolutismus hingegen – das Gegenteil von Ungewissheit, so könnte man sagen – legitimierten laut Kelsen autokratische Herrschaftsformen.[20] Bei Wahlen geht es nicht um Wahrheitsfindung. Wenn dem so wäre, könnte es auch keine loyale und legitime Opposition geben; stattdessen müsste man annehmen, dass Verlierer, die an ihren Auffassungen festhielten, schlicht und einfach Lügner wären.

Repräsentationsansprüche – und Wahlentscheidungen – sollten natürlich auf Fakten basieren. Die *Protokolle der Weisen von Zion* sind ebenfalls eine »Darstellung« der Gesellschaft und eines »Konflikts«, ja sie präsentieren eine so eindeutige »Vision von Konfliktlinien«, wie man sie sich nur vorstellen kann. Aber sie sind ganz offensichtlich kein legitimer Bestandteil demokratischer Auseinandersetzung. Anders sieht es aus, wenn zum Beispiel alle Seiten sich einig über einen wissenschaftlichen Grundkonsens hinsichtlich der Erderwärmung sind – dann jedoch zu gegenteiligen Urteilen über die Frage gelangen, wie wichtig uns das Schicksal unserer Kinder und Enkelkinder sein soll (die Anhänger eines hedonistischen Gegenwartskults werden da ihre eigene Meinung haben) oder wie optimistisch wir hinsichtlich der Wahrscheinlichkeit technologischer Durchbrüche sein dürfen, die weite Teile des Planeten retten werden, oder ob die Klimakatastrophe sich unter den Bedingungen eines kapitalistischen Wirtschaftssystems überhaupt abwenden lässt. Und so weiter.

Der Philosoph John Dewey forderte nichts Geringeres als eine »Ausrichtung« der Regierung an der Wissenschaft. Damit die Regierung von Wissenschaftlern *beraten*, nicht aber von ihnen *gebildet* oder gar *übernommen* würde, betonte Dewey: »Keine Regierung aus Experten, in der die Massen keine Chance haben, die Experten über ihre Bedürfnisse zu informieren, kann etwas anderes als eine im Interesse der Wenigen geführte Oligarchie sein.« Und was als »Bedürfnisse« zählen soll, kann nicht nur, sondern muss in gewöhnlicher demokratischer Auseinandersetzung geklärt werden. Über Bedürfnisse oder über Meinungen dazu, wer gewinnen und wer verlieren sollte, lässt sich trefflich streiten, aber dazu bedarf es einer Basis dessen, was vernünftigerweise als Fakten zu verstehen ist. Letztere sind natürlich, wie Arendt gleichfalls bemerkte, äußerst fragil. Sind Fakten erst einmal in Vergessenheit geraten – oder von autoritären Mächten erfolgreich aus der Welt geschafft worden –, ist es schwierig, wenngleich nicht unmöglich, sie wiederzuerlangen.

Wenn man möchte, dass Konflikte zumindest auf grundlegenden Fakten basieren – dass Fakten eine weitere harte Grenze demokratischer Politik bilden –, dann heißt das allerdings nicht, dass die vollständige Klärung aller Fakten immer Voraussetzung für eine politische Auseinandersetzung wäre. Christopher Lasch bemerkte dazu:

> Was die Demokratie braucht, ist eine öffentliche Debatte, nicht Informationen. Natürlich braucht sie auch Informationen, doch die Art Informationen, die sie benötigt, lässt sich nur durch eine intensive öffentliche Debatte gewinnen. Wir wissen nicht, was wir wissen müssen, bevor wir nicht die richtigen Fragen gestellt haben, und die richtigen Fragen können wir nur finden, indem wir unsere Vorstellungen von der Welt dem Test der öffentlichen Kontroverse aussetzen. Informationen gelten zwar gewöhnlich als Voraussetzung für eine Debatte, aber wir sollten sie besser als deren Nebenprodukt verstehen. Wenn wir uns auf Debatten einlassen, die unsere Aufmerksamkeit fokussieren und voll in Anspruch nehmen, suchen wir aktiv nach relevanten Informationen. Ansonsten nehmen wir Informationen – wenn überhaupt – nur passiv auf.[21]

Vermittelnde Institutionen reproduzieren nicht mechanisch bestimmte Realitäten (und diktieren erst recht nicht die Wahrheit). Im Idealfall schaffen sie Wahlmöglichkeiten. Das heißt nicht, dass jeder sich seine eigene Realität auswählen kann, sondern dass jeder im Idealfall eine Sicht auf bestimmte Realitäten findet, die von geteilten Wertvorstellungen geprägt ist. Anders gesagt, intermediäre Institutionen sollten sowohl externen als auch internen Pluralismus ermöglichen.

Was ist damit gemeint? »Externer Pluralismus« bezieht sich auf ein breites Spektrum politischer Parteien und professioneller Medien: Gebilde, die nicht nur im Wettbewerb miteinander, sondern auch in deutlicher inhaltlicher Opposition zueinander stehen, sodass die Bürger (ebenso wie die Konsumenten) substanziell voneinander abweichende Optionen haben. Entscheidend ist hier nicht der konventionelle Gedanke, dass ein von Wettbewerb geprägter »Marktplatz der Ideen« der Wahrheit zum Sieg verhelfen werde. Bei vielen politischen Fragen betreffen die Meinungsunterschiede gar nicht die zugrundeliegenden Tatsachen als solche. Vielmehr geht es um die Möglichkeit, neue Repräsentationsangebote zu machen – was Ideen und Interessen anbelangt, aber auch Identitäten, die bisher nicht zur Geltung kamen.

Wie sich der interne Pluralismus äußert, ist weniger offensichtlich. Hier ist gemeint, dass eine Vielfalt von Standpunkten auch innerhalb einzelner intermediärer Institutionen prinzipiell wünschenswert ist. Konkret heißt das, politische Parteien sollten auch intern demokratische Verfahren einsetzen wie Vorwahlen und ausgiebige Debatten vor der Wahl der Inhaber von Parteiämtern. Tatsächlich ist diese Praxis in einigen Verfassungen sogar vorgeschrieben. Dahinter steht der Gedanke, dass Parteien, denen es an innerparteilicher Demokratie mangelt, vielleicht auch nicht wirklich demokratisch agieren werden, wenn sie einmal an der Macht sind.[22] Professionelle Medien besitzen gewöhnlich keine innere Demokratie. In manchen Ländern sind sie sogar von den üblichen arbeitsrechtlichen Regelungen ausgenommen, die eine Beteiligung der Beschäftigten an Entscheidungsprozessen sicherstellen sollen. In Deutschland und Österreich gehören sie zu den sogenannten Tendenzunternehmen, also Organisationen mit einer Ausrichtung an bestimmten Idealen (dazu zählen, kaum überraschend, auch die Kirchen). Die Medien können natürlich dennoch eine Vielzahl von Ansichten präsentieren – eine Forderung, die in den USA einst in der Fairness-Doktrin kodifiziert war. Sie verpflichtete Sender, bei kontroversen Fragen von allgemeinem politischem Interesse gegensätzlichen Standpunkten Platz zu geben (und denen, die sich falsch dargestellt fühlten, ein Recht auf Gegendarstellung einzuräumen).[23]

Solche Forderungen an intermediäre Institutionen sind bekanntlich nicht unumstritten. Selbst wenn ein Staat seine Regulierungsmacht nicht missbraucht, um das demokratische Spielfeld zu manipulieren, kann man sich fragen, wie solche Vorschriften mit der Vereinigungs- und der Meinungsfreiheit zusammenpassen. Zeugen derartige Regulierungen nicht von einem Missverständnis hinsichtlich der eigentlichen Aufgaben bestimmter Institutionen? Schließen Pluralismus und Parteilichkeit einander nicht in gewisser Hinsicht aus? Parteien sind keine Debattierclubs, und größtmögliche »Offenheit« könnte es zum Beispiel Marktliberalen erlauben, in sozialdemokratische Parteien einzutreten und deren Ausrichtung vollkommen zu verändern. (Das ist einer der Gründe, weshalb die US-amerikanischen Parteien gegen »allumfassende« oder »offene« Vorwahlen sind. Ihre »Marke« könnte dann von Parteigängern mit völlig anderen Zielsetzungen unterminiert werden, die außerdem keinerlei Verantwortung für die Konsequenzen ihrer Entscheidungen trügen. Zugleich befürchten sie, ihre eigenen Anhänger könnten an den Vorwahlen kleinerer Parteien teilnehmen und – Gott bewahre! – eine Bindung an sie entwickeln.)[24]

Kelsen hatte zwar Recht, wenn er von einer Affinität zwischen Relativismus und Demokratie sprach, doch Menschen, die in eine Partei eintreten, tun dies offensichtlich nicht, weil sie alles für relativ halten. Sie fühlen sich vielmehr bestimmten politischen Prinzipien verpflichtet und möchten sich mit anderen zusammentun, um letztlich auf die Umsetzung dieser Prinzipien durch Verabschiedung entsprechender Gesetze hinzuwirken. Parteien sollen ein nachhaltiges Engagement dieser Art ermöglichen, und die Vereinigungsfreiheit, von der sie Gebrauch machen, umfasst auch die Freiheit, sich *nicht* mit solchen Bürgern zu vereinigen, die sich ganz anderen Prinzipien verpflichtet fühlen.[25]

Möglicherweise kommen Parteien sogar dem aristotelischen Ideal einer staatsbürgerlichen Freundschaft, die weniger auf persönlichen Gefühlen als auf gemeinsamen Prinzipien basiert, so nah, wie das unter Bedingungen der Moderne überhaupt möglich ist. Sie erfordert Loyalität und Geduld, sogar ein gewisses Maß an Nachsicht sowie eine kollektive Erinnerung an vergangene Kämpfe; dabei geht es nicht allein darum, für bestimmte Prinzipien einzustehen, sondern auch darum, zu versuchen, sie gemeinsam mit anderen zu verwirklichen.[26] Natürlich geht es einem immer um die besonderen Eigenschaften der eigenen Freunde, nicht darum, abstrakt die Zahl von Freunden zu maximieren (wobei sich manche Leute zweifelsohne Freunde suchen, um sie als Vorzeigeobjekte zu gebrauchen).[27]

Und doch gilt auch: Anhänger einer bestimmten Partei sind definitionsgemäß bestimmten Prinzipien verpflichtet, aber früher oder später wird es zum Streit darüber kommen, wie genau diese Prinzipien zu verstehen sind. Lyndon Johnson, kein Politiker mit hohen philosophischen Ansprüchen, meinte einmal: »Der Mann auf der Straße will keine Grundsatzdebatten über fundamentale Probleme; er möchte ein wenig Gesundheitsversorgung, einen Teppich auf dem Boden, ein Bild an der Wand.« Doch selbst »ein wenig Gesundheitsversorgung« kann zu einem Prinzipienstreit werden, wie seine Partei schmerzlich hat lernen müssen, vor allem bei den heftigen Kämpfen um »Obamacare«. Prinzipien verwirklichen sich eben nicht selbst, und sie bringen auch nicht wie von Zauberhand bestimmte politische Strategien für ihre Umsetzung hervor. Außerdem fühlt sich kaum jemand nur einem einzigen Prinzip verpflichtet – falls doch und er unablässig darauf herumreitet, dürften ihn andere bald leid sein. Selbst jenseits von Problemen praktischer Umsetzung stellt sich daher die Frage, wie Prinzipen möglichst stimmig miteinander verbunden werden können. Um das zu klären, müssen Parteien unter anderem, wie Gramsci dies nannte, »Laboratorien« sein.

Was folgt daraus? Es muss argumentative Auseinandersetzungen geben, und eine pluralistische innerparteiliche Demokratie sollte es den Mitgliedern ermöglichen, daran auf strukturierte Weise teilzunehmen. Das kann auch Lerneffekte zeitigen: Eine größere Zahl von Ansichten kommt auf den Tisch, und der Druck, sie zu begründen und im Idealfall für alle akzeptabel zu machen, sorgt für deren Verfeinerung. Daneben gibt es noch einen weiteren, weniger offensichtlichen Effekt: Durch die internen Debatten gewöhnen die Parteimitglieder sich an die Vorstellung, dass andere unter Umständen doch Recht haben könnten und auch die Verlierer einer Debatte oder einer Wahl in einer Stellung loyaler Opposition verbleiben können (Mitglieder, deren Seite eine Mitgliederbefragung innerhalb einer Partei verlor, treten mit weitaus größerer Wahrscheinlichkeit aus der Partei aus als solche, die ihre Ansichten im Rahmen von echten Debatten vortragen konnten und dabei dann unterlagen).[28]

Vor diesem Hintergrund ist es hoch problematisch, dass der Welt größte Demokratie das Überlaufen von Mandatsträgern zu einer anderen Partei verbietet. In der indischen Verfassung von 1950 steht absolut nichts über politische Parteien; ein Mitte der 1980er Jahre eingefügter Zusatz legt jedoch fest, dass Abgeordnete, die ihre Partei verlassen wollen oder sich auch nur weigern, mit ihr abzustimmen, ihren Sitz verlieren. Mit diesem Zusatz reagierte man auf Fälle, in denen Abgeordnete ihre Stimme gegen Geld oder ein Staatsamt verkauften. Besonders berüchtigt war ein Abgeordneter, der an einem einzigen Tag dreimal die Partei wechselte (unter diesem Problem leidet auch eine weitere zahlenmäßig große Demokratie: Brasilien). Wenn man jedoch nicht nur das Überlaufen zu einer anderen Partei, sondern schon jegliches Abweichen von der Parteilinie faktisch untersagt, macht man es den Politikern unmöglich, bei der Interpretation der Prinzipien ihrer Partei ihrem eigenen Gewissen und ihren Überzeugungen zu folgen; unter solchen Umständen kann innerhalb einer Partei so etwas wie eine loyale (und legitime) Opposition gar nicht entstehen.[29] Dabei könnte gerade innerer Pluralismus den Gedanken stärken, dass die Demokratie schlechthin auf die Existenz eines legitimen Dissenses und einer loyalen Opposition angewiesen ist. Und das wiederum führt uns womöglich in die denkbar größte Nähe zum aristotelischen Ideal, dass sich die

Bürger als Regierende und Regierte erleben können sollen. Denn wahrscheinlich wären wir nicht bereit, uns von jemandem regieren zu lassen, dem wir prinzipiell die Möglichkeit absprechen, vielleicht doch auch Recht zu haben.[30]

Diese Sicht auf innerparteiliche Auseinandersetzungen ist natürlich immer noch hoch idealisiert; sich selbst als »Realisten« etikettierende Kritiker würden unverblümter sagen: naiv. Nicht zuletzt gibt es das in feiner Gesellschaft hochmögender Demokratietheoretiker nicht oft angesprochene Problem, das niemand eleganter formuliert hat als Oscar Wilde: Das Problem mit dem Sozialismus, so Wilde, bestehe darin, dass er zu viele Abende koste (wer jemals Versammlungen gewisser sozialdemokratischer Parteien besucht hat, weiß warum). Wie üblich steht ein ernsthafter Gedanke hinter Wildes scheinbar frivoler Bemerkung: Sozialwissenschaftler haben herausgefunden, dass eine große Zahl von »Amateuren« oder »Hobbypolitikern« für eine Partei in der Tat zum Problem werden kann – also Leute, die gern endlos über abstrakte Ideen debattieren, aber nicht bereit sind, sich mit Plakatekleben, Kuvertieren oder was sonst noch für wenig spannende Dinge erledigt werden müssen, abzugeben. Solche Figuren, die Politik als ein Hobby betrachten, sind meist gebildet und wirtschaftlich gutgestellt. Für sie ist die Partei eine Art Party – etwas, das abends oder an Wochenenden Spaß machen kann. Bürger, für die wirklich etwas auf dem Spiel steht und die sich als Teil einer politischen Schicksalsgemeinschaft sehen – zum Beispiel die Aussicht, dass man ihnen ihre Krankenversicherung nimmt –, dürften sich zwar nicht weniger für Prinzipien interessieren, aber doch in erster Linie darauf aus sein, den Kampf um die Macht hier und jetzt zu gewinnen.[31]

Ein besonderes Problem sind Parteien, die nur ein einziges Mitglied haben – eine davon ist die rechtspopulistische Partei von Geert Wilders in den Niederlanden (in Wirklichkeit hat sie zwei Mitglieder: Wilders und eine Stiftung, deren einziges Mitglied – man wird's erraten haben – wiederum Wilders ist). Als demgegenüber große Verbesserung auf dem Gebiet der pluralistischen Demokratie erscheint die Brexit Party, die sich rühmt, eine »Volkspartei« mit mehr als hunderttausend »Unterstützern« zu sein. Nur dass die Partei in Wirklichkeit eine Gesellschaft mit beschränkter Haftung ist. Sie hat lediglich vier Angestellte und eine einzige Person, für die eine »maßgebliche« Entscheidungsbefugnis im Handelsregister eingetragen ist: Nigel Farage. Die vermeintliche Volkspartei ist also eine weitere Ein-Mann-Partei. Solche Formen innerparteilicher Autokratie (wobei es sich bei einer Autokratie, in der lediglich eine Person vorhanden ist, strikt genommen um Autonomie handelt) zeugt von einer tiefen Abneigung gegen die Vorstellung, die andere Seite könnte unter Umständen auch einmal Recht haben – denn eine andere Seite gibt es von vornherein nicht.[32] In einigen Ländern wäre solch eine Autokratie sogar klar illegal. In Deutschland und Spanien machen Verfassung und Parteiengesetze ein Minimum an Pluralismus zur Pflicht.[33]

In Ländern, die sich am Common Law orientieren, erscheinen solche Normen – und vor allem detaillierte Vorschriften wie im deutschen Parteiengesetz – als potenziell illiberal: Parteien sind das Resultat einer freien Vereinigung von Menschen, und deren Freiheit erstreckt sich auch auf die Frage, wie sie das Leben innerhalb der Partei gestalten wollen.[34] Politische Parteien sind allerdings nicht mit privaten Clubs vergleichbar, bei denen es den Beteiligten weitgehend selbst überlassen bleibt, wie sie ihr Miteinander vertraglich gestalten wollen. Bei den Parteien besteht schließlich die Erwartung, dass zumindest einige ihrer Mitglieder aufgrund freier und fairer Wahlen mittels des Staates legitimen Zwang ausüben könnten.[35] Eine nur Weißen vorbehaltene Partei ist auch in Common-Law-Ländern ungesetzlich. So wurde die British National Party angewiesen, sich für britische Staatsbürger jeglicher Abstammung zu öffnen statt nur für »einheimische Weiße«. Den Demokraten in Texas wurde 1944 gerichtlich verboten, ihre Vorwahlen auf Weiße zu beschränken.[36]

Natürlich ist damit lediglich gesagt, dass alles, was außerhalb der Parteien illegal ist, auch innerhalb der Parteien gegen das Gesetz verstößt. Parteien können indessen interne Hierarchien besitzen. Und wie Volksvertreter mehr Macht haben als gewöhnliche Bürger, so können gewählte Parteigremien besonderen Einfluss auf die Parteipolitik ausüben. Das ist auch deshalb ein legitimer Bruch mit Idealen totaler Basisdemokratie, weil Parteien auf eine besondere Art inhaltlich verwundbar sind (für die es bei Staaten keine wirkliche Parallele gibt): Ein massiver Eintritt neuer Mitglieder vermag den Charakter einer Partei und ihre ursprüngliche Programmatik grundlegend zu ändern. Diese Gefahr wird als »Entrismus« (*entryism*) bezeichnet, seit Trotzkisten einst versuchten, in sozialdemokratische Parteien einzutreten und sie in eine revolutionäre Richtung zu drängen (nach der Wahl Jeremy Corbyns an die Spitze der Labour-Partei flammte eine Debatte um dieses Problem, angefacht von Blairisten, dramatisch auf; am Ende konnte Corbyn und seinen Verbündeten aber nichts sonderlich Sektiererisches nachgewiesen werden).

Solche Szenarien unterstreichen die Notwendigkeit intermediärer Mächte innerhalb intermediärer Mächte. Wer sich mühsam auf der innerparteilichen Leiter hinaufgearbeitet hat, der dürfte zumindest gelegentlich gute Gründe haben, den Eintritt neuer Mitglieder oder auch neuer Präsidentschaftsanwärter zu verhindern; man denke an einen Kandidaten, der vor allem an PR für seine Firma interessiert ist (aber trotzdem Präsident werden könnte ...). Langjährige Parteimitglieder können hier eine wichtige Funktion der Peer Review ausüben – eine Funktion, die man nicht an professionelle Polit-Berater oder an TV-Sender outsourcen sollte, denen es vor allem um Einschaltquoten und nicht um die zentralen Anliegen einer Partei geht. Von Les Moonves, damals CEO von CBS, stammt die berüchtigte Äußerung, Trump sei zwar schlecht für Amerika, aber verdammt gut für CBS.

Innerparteiliche Demokratie soll offen sein, muss aber auch immer wieder zu abschließenden, bindenden Entscheidungen finden können (und die Mitglieder müssen bereit sein, eine loyale Opposition zu bilden – ein Ziel, das die britischen Europaskeptiker in der Konservativen Partei auf spektakuläre Weise verfehlten). Wie der führende Labour-Politiker Lord Bevan es einmal brutal offen ausdrückte: »Wir wollen nicht in die Situation geraten, unseren eigenen Leuten zuhören zu müssen.«[37] Das setzt allerdings voraus, dass die »eigenen Leute« die Chance hatten, etwas zu sagen, und dann nach klaren Abstimmungen durch ein Parteiprogramm gebunden sind. Das Problem in vielen Ländern ist heute paradoxerweise, dass ein hohes Maß an Polarisierung – ergo auch Politisierung – herrscht, dass die Parteien gleichzeitig aber eigentümlich ausgehöhlt oder gar entpolitisiert sind, und zudem unfähig, als Laboratorien für ein kohärentes Weltbild zu dienen, um Gramscis Begriff noch einmal aufzugreifen.

Die professionellen Medien sind natürlich nicht primär darauf ausgerichtet, für politische Überzeugungen zu werben oder politische Freundschaften zu fördern. Hier ist es erst einmal relativ einfach, für externen Pluralismus zu plädieren. Wir wünschen uns ein breiteres Meinungsspektrum in der gesamten Medienlandschaft (und, wo möglich, auch innerhalb der einzelnen Institutionen – dabei ist es, wie gesagt, dann legitim, wenn der interne Medienpluralismus durch eine »Tendenz« begrenzt wird). Das Problem ist vielmehr, dass brauchbare Kriterien für Medienpluralismus sehr schwer zu finden sind (niemand ist offiziell gegen Medienpluralismus, doch diese Haltung wird dadurch erleichtert, dass niemand zu sagen vermag, was Medienpluralismus eigentlich genau ist, ein weiteres *I know it when I see it* ...). Wie so oft sehen wir die Dinge möglicherweise leichter, wenn sie verschwunden sind: der Austausch von professionellen Journalisten in öffentlichen Medienanstalten durch loyale Gefolgsleute wie in Ungarn und Polen; die Konzentration des Medienbesitzes bei den Bossen der gelegentlich so genannten »Bau-Bourgeoisie« in der Türkei (gemeint sind die Nutznießer des Baubooms, die als Dankeschön an den Präsidenten ihre Mittel einsetzten, um die allermeisten kritischen oder auch nur neutralen Zeitungen aufzukaufen); und der vollständige Entzug staatlicher Werbeanzeigen (auf die besonders Zeitungen, die ohnehin ums Überleben kämpfen, angewiesen sind), solange die Journalisten nicht spuren.

Und schließlich ist noch etwas zu nennen: Außer für die Inszenierung des demokratischen politischen Kampfes und für Pluralismus sorgen vermittelnde Institutionen für die Strukturierung politischer Zeit. Parteien veranstalten in bestimmten Abständen Vorstandswahlen; Zeitungen und Sender bieten Nachrichten und Meinungen nach einem bestimmten Zeitplan. Auch hier gilt, was James Bryce über die Rolle der Parteien gesagt hat: Sie bringen »für eine Vielzahl von Wählern Ordnung ins Chaos«. Und auch hier finden wir so etwas wie eine Analogie zum politischen System als ganzem. Schließlich fokussieren Wahlen die Aufmerksamkeit der Bürger. Sie ermöglichen es, dass Politikerinnen und Politiker auf vorhersehbare Weise rechenschaftspflichtig sind: Kandidaten machen im Wahlkampf Versprechungen, auf die die Wähler zurückkommen werden. Nicht zuletzt dienen sie als rituelle Bestätigung der Bedeutung der Demokratie als solcher, und zwar, sofern dies möglich ist, indem sie eine für alle Bürger gleichzeitige Erfahrung schaffen (in den USA wählten erstmals 1848 alle Bürger am selben Tag). In der größten Demokratie der Welt scheint solche Gleichzeitigkeit allerdings unmöglich zu sein, dort erstrecken sich die Wahlen über einen ganzen Monat. Während der Pandemie war sie in vielen Ländern ebenfalls nicht realisierbar, da die Möglichkeit zur Briefwahl eine Frage von Leben und Tod darstellte.[38] Ob die Pandemie-bedingten online-Parteitage von CDU und Grünen eine Erfahrung von Gemeinsamkeit aufgrund von Gleichzeitigkeit ermöglichen konnten, ist eine offene Frage (extrem professionell inszeniert waren sie auf alle Fälle).

Allerdings sollte man sich auch hier davor hüten, eine vermeintlich schön rhythmisierte Vergangenheit zu idealisieren. In den USA war der Election Day während des 19. Jahrhunderts kein Moment feierlicher Ausübung staatsbürgerlicher Achtsamkeit, sondern ein Tag, an dem es kostenlosen Whiskey gab und man sich vielleicht mit einem anständigen Faustkampf vergnügen konnte. Die Bürger studierten nicht eingehend Pamphlete, wie ein idealisiertes Bild der Öffentlichkeit dies vielleicht nahelegt. Vielmehr schloss man sich lautstarken Umzügen an, die gewöhnlich vor dem Haus des reichsten Bürgers endeten – was unverblümt bestätigte, dass er die meiste Macht hatte.[39]

Trotzdem bleibt die Grundfunktion wichtig: Periodische Ereignisse verleihen dem demokratischen Leben einen Rhythmus und bieten Bezugspunkte, an denen sich beispielsweise Parteiaktivisten bei der Koordinierung ihres Handels orientieren können.[40] Außerdem bestimmen sie nicht nur Gewinner, sondern auch (und das ist, wie gesagt, entscheidend) für bestimmte Zeitabschnitte mit Ressourcen ausgestattete Verlierer. Die Sieger dürfen ihre politischen Projekte mehr oder weniger unabhängig von eventuellen Meinungsumschwüngen realisieren, während die Verlierer sich auf den Augenblick vorbereiten können, an dem sie wieder eine Chance erhalten.[41] Das galt und gilt auch für die Demokratie innerhalb der politischen Parteien. Und es galt früher ebenso für die professionellen Medien – nicht nur weil sie mit den Wahlen, also den großen Strukturen der politischen Zeit, synchronisiert waren. Vielmehr gab es Rituale wie das Einschalten der Abendnachrichten, zu denen sich ein beträchtlicher Teil des Landes vor den Fernsehbildschirmen versammelte. Hegel, ein komfortabler Bewohner der bürgerlichen Öffentlichkeit des frühen 19. Jahrhunderts, meinte einmal, die allmorgendliche Lektüre der Zeitung sei so etwas wie das tägliche Gebet des Bürgers. Marshall McLuhan, ein Provokateur der (und in der) Massenöffentlichkeit des 20. Jahrhunderts, beschrieb das Ritual etwas anders: »Die Menschen lesen die Zeitung eigentlich gar nicht. Sie steigen vielmehr jeden Morgen hinein wie in ein warmes Bad.«

Dieser Punkt wird leicht unterschätzt oder gar belächelt. Man kann diese Rhythmen und Rituale als gestelzte bürgerliche Normen abtun – als eine Art allabendliche Performanz von staatsbürgerlicher Gesinnung vor der Mattscheibe. Aber man bedenke, wie viel schwerer es durch den vierundzwanzigstündigen Nachrichtenzyklus und das ständige Online-Bombardement mit angeblicher »Information« geworden ist, sich ein politisches Urteil zu bilden. Ständige Ablenkung ist das Gegenteil feststehender Augenblicke politischer Fokussierung. Die (so fühlt es sich jedenfalls an) direkte und ununterbrochene Ansprache durch tweetende Präsidenten und überpolitisierte Freunde lässt erahnen, welche wohlstrukturierte Welt vielleicht für immer verloren ist.

Wer plant politische Infrastruktur? Und wer zahlt dafür …?

Vermittelnde Institutionen erfüllen ihre Aufgaben nicht automatisch von selbst, und offensichtlich operieren sie nicht im luftleeren Raum. Sie sind vielmehr Teil von Systemen: Parteien bilden Parteiensysteme, Medien bilden Mediensysteme.[42] Deren Struktur kann sich von Land zu Land beträchtlich unterscheiden. Welche Art von System jeweils entsteht, hängt ganz wesentlich von dem ab, was der US-amerikanische Soziologe Paul Starr »konstitutive Entscheidungen« genannt hat.[43] Das lässt sich gut am Beispiel von Parteien nachvollziehen. In den USA einigte man sich 1842 auf das Prinzip der Mehrheitswahl – soll heißen: Der Gewinner bekommt alles, der Verlierer nichts. In Verbindung mit der Direktwahl des Präsidenten machte diese Entscheidung die Entstehung eines Zweiparteiensystems so gut wie unvermeidlich (obwohl dieses Prinzip keine spezielle verfassungsrechtliche Grundlage besitzt; theoretisch könnte der US-Kongress morgen ein Verhältniswahlrecht einführen).

Aus der Logik des reinen Mehrheitswahlrechts folgt, dass alle, die andere als die von den beiden großen Parteien aufgegriffenen politischen Ideen vorantreiben möchten, gut daran tun, unter das mehr oder weniger große Dach dieser beiden Parteien zu schlüpfen und zu hoffen, dass dieses Dach noch größer wird oder sich, je nachdem, als Ganzes weiter nach rechts oder links verschieben lässt. Nach einer anderen Logik (und einem farbigeren Bild) vermag der Schmerz, den eine neue *third party* einer der beiden großen Parteien punktuell zufügen kann, diese auch aufzuscheuchen. Dritte Parteien sind, nach Richard Hofstadters Bild, wie Bienen: Wenn sie gestochen haben, sterben sie. Man denke daran, dass es Nigel Farages UK Independence Party und danach seiner Brexit Party gelang, die Konservative Partei in eine Brexit-Partei zu verwandeln, weshalb denn die eigentliche Brexit Party ruhig Geschichte werden durfte.

Konstitutive Entscheidungen sind niemals neutral. Sie sind nicht notwendig irreversibel, aber sie verfestigen sich, und all jene, die von den bestehenden Regeln profitieren, werden ihnen neue Legitimität zu verschaffen suchen, falls sie unter Druck geraten. Ein Beispiel ist David Camerons erfolgreicher Versuch vor rund einem Jahrzehnt, seine liberaldemokratischen Koalitionspartner an die Wand zu spielen. Die hatten bei den Koalitionsverhandlungen mit den Konservativen durchgesetzt, dass ein bindendes Referendum über eine Wahlrechtsreform durchgeführt wurde – bei dem sie mit ihrem Reformvorschlag krachend scheiterten. (Dieser Sieg wie auch der negative Ausgang einer Abstimmung über die Unabhängigkeit Schottlands und der Eindruck, dass die Bürger bei Referenden am Ende eher für den Status quo stimmen, trugen wahrscheinlich zu der falschen Gewissheit bei, dass Cameron das Spiel der direkten Demokratie souverän beherrschte und auch aus der Brexit-Abstimmung als lächelnder Sieger hervorgehen würde.)[44]

Das Mediensystem ist gleichfalls von konstitutiven Entscheidungen geprägt. Die Dezision für bestimmte, zumindest teilweise staatlich finanzierte Distributionsnetzwerke macht Medien billiger oder teurer und fördert oder behindert so beispielsweise die Entstehung einer Massenpresse – ganz unabhängig von Grundentscheidungen über die Regulierung von Inhalten. Europäische Länder, die im späten 19. oder frühen 20. Jahrhundert noch keine massenhafte Zeitungsleserschaft besaßen – aus kommerziellen Gründen oder weil zu wenige Menschen lesen konnten –, entwickelten sie auch in der Folgezeit nicht, selbst wenn sie sich in der wirtschaftlichen Entwicklung oder hinsichtlich des Alphabetisierungsgrades an das übrige Europa anglichen.[45] Das erklärt die relative Schwäche des Zeitungsmarkts – und vielleicht sogar der gesamten politischen Öffentlichkeit – im Süden des Kontinents.

Politische – und damit auch immer kontingente – Entscheidungen öffnen manche Entwicklungspfade und verschließen andere. Diese vielleicht etwas pedantisch klingende Beobachtung hat zwei wichtige Implikationen: Erstens müssen Verfechter irgendwelcher Reformen eine breitere – das heißt: eine systemische – Perspektive einnehmen. Was in einem Umfeld bestens funktioniert, führt in einem anderen möglicherweise zu einer beträchtlichen Verschlechterung. In einer Zeit, da die USA als die führende Demokratie der Welt galten, schien das Präsidialsystem – mit einem *chief executive*, der direkt vom Volk bestimmt wird – besonders demokratisch zu sein. Wie sich zeigte, funktionierte dieses System allerdings nur, weil die Parteien nicht stark polarisiert waren, während es sich unter anderen Umständen als verlässlich demokratiezerstörerisch erwies. Zweitens ist Technologie offensichtlich wichtig – aber sie ist nicht das Schicksal. So bedeutete die Erfindung des Telegrafen noch keinerlei Entscheidung über die Frage, ob das Netz sich in Privatbesitz befinden sollte, und aus der Einführung des Rundfunks folgte nicht notwendig so etwas wie die Gründung einer BBC. Technologien bestimmen weder die rechtlichen Bedingungen ihres Einsatzes noch das Selbstverständnis ihrer Nutzer, etwa der Journalisten, insbesondere deren höchst unterschiedliche Ansichten zu der

Frage, welcher Zusammenhang zwischen ihrem spezifischen Berufsverständnis und Politik besteht.

Wie Starr gezeigt hat, lag es nicht an der Technologie an sich, sondern an spezifischen, durch Wertvorstellungen bedingten Entscheidungen hinsichtlich der jeweiligen »Systemarchitektur«, dass sich die Medien in den USA und in Großbritannien in so unterschiedlicher Weise entwickelten. Die Herausbildung einer relativ dezentralen Zeitungslandschaft in den USA wurde massiv befördert durch den hohen Alphabetisierungsgrad. Von beträchtlicher Bedeutung im Vergleich zu europäischen Ländern war auch die Entscheidung der US-Bundesregierung, die Zeitungen durch niedrige Gebühren für den Zeitschriftenversand zu subventionieren. In den 1790er Jahren machten Zeitungen 70 Prozent des Postaufkommens aus; bis zu den 1830er Jahren stieg dieser Anteil gar auf 95 Prozent.[46] Als Tocqueville Kentucky und Michigan bereiste, wunderte er sich über die »erstaunliche Zirkulation von Briefen und Zeitungen in diesen wilden Waldgebieten«. Und er feierte den Amerikaner als einen Menschen, der »mit Bibel, Axt und Zeitungen in die Wildnisse der Neuen Welt vordringt«.[47]

Das war weder ein Alleinstellungsmerkmal individualistischer amerikanischer Abenteuerlust noch schiere Genialität des US-Kapitalismus, sondern Teil des Konzepts der Gründerväter für eine funktionierende Demokratie. Jefferson hatte betont, dass es unerlässlich sei, den Menschen »über den Kanal der öffentlichen Zeitungen volle Information über ihre politischen Angelegenheiten zu geben und sicherzustellen, dass diese Zeitungen in die gesamte Masse des Volkes einzudringen vermögen. Da die Meinung des Volkes die Grundlage unseres Staates bildet, muss es unser oberstes Ziel sein, dieses Recht zu bewahren.« (Jefferson ließ seinen Worten auch Taten folgen. Während seiner Zeit im Washingtoner Kabinett führte und finanzierte er gleichzeitig eine Oppositionszeitschrift – ein Akt vielleicht doch eher illoyaler Opposition.)[48] Madison wiederum stellte kategorisch fest: »Eine Volksregierung ohne ein Volk, das informiert ist oder die Möglichkeit hat, sich zu informieren, ist nur ein Prolog zu einer Farce oder einer Tragödie – oder zu beidem.« (Fox und Trump bewiesen schließlich, dass es beides gleichzeitig sein kann.)

Wie man der Fairness halber zugeben muss, bedeutet keine dieser hochgesinnten Erklärungen herausragender politischer Architekten, dass die amerikanischen Zeitungen zuverlässige Informationen lieferten. Im Gegenteil: Die Presse war äußerst parteiisch. Mitte des 19. Jahrhunderts waren 80 Prozent der Zeitungen in den USA mit einer politischen Partei verbunden.[49] Tocqueville gelangte zu dem Schluss, dass Dezentralisierung der politischen Macht, eine Vielzahl von Vereinigungen und eine blühende Zeitungslandschaft miteinander einhergingen. Nach Ansicht des Franzosen mussten Zeitungen, da sie Vereinigungen hervorbrachten und umgekehrt von diesen unterstützt wurden, unvermeidlich politisch Partei ergreifen: »Eine Zeitung kann sich nur unter der Bedingung halten, daß sie eine Lehre oder eine Gesinnung vertritt, die einer großen Menschenzahl gemeinsam sind.« Mit einer für den ansonsten skeptischen Aristokraten untypischen Begeisterung lobte er die US-amerikanische Presse:

> Sie durchpulst alle Teile des weiten Gebietes mit politischem Leben. Sie ist es, deren immer waches Auge unaufhörlich die verborgenen Triebfedern der Politik aufdeckt und die bekannten Männer zwingt, der Reihe nach vor dem Gericht der öffentlichen Meinung zu erscheinen. Sie ist es, die die Interessen mit bestimmten Lehren verbindet und den Parteien das Wahrzeichen verschafft; durch sie reden diese miteinander, ohne sich zu sehen, hören sich, ohne einander zu begegnen.[50]

Am Ende lösten die Zeitungen sich von den Parteien und stützten sich lieber auf privaten Profit als auf die Parteikassen. Sensationsjournalismus verkaufte sich, und in der Folge kamen Zeitschriften auch ohne die Schirmherrschaft mächtiger Politiker aus; der Leser war nun hauptsächlich Konsument und nicht mehr Wähler.[51] Kulturpessimisten lieferte die »Penny Press« des 19. Jahrhunderts täglich neue Beweise, dass die Zivilisation vor die Hunde ging. Aber noch heute findet sie auch Bewunderung bei US-amerikanischen Politikwissenschaftlern und Rechtstheoretikern, denn sie sehen in deren Erfolg einen breiten Demokratisierungsprozess.[52] Der in Yale lehrende Jurist Robert Post schrieb dazu: »Die Empfänglichkeit der Zeitschriften für die Bedürfnisse der Konsumenten war letztlich eine politische Frage. Je breiter das Publikum, auf das eine Zeitschrift einging, desto demokratischer die von ihr geschaffene Öffentlichkeit.«[53] Eine weniger rosige Einschätzung wiese darauf hin, dass diese Zeitschriften ohne Skrupel logen, nicht sorgloser mit der Privatsphäre hätten umgehen können und ihren Konkurrenten schamlos Inhalte stahlen.

Solche Praktiken trieben schließlich die Professionalisierung voran, die dann zur Anerkennung der Journalisten als Angehöriger eines eigenständigen Berufsstands führte. Professionalisierung ließ sich allerdings leicht auch als Zeichen von Verachtung für ungebärdige Massendemokratie interpretieren. Progressive in den USA versuchten, für Journalisten spezielle Rollenmodelle festzuschreiben, um eine »objektive« Berichterstattung zu gewährleisten. Sie forderten außerdem eine gesonderte Ausbildung in Journalistenschulen. Die École Supérieure de Journalisme in Paris und die University of Missouri konkurrieren um den Titel der ältesten Journalistenschule der Welt (1899 und 1908 oder 1910 und 1908, je nach den angesetzten Kriterien – hier gibt es anscheinend keine Objektivität).

Ein Berufsstand muss definitionsgemäß in der Lage sein, den Zugang zu beschränken, gewöhnlich durch Qualifikationen, die man im Zuge einer spezifischen Ausbildung erwirbt. Bis heute dürfen Journalisten in Italien ihren Beruf nur ausüben, wenn sie Mitglied im Journalistenverband sind, und dafür wiederum müssen sie eine Prüfung absolvieren (was nicht bedeutet, dass italienische Journalisten automatisch als irgendwie professioneller als andere gelten müssten).[54]

Für Kritiker war Professionalismus deshalb immer schon eine Form von Elitismus. Doch zumindest in der Theorie sind professionelle Standards auch eine Möglichkeit, Institutionen vor ökonomischer und politischer Macht abzuschirmen. Die Reformer hatten den Ehrgeiz, wie Lippmann (einer der großen Verfechter der Professionalisierung) es formulierte, das »publizistische Gewerbe unter größere soziale Kontrolle« zu bringen – das heißt, im Namen eines bestimmten Verständnisses von Gemeinwohl gesetzliche Macht über private Interessen auszuüben. Lippmann hatte erlebt, wie die Propaganda der Wilson-Regierung zugunsten der Beteiligung am Ersten Weltkrieg die US-amerikanische Öffentlichkeit vergiftet hatte. Aber er zog daraus nicht den Schluss, die einzige Alternative zu staatlicher Kontrolle sei eine schamlose Kommerzialisierung, die die »Herstellung von Konsens« nichtregulierten privaten Akteuren überlasse. Professionalisierung versprach Autonomie ohne Verlust von gesamtgesellschaftlicher Verantwortung. Wer gegen professionelle Standards verstieß, konnte von den Berufskollegen entsprechend kritisiert oder auch de facto aus der Zunft ausgeschlossen werden.

Nach dem Zweiten Weltkrieg machten mehrere aus allerlei grauen Eminenzen bestehende Kommissionen den Vorschlag, Zeitungen sollten im Umgang mit Information und Meinung einem Modell »sozialer Verantwortung« folgen. Wie die Forderung nach »Objektivität« kam das einem Ruf nach softer Selbstregulierung statt im engeren Sinne technischen Regeln gleich. In der Folge konzentrierten sich die größeren US-Medien fast vollständig auf Information im Unterschied zu Interpretation oder gar zu direkter Parteinahme (die *New York Times* hatte bis 1970 keine als solche gekennzeichnete Meinungsseite).[55] Die Zeitungen »berichteten« hauptsächlich einfach, was diverse Politiker so gesagt oder getan hatten. Man erklärte kaum, was Reden und Handeln in einem größeren Zusammenhang bedeuteten, und erst recht hütete man sich davor, zu beurteilen, ob etwas politisch gut oder schlecht sei.[56] Ein

Journalist, der über Joe McCarthys Hexenjagd berichtete, bekannte: »Mein Eindruck war, dass Joe ein Demagoge war. Aber was konnte ich tun? Ich musste über McCarthy berichten – und ihn zitieren [...]. Die Presse ist angeblich neutral. Man schreibt, was der Mann sagt.«[57]

Schließlich wechselten zahlreiche US-Journalisten den Kurs. Man rahmte bloße Information durch Interpretation ein, und neben dem Wer, Wo, Wann gab es nun auch ein Warum. Diese Neuausrichtung erwies sich nicht zuletzt als äußerst profitabel. Noch in den 1980er und 1990er Jahren erzielten manche US-Zeitungen höhere Gewinnmargen als Google heute (zum Teil weil geistreiche oder auch unterhaltsame Interpretationen sich wunderbar mit Werbung für Luxusmarken und Stellenanzeigen für gut dotierte Jobs kombinieren ließen).[58] In den Augen konservativer Kritiker war Interpretation jedoch pure Parteinahme – und zwar vor allem für den Linksliberalismus.[59]

In gerade erst demokratisierten europäischen Ländern wie Westdeutschland übernahmen Journalisten gleichfalls eine explizit politische Aufgabe, wenn auch nicht als Interpreten, sondern als Hüter der Demokratie. Sie erhoben den Anspruch, die Demokratie vor übergriffigen oder im Geheimen agierenden Vertretern des Staates zu schützen. Dieses Selbstverständnis als »Vierter Stand« wurde noch verstärkt durch das offizielle Ethos der öffentlichen Rundfunk- und Fernsehanstalten oder – in den USA – durch eine kleine Zahl größerer Fernsehgesellschaften (und eine immer noch relativ kleine Zahl von Radiosendern). Sie alle unterlagen den Bestimmungen der Fairness-Doktrin, die 1949 verabschiedet wurde und jahrzehntelang den Zorn von Konservativen erregte, die überall einen linksliberalen Drall diagnostizierten. Sie wurde schließlich 1987 von einem Reagan'schen Deregulierer abgeschafft, der den Fernseher als ein weiteres »Haushaltsgerät wie jedes andere« abtat, »ein Toaster mit Bild«.

Aus heutiger Perspektive könnte die Zeit des Kalten Kriegs als

Goldenes Zeitalter erscheinen, in dem die Medien eine vierte Gewalt darstellten, die die Demokratie schützte oder sogar förderte. Man kann sie aber auch als eine Zeit sehen, in der es schwer war, neue Repräsentationsansprüche zu artikulieren oder gar durchzusetzen. Nur 10 Prozent der Haushaltsvorstände in US-amerikanischen Sitcoms gehörten zur Arbeiterklasse (ganz zu schweigen von Hautfarbe oder Geschlecht – Frauen wurden nur dann als kompetent und fähig dargestellt, wenn sie als Kontrast zu lächerlich agierenden, Homer-Simpson-haften Vätern aus der Arbeiterschicht dienen konnten).[60] Ältere weiße Gatekeeper entschieden, was berichtenswert und wie es zu verstehen war. Wenn der langjährige, leicht onkelhafte Moderator Walter Cronkite seine Nachrichtensendung mit den Worten beschloss: »*and that's the way it is*« (»und so ist es nun mal«), wer von seinen 30 Millionen Zuschauern hätte ihm da widersprechen sollen, und wer von ihnen hätte Gehör gefunden? Wie Feministinnen kategorisch klagten: »Objektivität« war lediglich männliche Subjektivität.

Um möglichst viele Zuschauer und Zuhörer zu erreichen, entschieden sich Radio- und Fernsehgesellschaften ausnahmslos für das »Programm, das am wenigsten Anstoß erregt«, wie ein NBC-Vertreter dies einmal ausdrückte.[61] Nur dass dieses Programm natürlich nicht nur bei vom Vorwurf »linksliberaler Einseitigkeit« besessenen Konservativen, sondern auch bei vielen linken Kritikern hochgradig Anstoß erregte. Ein von Werbeeinnahmen abhängiger Journalismus hatte in den Augen radikaler Nonkonformisten eine entschieden ideologische Funktion. »Der Journalismus«, bemerkte Upton Sinclair einmal, »ist eines der Instrumente, mit denen die industrielle Autokratie ihre Herrschaft über die politische Demokratie sichert.«[62]

Die Jahrzehnte nach dem Krieg mögen kein Goldenes Zeitalter gewesen sein, aber in einer Hinsicht waren sie zweifellos außergewöhnlich. Was man in Frankreich »*les trente glorieuses*« nennt – die dreißig glorreichen Jahre raschen und nahezu ununterbrochenen Wirtschaftswachstums –, nahm dem politischen Konflikt manches von seiner Schärfe. Viele Parteien verwandelten sich damals in das, was Politikwissenschaftler »catch-all parties« oder »Allerweltsparteien« genannt haben. Sie warfen markante und oft als sektiererisch empfundene ideologische Ansprüche über Bord. Die deutschen Sozialdemokraten zum Beispiel tilgten Ende der 1950er Jahre die letzten Reste marxistischer Sprache aus ihrem Programm und bemühten sich, für alle wählbar zu werden (zumindest in der Theorie).[63] Man bezeichnete sie nun als Volksparteien, doch anders als die Populisten erhoben sie gerade nicht den Anspruch, sie und nur sie repräsentierten das Volk. Vielmehr sah man das Volk als gespalten, wobei man unterstellte, dass die Bürgerinnen und Bürger auf den unterschiedlichen Seiten diverser Konflikte auf völlig legitime Weise verschiedene Interessen hatten und divergierende Meinungen vertraten.

Die Parteien wurden so in gewisser Weise langweiliger, aber auch weitaus professioneller. Kritiker sahen darin einen weiteren Beweis für die Geltung des von Michels formulierten ehernen Gesetzes der Oligarchie: Die Macht innerhalb einer Partei fällt unvermeidlich in die Hände der Wenigen. Es gab wenig internen Pluralismus; Argumente innerhalb einer demokratischen Debatte wurden ersetzt durch die Bereitschaft, auf Meinungsumfragen zu reagieren.

Und damit verabschiedet sich eine weitere Vorstellung von einem Goldenen Zeitalter ... wobei diese historische Einsicht natürlich noch lange kein Grund ist, die These zu bestreiten, wonach die intermediären Institutionen sich heute in einer tiefen Krise befinden.

Erwarte das Erwartbare?

Es ist ein Allgemeinplatz, dass die Ansichten über die Auswirkungen des Internets von einem Extrem ins andere gekippt sind: von der Erwartung, das Web werde die Demokratie endlich Wirklichkeit werden lassen, zu Aussagen von der Art: »Facebook bedeutet Faschismus.«[64] Gemeinsam haben diese diametral entgegengesetzten Meinungen einen unausgesprochenen Glauben an technologischen Determinismus und einen Hang zur Überschätzung des Wandels. Wir sehen nur wenige Artikel mit Überschriften wie »Die Dinge haben sich nicht so sehr verändert, wie wir meinen« statt »Wie die Technologie die Wahrheit zerstörte«. Und niemand erinnert sich daran, dass ein Reaktionär (aber gleichzeitig Anhänger des Technik-Determinismus) wie der britische Schriftsteller Thomas Carlyle im 19. Jahrhundert meinte: »Erfinde die Druckerpresse, und die Demokratie ist unvermeidlich.«[65]

Keine Technologie determiniert die Bedingung ihrer eigenen Umsetzung.[66] Das Internet bringt zwar eine neue Art von Infrastruktur hervor, doch die Beschaffenheit dieser Infrastruktur hängt weitgehend von der überkommenen Infrastruktur ab, das heißt von den Parteiensystemen und vor allem den Öffentlichkeiten, die in den letzten zwei Jahrhunderten durch grundlegende Regulierungs- (und oft Deregulierungs-)Entscheidungen geschaffen wurden.

Die USA sind hier einmal mehr ein aussagekräftiges Beispiel. In einer brillanten Analyse der Präsidentschaftswahlen 2016 identifizierten drei Sozialwissenschaftler aus Harvard eine, wie sie es nennen, in sich geschlossene rechte Medien-Ökosphäre. Innerhalb dieser dienen »Nachrichten« in erster Linie der politischen Selbstbestätigung. Desinformation (oder sogar simple Falschinformationen) bleibt weitgehend unkorrigiert, da das Publikum einer Art rechten politischen »Unterhaltungskomplexes« selbst mit Mitterechts angesiedelten Nachrichten- und Meinungsquellen wie dem *Wall Street Journal* kaum in Kontakt kommt.[67] Deshalb finden falsche und bewusst irreführende Informationen – frei von jeglicher Überprüfung der Fakten – rasch Verbreitung, ein Prozess, den Lippmanns herablassender Ausdruck »ansteckende Unvernunft« doch ganz gut trifft.

Die zentrale Erkenntnis der Harvard-Wissenschaftler besagt, dass diese rechtsgerichtete Ökosphäre – für die es kein symmetrisches Gegenstück auf der Linken gibt – schon lange vor dem Internet entstand. Als entscheidend erwies sich der Aufstieg des Mittelwellenrundfunks als Kanal für konservatives Talkradio und äußerst parteiliche Nachrichtensendungen nach der Abschaffung der Fairness-Doktrin 1987 (tatsächlich ist das Radio auch heute noch das Medium, mit dem die US-Amerikaner die meiste Zeit verbringen).[68] Die Gründung von Fox erhöhte den Stimmenanteil der Republikaner um 0,4 bis 0,7 Prozent. (Nicht viel, könnte man meinen, aber man sollte nicht vergessen, dass George W. Bush in Florida mit nicht einmal 500 Stimmen Vorsprung »siegte«; nach dieser Berechnung hatte Fox den Republikanern dort zusätzliche zehntausend Unterstützer an den Wahlurnen eingebracht.)[69] Die regulatorischen Beschlüsse, die das Kabelfernsehen und andere Medien derart aufblühen ließen, waren politische Entscheidungen und nur in begrenztem Maße durch technologische Innovationen bedingt. Umgekehrt ermöglichten diese Entscheidungen eine Form von Polarisierung, die sich als sehr, sehr großes Geschäft erwies, vor allem für selbsternannte »*Advocacy*-Journalisten« oder »Meinungsjournalisten« auf der Rechten. Und statt dass die Partei die Zeitung kontrollierte, wie es zu Tocquevilles Zeiten üblich war, scheinen heute die elektronischen Medien über die ideologische Ausrichtung der Partei zu wachen (auch wenn es sich dabei möglicherweise um ein nichtbeabsichtigtes Nebenprodukt der Gewinnmaximierung handelt).[70]

Damit ist keineswegs gesagt, dass eine erneute Regulierung Polarisierung und Desinformation wie von Zauberhand verschwinden ließe, wohl aber, dass eine neue Technologie, die auf der Grundlage einer verfestigten Infrastruktur eingeführt wird, bereits existierende Probleme für die Demokratie möglicherweise verschärft – nicht jedoch unbedingt völlig neue Probleme schafft.[71]

Es stimmt allerdings auch, dass es schlicht leichter und vor allem sehr viel billiger geworden ist, Falschinformationen sowie Desinformation zu streuen – zum Teil, weil es heute einfacher ist, den Ursprung von Geschichten zu verschleiern, zum Teil, weil es inzwischen eine hochentwickelte Kunst (oder gar Wissenschaft) der »viralen« Verbreitung von Geschichten gibt (und »viral« wiederum bedeutet: profitabel für die dominierenden Plattformen). Im Wahlkampf für die brasilianischen Präsidentschaftswahlen 2018 diente WhatsApp als wichtigster (kostenloser) Messenger-Dienst in einer massiven Desinformationskampagne, finanziert von Unternehmen, die dem rechtsextremen Kandidaten Jair Bolsonaro zum Sieg verhelfen wollten.[72] WhatsApp wird von 120 Millionen der insgesamt 210 Millionen Brasilianer genutzt – in einem Land, in dem der Internetzugang für Privathaushalte sehr teuer ist und Mobiltelefonverträge meist keine unbegrenzten Datenvolumen vorsehen. Das hat zur Folge, dass die Brasilianer intensiven Gebrauch von Messenger-Diensten machen, aber nicht unbedingt auch Zugang zum eigentlichen World Wide Web oder gar zu Medien haben, die als Prüfinstanz für Desinformation dienen könnten. Da WhatsApp (das im Besitz von Facebook ist) vor allem Freunde und Verwandte miteinander verbindet, erscheint die dort geteilte »Information« von vorneherein als glaubwürdiger, da die Menschen, die sie weiterleiten, größeres Vertrauen genießen.[73]

Zu dieser Situation kam es keineswegs von selbst. Unternehmen, die den rechtsextremen Kandidaten unterstützten, zahlten gewaltige Summen, um eine für ihn günstige Botschaft unter die Leute zu bringen. Ironischerweise begrenzte eine kurz zuvor verabschiedete Wahlkampffinanzierungsreform zwar die Spenden an Politiker, ließ das Schlupfloch soziale Medien jedoch offen. Bolsonaro und andere Kandidaten hatten sich verpflichtet, keine »*fake news*« zu verbreiten. In Wirklichkeit zeigte sich, dass 98,1 Prozent der Bolsonaro-Wähler mit Falschinformationen konfrontiert worden waren und 89,77 Prozent sie für glaubwürdig hielten.[74] Die Fans des rechtsextremen Präsidenten hatten allen Grund, bei dessen Amtseinführung »Facebook, Facebook, Facebook« zu skandieren. Auch hier entstand ein geschlossenes System nicht deshalb, weil das Medium selbst einen autoritären Charakter besäße oder die Menschen leichtgläubig wären oder unvermeidlich zum Tribalismus neigten, sondern aufgrund elementarer regulatorischer (und ökonomischer) Entscheidungen.

Unterdessen präsentierte man in Indien die NaMo-App als eine Möglichkeit, Verlautbarungen der Regierung zeitnah zu verfolgen. Die meisten Nutzer wissen nicht, dass die App sich im Privatbesitz von Narendra Modi, dem technologisch versiertesten Populisten unserer Tage, befindet und zur Sammlung von Daten eingesetzt wird. Freedom House schreibt dazu, die App leite »insgeheim persönliche Nutzerdaten an eine Verhaltensanalysefirma mit Niederlassungen in den USA und in Indien weiter«.[75]

Diese billigen Möglichkeiten, durch Falschmeldungen oder Desinformation neue Öffentlichkeiten zu schaffen, lassen sich auch als Waffe gegen Berufsjournalisten einsetzen. Ihnen wird immer wieder vorgeworfen, sie wären voreingenommen und ignorierten die »einfachen Bürger« und deren legitimen Anspruch auf Ausdruck ihrer politischen Ansichten. Manche Journalisten geben dem ständigen Druck nach, ihre Unschuld zu beweisen. Getreu überkommener Normen von Objektivität und Ausgewogenheit ziehen sie sich von der Interpretation auf scheinbar unstrittige Information zurück: das alte »du schreibst, was der Mann sagt«. Doch in einer Situation asymmetrischer Polarisierung – in der nur eine Seite gegen demokratische Grundregeln verstößt und die Öffentlichkeit über grundlegende Fakten systematisch täuscht – verwandelt sich symmetrische Berichterstattung in Verzerrung.[76] Die Auswirkungen einer bewusst neutralen Stellung sind nicht neutral. Eine Alternative – auf die im nächsten Kapitel ausführlicher eingegangen wird – ist es, an Objektivität in dem Sinne festzuhalten, dass man zwar gesicherte Informationen bietet, die man einer Prüfung (und Gegenprüfung) unterziehen kann, die Ereignisse jedoch auch interpretiert, und zwar auf der Basis eines klaren Bekenntnisses zu demokratischen Prinzipien oder sogar zu parteilichen Prinzipen – sofern nur alle im Bilde sind, dass Letzteres der Fall ist.

Ganz abgesehen von dem enormen finanziellen Druck, unter dem die Angehörigen des Berufsstandes heute arbeiten, waren die Berufsjournalisten bereits durch den Neoliberalismus, wie man das in diesem Zusammenhang einmal nennen darf, bedeutend verwundbarer geworden. Genauer gesagt ist damit der Verdacht gemeint, dass bestimmte Freiberufler – ob nun Akademiker, Ärzte oder eben auch Journalisten – sich vom Wettbewerb (und den »einfachen Leuten«) abschotten, indem sie eine spezielle Ausbildung verlangen (auch wenn es in vielen Ländern, anders als in Italien, kein formelles Zertifikat für den Journalistenberuf gibt).[77] Hätten sie erst einmal in ihrem selbstgeschaffenen System Fuß gefasst, so die Kritik, könnten sie sich entspannt zurücklehnen. Anders als die Akteure im (wahren) Geschäftsleben, die gnadenlos der Bestrafung durch objektive Marktmechanismen ausgesetzt seien, könnten sie mit einer laxen Einstellung gegenüber ihren »Produkten« durchkommen. Margaret Thatcher nahm offenbar an, dass die meisten Professoren, mit Ausnahme von Naturwissenschaftlern, Ingenieuren etc., nur das Geld der Steuerzahler verschwendeten, indem sie herumsaßen, Tee tranken und trotzkistischen Unsinn verzapften. Die Konstruktion von (simulierten) Märkten innerhalb der Universitäten und des National Health Service – durch eine gnadenlose, ewige »Evaluierungskultur«, die den zentralen Planern in der Sowjetunion sicher auf Anhieb zugesagt hätte – sollte dafür sorgen, dass Professoren und Ärzte untereinander konkurrierten, endlich ordentlich arbeiteten und vor allem gegenüber der Gesamtgesellschaft (das heißt den Steuerzahlern) rechenschaftspflichtig wurden. Von den Steuerzahlern nahm man an, sie hielten das gesamte Professionalisierungsspiel für manipuliert und seien überzeugt, die »liberalen Eliten« reproduzierten sich schlicht und einfach in einer Welt, in der es in Wirklichkeit keine echten Standards gebe – noch eine Art Erb-Meritokratie.

Als Donald Trump seine Kabinettsliste bekanntgab, verwiesen manche Beobachter voller Schadenfreude auf einen in ihren Augen offenkundigen Widerspruch. Wie konnte ein angeblicher »Populist« sich mit Firmenchefs und Wall-Street-Leuten umgeben, deren Vermögen zusammengenommen 4,3 Milliarden Dollar betrug und die so eklatant zur Elite gehörten? Was diese Kritiker übersahen, war die Tatsache, dass diese außergewöhnlichen Gestalten eben gerade keine speziell ausgebildeten Freiberufler – *professionals* – waren. Ihr Erfolg (ihre »harte Arbeit«) ließ sich objektiv in Dollars messen.[78] Sie waren offensichtlich kompetent und in der Lage, den wahren Willen des Volkes umzusetzen – im Unterschied zu den gebildeten, mit zig Abschlüssen zertifizierten Meritokraten, die ihn letztlich immer verzerrten und alle anderen belehren wollten, weil sie es einfach besser wüssten (denn sie waren ja schließlich so gebildet).

Autoritäre Rechtspopulisten sind eben nicht einfach grosso modo »gegen die Elite«. Sie wenden sich gegen eine bestimmte Elite, darunter Journalisten, denen sie eine unfaire und unausgewogene Berichterstattung vorwerfen. Bei Trump war das immer alles sehr offensichtlich, doch es gibt auch subtilere Möglichkeiten, deutlich zu machen, dass *professionals* eigentlich nichts Besonderes sind. Während der Pandemie bemühte Boris Johnson sich um ein präsidentielleres Auftreten. Bei einer Pressekonferenz nahm er als erste die Frage einer »Michelle aus Cornwall« an, um damit zu zeigen, dass jede Bürgerin ebenso fähig wie Journalisten sei, die wirklich wichtigen Fragen zu stellen. (Die Frage, die Michelle, Besitzerin eines Hotels, schließlich stellte, lautete: »Können wir bitte fragen, wie es in den kommenden Wochen mit dem Tourismus im Vereinigten Königreich weitergehen soll?«)[79]

Die Abwertung der *professionals* ist bedeutend älter als das Internet. Dabei handelt es sich um politische Strategien und nicht um unvermeidliche Folgen irgendeiner Technologie. Dennoch gibt es zwei klare Argumente für die These, dass unbeabsichtigte Folgen des Internets sich möglicherweise als verheerend für die Demokratie erweisen. Das eine ist konkret, das andere eher abstrakt und spekulativ.

Zunächst einmal hat der Lokaljournalismus in ganz besonderem Maße unter dem ökonomischen Strukturwandel der Öffentlichkeit in den vergangenen beiden Jahrzehnten gelitten. Die seriöse Berichterstattung wurde traditionellerweise zumindest teilweise aus dem Anzeigengeschäft finanziert. Wie Clay Shirky es ausdrückte, mochte Walmart kein Interesse am Bagdader Korrespondentenbüro einer Zeitung haben, subventionierte aber de facto das dortige Personal.[80] Als Google und Facebook die Werbeeinnahmen aufsaugten, mussten vor allem Lokalzeitungen ihre Redaktionen dramatisch verkleinern. Seit 2004 sind in den USA 20 Prozent der Lokalzeitungen verschwunden. Fünf Millionen US-Amerikaner haben gar keine Lokalzeitung, 60 Millionen nur eine einzige.[81]

Die Ausbreitung dieser »Pressewüsten« hat tiefgreifende politische Folgen.[82] Die Korruption nimmt zu, da keine Journalisten mehr über Stadtratssitzungen und insbesondere über die Vergabe kommunaler Aufträge berichten. Das Interesse an Politik schwindet. Die Schließung von Lokalzeitungen geht einher mit einem Rückgang der Wahlbeteiligung, einer abnehmenden Zahl von Kandidaten für politische Ämter und häufigeren Siegen für Amtsinhaber. Auch auf nationaler Ebene werden die Bürger nicht mehr effektiv vertreten. Da lokale und regionale Zeitungen sich keine Korrespondenten in der Hauptstadt leisten können, wird es schwieriger, genauer nachzuvollziehen, was die Parlamentsabgeordneten tun – und somit kann man sie auch schwerer zur Rechenschaft ziehen.

Weniger offensichtlich stärkt der Rückgang echter Lokalnachrichten schädliche Polarisierungstrends. Unter Nachbarn fällt es den Bürgern oft leichter, konkrete Probleme einmütig zu diagnostizieren und praktische Lösungen zu diskutieren – ohne sich dabei auf langwierige Kulturkämpfe einzulassen (wobei es eben um lokale Öffentlichkeiten geht – nicht um Streit unter Nachbarn oder in der Eigentümergemeinschaft, die bekanntlich manchmal bis auf Blut gehen können). Doch während die Lokalnachrichten – und damit auch die lokalen Debatten – verschwinden, füllen nationale Nachrichten das Vakuum.[83] Und nationale Debatten sind oft anfälliger für die kulturelle Umdeutung von Konflikten und für populistische Polarisierungsstrategien.

Damit kommen wir zur zweiten Herausforderung: Wie inzwischen wohl jeder weiß, verdienen Unternehmen, die den Konsumenten (bzw. den »Nutzern«, »Usern«, der »Community« oder wie die entsprechenden Euphemismen lauten mögen) »kostenlose« Dienstleistungen anbieten, mit diesen Konsumenten Geld. Sie sammeln Daten über sie und verkaufen diese Informationen an die Werbewirtschaft. So machen sie die Verbraucher selbst zu dem Produkt, das sie verkaufen. Wie David Runciman einmal über Google sagte: »Suchen heißt ausgeforscht werden« (*to search is to be searched*) – eine Abwandlung des Spruchs: »Wenn das Produkt kostenlos ist, bist du das Produkt.«[84]

In einer Hinsicht ist dieser Mechanismus nicht wirklich neu. Politische Parteien setzten immer schon »Mikrotargeting« ein. Die Kommunistische Partei Frankreichs verteilte ihr Werbematerial nicht in den reichsten Pariser Stadtvierteln (was nicht heißt, dass es dort nicht auch Salonkommunisten gegeben hätte). Die Zeitungen verkauften den Unternehmen Werberaum auf der Grundlage von Informationen darüber, wer ihre Leser waren. Sie ließen die Anzeigenkunden für die Aufmerksamkeit ihrer Leser zahlen, aber auch die Leser selber mussten zahlen, um eine Beobachtung Paul Starrs aufzugreifen. Zwar war der Preis der Zeitung für alle derselbe, aber die Leser waren nicht alle dasselbe wert. Je zuverlässiger man die wohlhabenden unter ihnen identifizieren und den Werbekunden verkaufen konnte, desto besser für die Bilanz.

Aber diese Anzeigen waren natürlich für alle sichtbar. Für »dunkle Posts« im Rahmen des Mikrotargeting gilt das nicht.[85] Dadurch verlieren die Parteien und im weiteren Sinne auch die Bürger die

Möglichkeit, solchen Mitteilungen andere Informationen und – in der Sprache der Fairness-Doktrin – »kontrastierende Standpunkte« entgegenzusetzen. Außerdem wird so eine endlose Verstärkung politischer Identifizierungen innerhalb eines Systems möglich, das Shoshana Zuboff mit einem sehr produktiven Begriff als »Überwachungskapitalismus« bezeichnet hat. Wie Zuboff anmerkt, entschied Google sich ganz bewusst dafür, sein Geschäftsmodell auf der Nutzung des »Verhaltensmehrwerts« aufzubauen, den die Internetsuche generierte. Daten über individuelles Verhalten erlauben es Internetfirmen, nicht nur das »Nutzererleben« zu verbessern. Sie lassen sich auch an Werbekunden verkaufen, die ihre Anpreisung von Produkten dann immer zielgenauer auf einzelne Personen ausrichten können. Zuboff warnt, die Internetgiganten erhöben schließlich Anspruch auf immer mehr »menschliche Erfahrung als kostenlosen Rohstoff für ihre versteckten kommerziellen Operationen der Extraktion, Vorhersage und des Verkaufs« – gleichsam eine Kolonisierung der Lebenswelt, die umso leichter wird, je mehr Menschen von einem Internet der Dinge abhängig sind, das ihr Leben erleichtert, sie aber auch jederzeit umfassend überwacht.[86]

Ständige Überwachung geht einher mit einer Tendenz, uns immer mehr vom immer Gleichen zu geben. Auf diese Weise können wir so manipuliert werden, dass wir noch immer mehr vom Gleichen haben wollen oder uns sogar stets gleich verhalten (oder keine Wahl mehr haben, weil nur mehr einige wenige Optionen auf dem Bildschirm erscheinen). Algorithmen produzieren Vorhersagen auf der Basis der Annahme, dass wir uns in Zukunft ganz ähnlich verhalten werden wie in der Vergangenheit, und sie drängen uns zu Handlungen, die es wahrscheinlicher machen, dass jene Vorhersagen sich als richtig erweisen. Das widerspricht einem der oben erörterten Hauptmerkmale der Demokratie, nämlich institutionalisierter Ungewissheit. Wenn demokratische Politik lediglich die systematische Aktivierung scheinbar gegebener Identitäten ist – die auf immer genaueren, durch Überwachung erzeugten Profilen basieren –, dann verliert sie ihren dynamischen Charakter, ihre Ergebnisoffenheit und sogar ihre Zufälligkeit in einem guten Sinne. Stattdessen kann man immer nur das absolut Vorhersagbare erwarten.

Natürlich sollte man es mit der Ergebnisoffenheit der Demokratie nicht übertreiben. In der modernen Demokratie ging es auch um die Mobilisierung von Gruppen, die sich um bestimmte Selbstbilder herauskristallisierten, und diese wurden nicht mit jeder Wahl neu konzipiert. Im Gegenteil, die Parteien versuchten, sie zu verstärken, indem sie dafür sorgten, dass ihre Unterstützer zur Wahl gingen. Echokammern erschienen, sobald es Kammern gab (zum Beispiel für Parteiversammlungen), in denen Mills »gemeinsame Sympathien« sich artikulieren konnten. Die empirischen Beweise für die These, dass die Bürger heute völlig in politisch homogenen Räumen gefangen wären, sind keineswegs eindeutig. Wenn überhaupt, gibt es Gründe für die Annahme, dass ihre offline erlebte soziale Welt politisch gleichförmiger ist als ihre Online-Existenz (und dass ihnen Politik insgesamt ohnehin gar nicht so wichtig ist).[87]

Das potenzielle Maß an Abschottung ist allerdings neu, denn die Möglichkeiten, aus kognitiven Verzerrungen finanziellen oder politischen Profit zu schlagen, werden ständig verfeinert. Frühere Medien, die im Dienst der Politik standen, besaßen nicht annähernd solch ein Suchtpotenzial wie die sozialen Medien.[88] Auch drängten sie ihre Kunden nicht auf der Grundlage von Algorithmen zur Maximierung der »Verweildauer« bzw. des *engagement* (und damit der Einnahmen) und aus rein kommerziellen Gründen zu immer radikaleren Ansichten.[89]

Letzten Endes wird auf diese Weise unser Online-Profil gewissermaßen zu einer sich selbst erfüllenden Prophezeiung. Das Verhalten in der Vergangenheit ist ohnehin, so versichern Psychologen, der beste Indikator für zukünftiges Verhalten. Doch mit den rechten Anreizen oder »Nudges« oder indem man systematisch dafür sorgt, dass wir uns unsicher fühlen und nach Bestätigung suchen (werde ich »geliked«?), lässt sich vergangenes Verhalten noch leichter reproduzieren. Facebook hat bereits bewiesen, dass man die Stimmung der Nutzer schon mit ein paar einfachen Signalen verändern kann, und scheint auch über schlüssige Beweise zu verfügen, dass die eigenen Algorithmen das *engagement* der Menschen dann besonders erhöhen, wenn diese gegeneinander aufgehetzt werden.

Das Problem ist nicht, dass dieser Apparat unbedingt jetzt schon immer notwendigerweise zu politisch üblen Zwecken genutzt würde – aber das Potenzial ist vorhanden. Man erinnere sich an das im ersten Kapitel gezeichnete Bild des Oligarchen. Ein Merkmal bezog sich auf die Persönlichkeit (»grabschen, grabschen, grabschen«), das andere auf die Macht, politische Strukturen – einschließlich intermediärer – umzugestalten. Machtkonzentration bedeutet, dass letztlich demokratisch nicht belangbare Einzelpersonen die Wahlen zu beeinflussen vermögen. Sie könnte es der Regierung allerdings auch ermöglichen, Druck auf Einzelne, die ein großes Unternehmen kontrollieren, auszuüben, um deren politisches Verhalten nach Gutdünken zu bestimmen – mit der Drohung im Hintergrund, dass sonst ihre Profite gefährdet würden. Ein Trump und ein Zuckerberg sind jeder für sich gefährlich für die Demokratie; und alles, was sie tun, um sich gegenseitig für ihre je eigenen Zwecke zu benutzen, kann die Gefahr nur noch vergrößern.

War's das wirklich mit Parteien?

Heute fürchtet man zu Recht, dass Parteigänger die Berufsjournalisten in den Medien ersetzen könnten – nicht nur bei den berüchtigten Fox-News. In vielen politischen Parteien scheint jedoch genau das Gegenteil geschehen zu sein: Die Zahl der Parteigänger – der Mitglieder – schrumpft, während die der Berater, Meinungsforscher und PR-Leute – also im weitesten Sinne *professionals* – wächst. Das ist nicht notwendig ein erneuter Beweis für das eherne Gesetz von Michels, vielmehr ähneln bürokratische Parteien inzwischen jenen Firmen, die vieles von dem auslagern, was früher als ihr Kerngeschäft galt. Und auch auf eine weitere, noch problematischere Art ähneln sie vielleicht Unternehmen: Falls sie es können, bilden sie Kartelle. Mitglieder werden nicht mehr wegen ihrer bescheidenen finanziellen Beiträge oder ihrer Bereitschaft gebraucht, Klinken zu putzen. Parteien lassen sich vom Staat finanzieren, und statt Aktivisten von Tür zu Tür gehen zu lassen, erscheinen Partei-Messages per Mikrotargeting zielgenau auf den Bildschirmen von Wählern, die sich laut der Algorithmen wahrscheinlich mobilisieren ließen (vor allem in Demokratien, in denen es wichtiger geworden ist, Anhänger zur Wahl zu bewegen, als Unentschlossene für die eigene Partei zu gewinnen – wie in den USA, nach Ansicht zahlreicher Beobachter, seit etwa 2004 Realität). Auch Kartellparteien verlieren Wahlen. Aber sie sorgen dafür, dass die Oppositionsbänke so bequem wie möglich sind. Ihnen geht es – wie jedem Kartell – in erster Linie darum, dass keine neuen Spieler das Spielfeld betreten und um staatliche Ressourcen konkurrieren.[90]

Dieses Bild, das von Politikwissenschaftlern vor allem im Blick auf Europa gezeichnet wird, ist eine Karikatur, doch wie bei jeder guten Karikatur ist eine gewisse Ähnlichkeit mit der Realität nicht zu leugnen. Die Bürger haben nicht Unrecht, wenn sie glauben, dass die Parteien irgendwie den Kontakt zur Gesellschaft verloren haben. Weniger offensichtlich haben sie auch nicht Unrecht, wenn sie argwöhnen, dass scheinbare Bemühungen, den Kontakt wiederherzustellen, lediglich geschicktere Versuche sind, politische Firmen zu etablieren, die noch mehr Macht für ihre Gründer »produzieren«. Man denke an Gebilde wie Silvio Berlusconis Forza Italia – nominell eine politische Partei, aber von Marketingexperten geschaffen und vom Erlebnis her eher einem Fußballverein vergleichbar (bekanntlich wollte Berlusconi auf Gipfeltreffen der Europäischen

Union oft lieber über Fußball und Frauen reden als über die technischen Feinheiten von EU-Direktiven); Treue gegenüber einer Person statt gegenüber irgendwelchen als solche erkennbaren Parteiprinzipien; und natürlich kein innerparteilicher Pluralismus, behandelte der Gründer die Partei doch als ein Werkzeug, um an die Macht zu gelangen, anstatt wegen allerlei Betrügereien ins Gefängnis gehen zu müssen. Das Fernsehen ermöglichte es dem Cavaliere, auf einen traditionellen, den Kontakt mit der Gesellschaft haltenden bürokratischen Apparat zu verzichten; schließlich konnte Berlusconi *la gente* ganz direkt erreichen und nicht zuletzt das Regieren als eine weitere Fernsehshow verkaufen.

Die »TV-Partei«, wie manche Beobachter sie nannten, war charakteristisch für eine Ära, die vielleicht schon wieder an ein Ende kommt. Im letzten Jahrzehnt entstand mit der »Plattformpartei« eine weitere institutionelle Innovation. Die sozialen Medien erneuerten das Versprechen von politischer Partizipation, die mehr sein könnte als die Unterstützung von Fans für einen Fußballclub. Ganz gegen den Trend vergrößerten einige Parteien ihre Mitgliederzahlen enorm. Momentum – eine Vereinigung meist junger, linker, von Jeremy Corbyn begeisterter Bürgerinnen und Bürger, nach eigener Darstellung eine »dynamische, vom Volk getragene Bewegung« – brachte der britischen Labour Party Zehntausende neue Mitglieder ein. Nachdem die Partei unter Tony Blair auf weniger als 200 000 *members* geschrumpft war, rühmt sie sich heute einer Mitgliederzahl von mehr als einer halben Million (womit sie nach einigen Schätzungen die größte politische Partei in Europa wäre). Jean-Luc Mélenchons linksgerichtete La France Insoumise behauptet gleichfalls, mehr als eine halbe Million *adhérents* zu haben, und die Zahl der *personas inscritas* der spanischen Linkspartei Podemos liegt bei 540 000 (die »Offenheit« dieser Partei ist bemerkenswert, kann man sich dort doch »einschreiben« und zugleich noch Mitglied einer anderen Partei sein). Und die Fünf-Sterne-Bewegung ist heute bekanntlich die größte politische Partei Italiens.

Wie der Sozialwissenschaftler Paolo Gerbaudo angemerkt hat, funktionieren viele dieser neuen Parteien wie die Geschäftsmodelle digitaler Wirtschaftsunternehmen: Man ist umsonst dabei; es gibt keine herkömmliche gebührenpflichtige Mitgliedschaft; man tritt ein, indem man seine E-Mail-Adresse angibt und einen Button wie *je soutiens* (im Falle von La France Insoumise) anklickt. Und die Online-Kommunikation hat fast keinerlei Grenzkosten. Die Maximierung des »Engagements« bei Unterstützern erzeugt ständig mehr Daten, die dann bei der »verteilten Organisation« helfen können, wie zwei ranghohe Berater des Sanders-Wahlkampfs 2016 dies nannten – womit ein Mikrotargeting solcher Leute gemeint war, die am ehesten bereit waren, sich auf die Straßen zu begeben und bei Bedarf die nötige Lauferei zu leisten.[91] Wie die sozialen Medien im Allgemeinen kann auch diese Art der Beteiligung viele Abende kosten, doch anders als in Michels' bürokratischen und daher unvermeidlich hierarchischen Parteien von gestern lautet das Versprechen hier: Gleichheit. *Ognuno vale uno*, lautet einer der Slogans der Fünf-Sterne-Bewegung: »Jeder hat denselben Wert« bzw. jede Stimme dasselbe Gewicht – auch wenn diese Verpflichtung auf Gleichheit offensichtlich von der Regel der Bewegung untergraben wird, wonach Kandidaten unter vierzig gegenüber älteren bevorzugt werden sollen, selbst wenn diese mehr Stimmen erhalten haben (also genau das Gegenteil der antiken athenischen Bestimmung, wonach Anwärter für manche der höchsten Ämter mindestens vierzig Jahre alt sein mussten).

Begeisterte Anhänger solcher Plattformparteien behaupten, die permanente direkte Partizipation vermöge das Zeitalter echter postrepräsentativer Politik einzuläuten. Statt die Entscheidungen Berufspolitikern zu überlassen, können engagierte Parteimitglieder mit minimalem Aufwand nach egalitären Online-Beratungen selbst Entscheidungen treffen. Oder, wie in der »*liquid democracy*« der Piratenparteien – die in vielerlei Hinsicht Pionierarbeit für die heutigen Plattformparteien leisteten –, ihre Stimme ganz flexibel an Freunde delegieren, die sie für besonders kompetent halten.

Diese neuen Parteien stellen sich oft so dar, als ob sie bruchlos aus Massenprotesten auf Straßen und Plätzen – mit ihrer gelebten Basisdemokratie – hervorgegangen wären. Sie präsentieren sich spezifisch als *Bewegungen* im Unterschied zu traditionellen *Parteien* (die Grillo schlichtweg für »böse« erklärte).

Solche glatten Selbsterzählungen führen indessen in die Irre. Vor allem die Fünf-Sterne-Bewegung ist gegenwärtig eifrig damit beschäftigt, sich in eine traditionelle Partei zu verwandeln (Abgeordnete können für mehr als zwei Mandatsperioden amtieren, und Wahlbündnisse mit Parteien der gefürchteten *casta* sind nun doch erlaubt). In Spanien fanden die großen Proteste 2011 statt – mit Slogans wie »Sie repräsentieren uns nicht«, wobei das »sie« sich auf die politische Klasse und die Wirtschaftseliten bezog. Podemos – wörtlich: »wir können« – wurde erst 2014 gegründet, und zwar von Politikwissenschaftlern, in deren Augen die wichtigste Lektion aus den Protesten auf den Plätzen in der Erkenntnis bestand, dass die linken Konzepte bei den Bürgern keinen Anklang mehr fänden. Statt des Links-rechts-Schemas sollte die wichtigste politische Trennungslinie zwischen der *casta*, der Kaste der Berufspolitiker, und *el pueblo*, dem Volk, oder einfach zwischen *arriba* und *abajo*, »oben« und »unten«, verlaufen (oder um es mit einem bei Podemos-Politikern beliebten Bild aus der Tierwelt zu sagen: zwischen den Eliten als Katzen und dem Volk als Mäusen). Ein typischer Merksatz lautete: »Wenn du es richtig machen willst, mach es nicht wie die Linke« – obwohl ihre politischen Vorstellungen beispielsweise zur Wohnungs- und Sozialfrage denen der traditionellen Sozialdemokraten eigentlich sehr nahe waren. Diese bewusst postideologische Einstellung teilte auch Grillo, der erklärte: »Die Zeiten der Ideologie sind vorbei ... Die M5S ist weder links noch rechts. Sie steht darüber.«

Noch etwas anderes einte die südeuropäischen Plattformparteien: die unverblümte Betonung einer starken (meist männlichen) Führung. Der Grund lag nicht darin, dass Südeuropäer anfälliger für Machismo wären, sondern in der Tatsache, dass charismatische Persönlichkeiten bei der Schaffung einer Art politischer Marke halfen: Anfangs erschien Podemos auf den Wahlzetteln lediglich mit einer Porträtaufnahme des Parteiführers Pablo Iglesias – ursprünglich ein Politologieprofessor aus Madrid, dessen Pferdeschwanz zu seinem leicht erkennbaren Markenzeichen wurde. Schon bald warfen innerparteiliche Kritiker Iglesias *hiperliderazgo* und »Online-Leninismus« vor. Er antwortete darauf mit einer Anspielung auf einen berühmten Satz von Marx, wonach man den Himmel nicht mit Konsens stürmen könne.

Iglesias war durch eine eigene Talkshow im Kabelfernsehen bekannt geworden, die von Podemos-Intellektuellen später einmal als »Trainingslager für Politik« bezeichnet wurde. Die Podemos-Führung war der Ansicht, das Fernsehen sei inzwischen für die Politik, was das Schießpulver für den Krieg gewesen sei, und meinte: »Die Fernsehstudios sind heute die eigentlichen Parlamente« – eine Sicht, die später zu der These modifiziert wurde, mit der Online-Partizipation sei ein erfolgreiches »Hacking der Demokratie« möglich geworden. Dagegen war Grillo nach drastischen Witzen über die Korruption von Politikern bereits in den achtziger Jahren aus dem italienischen Fernsehen verbannt worden. Stattdessen gründete er mit der Hilfe des Internetgurus und Geschäftsmanns Gianroberto Casaleggio einen äußerst einflussreichen und populären Blog, der Meinungen, so Grillo, mit investigativem Journalismus und faktenbasierter Expertise verbinden sollte. M5S bezeichnete sich selbst als »Antipartei«; die direkte Demokratie würde endlich verwirklicht und die »kollektive Intelligenz« durch die ständige Online-Beteiligung gewöhnlicher Bürger freigesetzt (schließlich sei jeder auf irgendeinem Gebiet Experte). Casaleggio Associates, die Firma, die sich um das operative Geschäft der M5S kümmert, baute das Online-Beteiligungssystem der Bewegung auf, das inzwischen den nicht allzu subtilen Namen Rousseau trägt (Casaleggio hatte auch behauptet, das Internet mache »uns alle gleich, nämlich gleichermaßen smart« und sei »wie Athen« – eine nicht ganz so abwegige Behauptung, wenn man bedenkt, dass die Auswahl der Volksvertreter durch Los etwa gleiche Fähigkeiten bei den Bürgern unterstellte). Aufschlussreich ist auch, dass Grillo niemals nur die *casta* der hauptberuflichen Politiker kritisierte, sondern stets auch den Berufsjournalismus. Einer seiner *V-Days* – Abkürzung für *Vaffanculo* ebenso wie für *Victory* – war dem Protest gegen die staatliche Finanzierung von Zeitungen gewidmet. Außerdem rief die Bewegung bei dieser Gelegenheit zur Auflösung des Journalistenverbandes auf, Anzeichen einer Aversion gegen *professionals*, die aus einem ganz anderen ideologischen Kontext nun bekannt sein sollte.

Bernie Sanders' enge Berater erklärten einmal: »Die Revolution wird kein fest angestelltes Personal haben.« Doch wie bei den von Facebook verbreiteten sentimentalen und letztlich auf Eigenlob zielenden Beschwörungen des »*community building*« sieht die Realität doch etwas anders aus. Obwohl die neuen cloud- oder schwarmähnlichen Vereinigungen wie die Fünf-Sterne-Bewegung und die Sanders-Kampagne von sich behaupten, die traditionellen intermediären Kräfte komplett hinter sich und alle ständig direkt partizipieren zu lassen, bleiben sie dennoch auf Vermittlung angewiesen: Schließlich ist die Plattform selbst eine intermediäre Instanz, ein Medium. Und das Medium ist in diesem Fall eben doch nicht neutral. Wie Facebook hat die Revolution sehr wohl ihr Personal, und dieses Personal besteht aus einer kleinen Zahl außerordentlich mächtiger Insider. Eine riesige Menge von Mitgliedern, zwischen denen horizontale Gleichheit zu bestehen scheint, wird mit einer kaum sichtbaren, aber sehr steilen Hierarchie kombiniert.[92] Grillo sicherte sich das Urheberrecht an den Symbolen der Bewegung und untersagte jedem deren Verwendung, der seines Erachtens gegen die Regeln der Bewegung verstoßen habe. Außerdem widersetzte er sich den italienischen Regularien, die eine innerparteiliche Demokratie vorschreiben, mit dem Argument, M5S sei überhaupt keine politische Partei. Sie habe gar keine Mitglieder; es gebe lediglich »Franchisenehmer einer Handelsmarke«.[93]

Davide Casaleggio, Sohn von Gianroberto und Erbe der Online-Infrastruktur der Bewegung, erklärte einmal: »Man sollte sich nicht mit Repräsentation begnügen, wenn man Partizipation haben kann.«[94] Doch, wie Gerbaudo anmerkt, besteht die Realität der Partizipation oft in Online-Massenplebisziten. Dabei werden die Positionen der *hiperlider* von Mehrheiten in einer Größenordnung gutgeheißen, die auch einem Stalin Freude bereitet hätte. Die Realität des Online-Systems Rousseau bestätigt die Skepsis des Denkers Rousseau: Repräsentanten lassen sich nicht auf Gespräche mit einfachen Mitgliedern ein und geben für ihre Positionen keine Begründungen. De facto wird Gleichheit oft gar nicht mehr vorgespielt.[95]

Der Versuch, die Herausbildung von Parteieliten – sozusagen intermediären Instanzen innerhalb intermediärer Instanzen – zu verhindern, wird mit dem Argument gerechtfertigt, regionale Parteikönige (im Sinne mächtiger Landesfürsten) seien etwas für die etablierten Parteien – eine Behauptung, die Emmanuel Macron ebenfalls gerne anführte, um alle Macht bei sich zu vereinen. Die Folge ist jedoch ein Vakuum zwischen Führern und einfachen Mitgliedern. Es fehlt so etwas wie mittleres Management und deshalb auch Personal mit politischer Erfahrung. Statt auf Erfahrung setzt man auf technokratisches Fachwissen. So hatte mehr als die Hälfte der Kandidaten und Kandidatinnen, die Macrons La République en Marche (LREM) für die Wahlen zur Nationalversammlung 2017 aufstellte, noch nie ein politisches Amt bekleidet (90 Prozent dieser Kandidaten gehörten den freien Berufen an oder waren normalerweise mit irgendeiner Form von Business beschäftigt – Berufskategorien, die zusammen gerade einmal ca. 13 Prozent der französischen Gesellschaft ausmachen).

Die neuen Parteien vertreten denn eine Ideologie des »Partizipationismus«, um Gerbaudos treffenden Ausdruck aufzugreifen. Die Realität entspricht nicht dem Versprechen eines ständigen Mitmachens und Entscheidens. Man sollte sich hier allerdings auch an das im vorigen Kapitel entwickelte Argument erinnern: Repräsentation muss nicht unbedingt als Gegensatz zu Partizipation verstanden werden. Was immer diese Plattformparteien erreicht haben mögen, sie boten ohne jeden Zweifel vorher nicht vorhandene Möglichkeiten, eine neue »Vision von Konfliktlinien« anzubieten und manchmal sogar durchzusetzen. In Südeuropa sorgten sie für eine kollektive Repräsentation von Leuten, die Gerbaudo als »jung, vernetzt, pleite« beschreibt. Podemos, M5S und die linksgerichtete Syriza in Griechenland erreichten immerhin, dass der Hauptkonflikt in Südeuropa – verkürzt gesagt: zwischen Befürwortern und Gegnern der Austerität – innerhalb des politischen Systems plausibel dargestellt und repräsentiert werden konnte.

Die bloße Tatsache, dass ein Konflikt dargestellt und die Fronten eines Kampfes geklärt werden, sei noch nicht viel, könnten Kritiker hier einwenden – und zu Recht darauf verweisen, dass all diese Parteien ihr Versprechen, die Sparpolitik zu beenden, aufgeben mussten, sobald sie an die Macht gelangten. Aber so trivial ist das Erreichte doch nicht, zumal wenn man das mit dem Eindruck vergleicht, den vor allem junge Südeuropäer von dem zuvor bestehenden Parteiensystem haben mussten: zwei große politische Formationen, die einander an der Macht abwechselten, aber fast stets in Korruption versanken und am Ende vor allem wirtschafts- und finanzpolitisch kaum Unterschiede aufwiesen. Oder, klarer gesagt: ein klassisches Kartell. Podemos und M5S gelang es, gut ausgebildete junge Menschen, die entweder arbeitslos waren oder in Jobs feststeckten, für die sie horrend überqualifiziert waren, zurück in die Wahlkabine zu bringen. Es ist nicht selbstverständlich, dass junge Leute, deren Lebenschancen durch die Eurokrise dauerhaft beschnitten worden sind, zunächst auf den Plätzen demonstrierten, dann neue Parteien wählten und schließlich nach Hause gingen, um es noch einmal zu versuchen, als es diesen Parteien zumindest anfangs nicht gelang, die Macht zu erringen (in den 1970er Jahren zum Beispiel kamen junge Leute auf ganz andere Ideen – Terrorismus im Namen linker Ideale war bekanntlich eine davon).

Gewiss, viele dieser Parteien blieben hinter ihren eigenen Ansprüchen zurück. Sie boten in Wirklichkeit keine Vision jenseits von links und rechts. Die Protagonisten von Podemos, der *partido de profesores*, beschrieben sich selbst als »Wortschmiedekunsthandwerker«. Letztlich jedoch klang die von ihnen entwickelte Sprache kaum anders als die der alten Linken. Dasselbe galt in gewissem Maße für Grillo und seinen Nachfolger Luigi Di Maio. Was sie unterschied, war etwas, das man vielleicht mit dem paradox klingenden Ausdruck »Technopopulismus« umschreiben könnte.[96] Lautstarke Bekundungen des Glaubens an die einfachen Leute gingen einher mit der Ermächtigung nicht parteigebundener Technokraten, angefangen beim italienischen Ministerpräsidenten, einem Professor für Zivilrecht. Grillo hatte die M5S-Abgeordneten im Parlament einst als »Techniker« bezeichnet; gleichzeitig gab er zu Protokoll, lieber eine Hausfrau mit drei Kindern als einen Wirtschaftsprofessor mit der Leitung des Finanzministeriums zu betrauen.

Doch das ist nur ein scheinbarer Widerspruch. Technokratie und Populismus sind keine diametralen Gegensätze, sondern ähneln einander sogar in einer Hinsicht: Technokraten glauben, für jedes politische Problem gebe es eine einzige rationale Lösung; Populisten behaupten, es gebe einen einzigen authentischen Volkswillen und dieser Wille könne gar nicht umhin, auf das Gemeinwohl zu zielen. Wer mit den Technokraten nicht übereinstimmt, outet sich als irrational; wer den Populisten widerspricht, gibt sich als Volksverräter zu erkennen. Fügt man jedoch beides zusammen, entsteht so etwas wie die äußerst seltsame und dennoch merkwürdig kohärente italienische Regierung von 2018. Geführt wurde sie von zwei Studienabbrechern, Matteo Salvini von der rechtspopulistischen Lega Nord und Luigi Di Maio, die beide ihr Leben lang für die (und von der) Politik gelebt hatten. In ihren Ämtern behaupteten sie, als Einzige für das Volk zu sprechen, und sie besetzten Schlüsselministerien mit nominell apolitischen, hochgebildeten Fachleuten. So sind denn Technokratie und Populismus beide antipluralistisch und sogar antipolitisch, wenn man Politik so versteht, dass die Lösungen sich niemals einfach nur aus Fachwissen oder der Fiktion eines vollkommen einheitlichen Volkswillens ergeben.

Zusammenfassend lässt sich sagen: Parteien und Medien bilden die kritische Infrastruktur der Demokratie. Sie helfen den Bürgern, sich miteinander zu verbinden. Die sozialen Medien sind nützlich für »Plattformparteien« und stellen zugleich eine tödliche Gefahr für zumindest einige Formen des professionellen Journalismus dar. Die sozialen Medien gleichen weder einer Tageszeitung – die Inhalte werden nicht von Profis produziert – noch einem mehr oder weniger neutralen Telefonnetz. Sie ermöglichen es Einzelnen, kollektive Repräsentationsansprüche zu stellen, was an die Fusion zwischen Parteien und Zeitungen im 19. Jahrhundert gemahnt.[97]

Neue Technologien sind nicht per se eine Gefahr für die Demokratie. Gefährlich ist vielmehr die Tatsache, dass eine Technologie, die es dem Einzelnen ermöglicht, andere zu erreichen, zugleich Bestandteil eines ständig verfeinerten Überwachungsapparats ist, der Verhalten vorhersagen oder sogar vorhersagbar *machen* soll (oder schlimmer noch, der die Aufgabe hat, Polarisierung und Ressentiment zu verstärken, weil man damit besonders kräftig Profit machen kann). Das ist keine unveränderliche Gegebenheit. Es ist auch keine unveränderliche Gegebenheit, dass es bei den sozialen Medien nur so geringe Wahlmöglichkeiten gibt. Parteien ebenso wie Informations- und Meinungsquellen können so oder so organisiert werden. Aber diese Feststellung ist noch keine Antwort auf die Frage, worauf man idealerweise eigentlich abzielen sollte.

4. Demokratisches Handeln: Vermittlung, Ausschluss, Rechtsbruch (mit Ansage!)

Die Frage ist nicht, wie 180 Millionen Aristoteles eine Demokratie zu betreiben vermögen, sondern wie wir ein politisches Gemeinwesen mit 180 Millionen Menschen so organisieren können, dass es für deren Bedürfnisse empfänglich bleibt. Das ist eine Frage der Führung, der Organisation, der Alternativen wie auch zugehöriger Systeme der Verantwortung und des Vertrauens.

E. E. Schattschneider

Politische Parteien mögen herrschen, aber sie regieren nicht. Die Öffentlichkeit ist derart verwirrt und geblendet, dass sie nicht einmal die Organe zu benutzen vermag, die eigentlich der Vermittlung zwischen politischem Handeln und politischem Gemeinwesen dienen sollen.

John Dewey

Wir brauchen in jeder Gemeinschaft eine Gruppe engelsgleicher Unruhestifter.

Bayard Rustin

Wie sollten intermediäre Institutionen, insbesondere Parteien und Medien, also idealerweise beschaffen sein, um ihre Funktionen für die Demokratie zu erfüllen? Sie sollten weithin zugänglich sein, und der Zugang darf nicht zu einem Privileg für ohnehin Bessergestellte werden. Sie sollten auf Fakten basieren, selbst wenn Fakten, wie Hannah Arendt bemerkte, stets fragil sind. Außerdem sollten sie autonom sein – das heißt, nicht auf korrupte Weise von mehr oder weniger verborgenen Akteuren abhängen. Sie müssen für alle Bürgerinnen und Bürger relativ klar einzuschätzen sein (sodass sie von ihnen auch zur Rechenschaft gezogen werden können). Was bedeuten diese Abstraktionen nun konkret?

Zuerst die Frage nach Zugang, die eine individuelle und eine institutionelle Dimension hat. Wie leicht sollte es sein, eine politische Partei zu gründen? Viele Länder verlangen eine Mindestzahl an Mitgliedern und den Nachweis einer ernsthaften Absicht, sich an Wahlen zu beteiligen – doch die Details unterscheiden sich gewaltig. In Australien beträgt die erforderliche Mindestzahl 500, während man in Großbritannien zwei (!) Funktionäre und eine nichtrückzahlbare Anmeldegebühr von 150 Pfund Sterling verlangt.

Wie politische Parteien gegründet werden, ist nicht die einzige Frage, denn Parteien und Wahlsystem stehen bekanntlich in einem engen Wechselverhältnis. Auch wenn es leicht sein mag, eine Partei zu gründen, kann es unmöglich sein, auf den Wahlzettel zu gelangen, weil eine Zulassung die landesweite Aufstellung von Kandidaten oder teure gerichtliche Verfahren erfordert, um sich auf den Wahlzettel zu klagen; unabhängige Kandidaten in den USA müssen unter Umständen den größten Teil ihres Wahlkampfbudgets für solche Prozesse ausgeben. Und selbst wenn man es auf die Wahlzettel schafft, können Regeln, die von den großen amerikanischen Parteien selber festgelegt werden, dazu führen, dass kleinere Herausforderer weiterhin im Regen stehen. Man denke etwa daran, dass Bürgerinnen und Bürger vielfach nur an einer der Vorwahlen teilnehmen dürfen, weshalb sie sich oft an die größeren Parteien halten, um nicht ihren Einfluss auf das Gesamtergebnis zu verlieren.[1]

Nimmt man den Gedanken ernst, dass die Demokratie offen für neue Repräsentationsansprüche sein muss, wird man wollen, dass der Zugang zum politischen Prozess möglichst leicht ist – für Individuen, die in Parteien eintreten (oder auch eine gründen) wollen, ebenso wie für Parteien, die um Etablierung in einem Parteiensystem kämpfen.

Dieser Gedanke ist allerdings keineswegs unumstritten, denn Zugang für alle könnte Struktur für niemanden bedeuten: zu viele Akteure, zu viel Rauschen und eventuell auch die Möglichkeit für die Mächtigen, »den ganzen Raum mit Scheiße zu fluten« (Stephen Bannon), um möglichst große Verwirrung zu stiften. Denn Verwirrung nützt vor allem den Mächtigen.

Die harmloseste Version dieser Besorgnis lautet, dass leichter Zugang zu einem Wildwuchs unseriöser Parteien führe, die den Wähler am Ende dazu verleiten, seine Stimme zu verschwenden: Clownkandidaten sorgen oft dafür, den politischen Prozess im Ganzen zu entwerten. Allerdings sprechen sie, betrachtet man tatsächlich erfolgreiche Clownkandidaten, meist einen todernsten Punkt an. Der brasilianische Comedian Tiririca kandidierte 2010 bei den Wahlen zum Nationalkongress. Sein entwaffnender Wahlkampfslogan lautete: »Es kann gar nicht schlimmer werden.« (Er kannte Bolsonaro noch nicht.) Tiririca warb auch um Wähler mit der Botschaft: »Was macht ein Kongressabgeordneter eigentlich? Ich habe keine Ahnung. Aber stimmen Sie für mich, dann werde ich es für Sie herausfinden.«[2] Wie es scheint, wollten die Wähler dies gern wissen: Tiririca erhielt mehr Stimmen als irgendein anderer Kandidat bei der Wahl.

Statt ihn als Vorläufer einer Figur zu verdammen, die Kritiker für einen rechtsextremen Horrorclown halten (ergo Bolsonaro), sollte man Satire als legitimes Mittel für Repräsentationsansprüche von Seiten verzweifelter Bürger verstehen. (Ein weiteres Wahlversprechen Tiriricas lautete, er werde alle brasilianischen Familien unterstützen, insbesondere seine eigene.) Besti flokkurinn (»Die Beste Partei«) in Island, die 2010 die Kommunalwahlen in Reykjavík gewann, trat mit dem Slogan an, alle Parteien seien insgeheim korrupt, sie dagegen werde offen korrupt sein (tatsächlich wurde ein Comedian Bürgermeister der Stadt, und nach allgemeiner Ansicht leistete er mehr als nur ordentliche Arbeit). Eine der langlebigsten und wahrscheinlich bekanntesten Spaßparteien – die britische Monster Raving Loony Party – wurde von dem Musiker David Sutch (alias Screaming Lord Sutch) gegründet, der schon in den 1960er Jahren begonnen hatte, provozierende Wahlkampfpossen zu inszenieren, als er für die National Teenage Party kandidierte. Die Partei setzte sich für eine Herabsetzung des Wahlalters auf 18 Jahre ein – und zwar mit dem Argument, wenn Teenager alt genug seien, eingezogen zu werden und im Krieg zu sterben, sollten sie ja wohl auch alt genug zum Wählen sein.

Wie jede gute Satire bringen vermeintliche »Spaßparteien« Menschen zum Nachdenken. Oder wie ein Gericht in den USA es einmal ausdrückte: Das Recht, für Donald Duck zu stimmen, muss verfassungsrechtlichen Schutz genießen, denn die dahinterstehende Absicht könnte »eine ernsthafte satirische Kritik an den etablierten Mächten« sein. Spaßparteien müssen also kein Witz sein. Die Sorge, die Menschen könnten deren Charakter vollkommen missverstehen, unterschätzt, gelinde gesagt, das Urteilsvermögen der Bürgerinnen und Bürger.

Ein ebenso ausgeprägter Paternalismus spricht aus der Ansicht, die armen Menschen könnten vollkommen verwirrt werden, wenn es zu viele Parteien gäbe.[3] Dieser Gedanke dient US-Gerichten als Begründung, wenn sie es den beiden großen Parteien erlauben, die Anmeldung neuer Parteien sehr zu erschweren. Man unterstellt schlichtweg, es gäbe keine andere Möglichkeit, als dass zwei (vermeintlich) gemäßigte Parteien mit etablierten und leichtverständlichen »Markenzeichen« einander abwechseln. Alles andere könne nur zu einem »verantwortungslosen Regieren« oder zu einer Zersplitterung der Parteienlandschaft führen. In der Theorie stützt sich dieser Ansatz auf Martin Van Burens Ideal zweier stabiler zentristischer Parteien, die alle politischen Forderungen aus der Gesellschaft aufnähmen und auf kohärente Weise bündelten. In der Praxis ermöglicht er den etablierten Parteien, was Kritiker unverblümt eine kartellartige »Abschottung der politischen Märkte« nennen.[4]

Eins ist in der Tat richtig: Verwirrung zu stiften ist eine erprobte Taktik von Autoritären. So gelang es der regierenden Partei in St. Petersburg 1998, einen in Rente gegangenen Klempner aufzutreiben, der genau denselben Namen hatte wie der Spitzenkandidat der Opposition. Sie setzte ihn auf den Wahlzettel und zweigte damit genug Stimmen ab, um die Wahl für sich zu entscheiden. (Das ist allerdings keine Erfindung Putin-Russlands: Bei einer Vorwahl für die Wahlen zum US-Repräsentantenhaus setzte man einen Hausmeister namens Joseph Russo auf den Wahlzettel, da einer der Mitbewerber denselben Namen hatte. Ein weiterer Kandidat hieß John F. Kennedy, und es war dessen Vater gewesen, der mittels einer finanziellen Zuwendung den Herrn Hausmeister dazu bewogen hatte, sein Glück mal bei Wahlen zu versuchen.)[5] Im ländlichen Ungarn tauchten drei Parteien wie aus dem Nichts auf. Sie waren von der Mutter, dem Vater und dem Sohn ein und derselben Familie registriert worden. Solche Scheinparteien sind die eigentlichen Spaßparteien, und der Spaß geht offensichtlich auf Kosten von Wählerschaft und letztlich der Demokratie.

Argumente gegen einen zu leichten Zugang sind von der plausiblen Vorstellung getrieben, die Bürger müssten in der Lage sein, die Wahlmöglichkeiten angemessen einzuschätzen. Und das gilt auch für die Medien: Das Problem ist nicht an sich, dass bestimmte Ansichten von russischen Bots oder Fake-Accounts verbreitet werden, sondern dass den Bürgerinnen und Bürgern nicht klar ist, wenn sie es mit Bots oder Fake-Accounts zu tun haben (oder wie Trump es mit seiner einzigartigen Diktion einmal auf den Punkt brachte: »Das ganze Computerzeitalter hat dazu geführt, dass niemand mehr weiß, was los ist«). Laut einer Studie könnte es sich bei der Hälfte der Twitter-Accounts, die im Frühjahr 2020 für eine »Wiedereröffnung Amerikas« eintraten, um Bots gehandelt haben – eine potenziell massive Einflussnahme, von der nur wenige Bürger wissen dürften.[6] Sich Fake-Follower zu verschaffen – und sie als Beweis für Beliebtheit anzuführen – gleicht der Veröffentlichung von Meinungsumfragen, die man zu seinen eigenen Gunsten gefälscht hat.[7]

Gewiss, mit der Transparenz ist es ein bisschen so wie mit der Bildung. Alle sind immer dafür, und sie erscheint immer als die Lösung für alles. Bei Parteien und Medien ist die Sorge um Intransparenz allerdings berechtigt. Was wir in der Politik sehen, ist nicht immer das, was wir bekommen. Die Bürgerinnen und Bürger sollten einigermaßen sicher sein können, dass sie nicht hinters Licht geführt werden – das gilt für politische Gruppierungen ebenso wie für Nachrichten- und Meinungsquellen. Der Ruf nach Autonomie – denn darum geht es hier vor allem – ist nicht dasselbe wie die Forderung nach Unparteilichkeit. Parteien sind definitionsgemäß nicht unparteiisch, aber auch Medien können ihre Berichterstattung durchaus legitim in einen von ihnen vertretenen Werterahmen stellen – *solange* dieser Rahmen deutlich erkennbar und einschätzbar ist. Timothy Garton Ash hat den Ausdruck »transparente Parteilichkeit« geprägt. Ein Beispiel wäre Orwell, der den Lesern seines Buches *Mein Katalonien* absolut klarmacht, dass sein Bericht über den Spanischen Bürgerkrieg aus einer ganz bestimmten Perspektive geschrieben wurde: der eines engagierten Parteigängers der Republik. Er gab keineswegs vor, »ohne jeden Standpunkt« zu sein.[8] Wie Garton Ash anmerkt, glauben wir ihm gerade deshalb, weil er nicht behauptet, »fair und unparteiisch« zu berichten.[9]

Was bedeutet Autonomie noch konkreter? Die meisten intermediären Institutionen finanzieren sich nicht selbst. Parteien können in aller Regel nicht allein von ihren Mitgliedsbeiträgen leben. Alle größeren Zeitungen und Fernsehsender brauchen mehr als die bloßen Abonnenten oder Beitragszahler, um finanziell lebensfähig (oder gar profitabel) zu sein. Deshalb scheint Autonomie unvermeidlich kompromittiert zu sein. Stets gibt es irgendeine finanzielle Abhängigkeit von jemandem oder etwas; die Frage lautet allenfalls, ob vom Markt oder vom Staat (oder auch von Oligarchen). Offensichtlich sind diese Optionen nicht gleichermaßen schlecht. Wie im ersten Kapitel erläutert, besteht das besondere Problem der Oligarchie darin, dass wohlhabende Einzelne Parteien und parteiliche Medien benutzen, um die gesetzlichen Rahmenbedingungen auf undurchsichtige Weise umzugestalten und dadurch ihre geschäftlichen Interessen zu fördern. Die Abhängigkeit britischer und australischer Politiker (einschließlich nominell linker wie Tony Blair) von Rupert Murdoch, der politischen Einfluss systematisch im Sinne seiner Profitinteressen einsetzte und den Politikern gleichsam Publicity verkaufte, ist nur das offenkundigste Beispiel im Westen.[10]

Wenn mächtige private Akteure intermediäre Institutionen zur Stärkung ihrer Macht einsetzen können, mag ein dezidiert staatlicher Ansatz zur Verbesserung der Chancengleichheit die naheliegende Lösung sein: Für manche Demokratien gehören Parteien und Sendeanstalten sozusagen zur politischen »Grundversorgung« und werden entsprechend finanziert (und reguliert).[11] Parteien und zuverlässige Nachrichtenquellen sind hier als unabdingbarer Teil demokratischer Infrastruktur anerkannt. Schließlich produzieren sie »öffentliche Güter«, und das Wesen öffentlicher Güter liegt darin, dass niemand von ihnen ausgeschlossen werden darf (man denke etwa an die nationale Verteidigung oder an Straßen in den meisten Ländern). Das bedeutet jedoch auch, dass diese Güter von Akteuren, deren Ziel allein der Profit ist, niemals in ausreichendem Maße bereitgestellt werden.[12]

Der offenkundige Nachteil dieser Art öffentlicher Versorgung liegt darin, dass hier mit »öffentlich« natürlich primär der Staat gemeint ist, und Staat meint im Zweifelsfalle die Regierung, also letztlich wiederum die Parteien. Insofern ist das Objekt der gesetzlichen Regelungen identisch mit dem Autor ebendieser Regelungen, und die Gefahr besteht, wie bereits beschrieben, in der Bildung von Parteienkartellen. Für Letztere ist es dann wichtiger, neue

Wettbewerber außen vor zu halten als bei einer bestimmten Wahl den Sieg zu erringen.

Was wäre aber, wenn »öffentlich« sich direkter auf Bürgerinnen und Bürger bezöge? Was wäre, wenn man die Pflege der demokratischen Infrastruktur nicht allein deren konstitutiven Bestandteilen wie den Parteien überließe, sondern ihren letztendlichen Nutzern?

Demokratie ist nicht umsonst zu haben. Auch früher war das nicht anders. Die Athener mussten die komplizierten Losapparate konstruieren und ein Amphitheater für die Volksversammlung bauen. Außerdem bezahlten sie die Teilnehmer an dieser Versammlung und an der Judikative für ihr Mittun (sehr zum Missfallen demokratiefeindlicher Philosophen, die in der Demokratie die teuerste, immer Richtung Bankrott schlingernde Staatsform erblickten, obwohl die jährlichen Ausgaben für die Volksversammlung etwa ebenso hoch waren wie für das Futter, das die Pferde der 1000 Mann starken Kavallerie – ein besonderer Stolz Athens – benötigten).[13] Auch heute ist die Demokratie mit erheblichen Kosten verbunden, von der (in Teilen der USA schockierend veralteten) Wahlmaschinerie über den (in Teilen der USA schockierend unterfinanzierten) Transport der Briefwahlunterlagen bis hin zu den Parteien und den (in den USA schockierend überfinanzierten) Wahlkämpfen.[14] Die Frage ist: Wer bezahlt? In den USA ist die staatliche Finanzierung auf Bundesebene de facto irrelevant geworden (selbst ein Bernie Sanders lehnte staatliches Geld ab und verließ sich lieber auf unbegrenzte private Spenden).

Es ist allseits bekannt, dass die Kosten der Wahlkämpfe in den USA astronomische Höhen erreicht haben, doch Bewohner anderer Demokratien haben kaum Anlass, die Nase über die verrückten Amerikaner zu rümpfen. In Westeuropa konzentrieren sich die großen Spenden gleichfalls stark auf die Allerreichsten – und in Ländern, in denen das erlaubt ist, auch auf Unternehmen. (In Deutschland erhalten die beiden größten Parteien links wie rechts sehr großzügige Spenden beispielsweise von der Autoindustrie oder dem Zigarettenhersteller Philip Morris, wobei der Tabakkonzern auch Parteiversammlungen und »Sommerpartys« in Berlin sponsort – Ausgaben, die sich besonders leicht verschleiern lassen.[15] Für die britische Labour Party waren große private Spenden schließlich wichtiger als die Mitgliedsbeiträge; sie versiegten allerdings weitgehend unter Jeremy Corbyn.)

Zwar gibt es in vielen Ländern eine staatliche Parteienfinanzierung, doch diese setzen privaten Geldgebern oft keine strengen Grenzen.[16] Weniger offensichtlich ist die Tatsache, dass es in Ländern, in denen der Staat die Finanzierung auf demokratischere Weise direkt in die Hände des Volkes legt – etwa durch Steuerermäßigungen für »Investitionen« in unsere Demokratie, wie man dies nennen könnte –, zu einer beträchtlichen Verzerrung kommt: Da die Reicheren sehr viel höhere Steuern zahlen, profitieren sie auch stärker von solchen Steuerermäßigungen. Wie die französische Ökonomin Julia Cagé in ihrer wichtigen Studie *Le prix de la démocracie* darlegt, subventionieren die Armen am Ende die politischen Präferenzen der Reichen (die in Wirtschaftsfragen natürlich meist weitaus konservativer sind). Nach Cagé spendeten die ärmsten 10 Prozent der französischen Bevölkerung im Durchschnitt 23 Euro, während die oberen 10 Prozent insgesamt 29 Millionen Euro an Steuererleichterungen erhielten.[17] Es ist, als wären die Demokratien zu einer Version der Einkommensqualifikation für politische Partizipation zurückgekehrt: Man erhält eine Stimme an der Wahlurne, aber manche können mit ihrer Brieftasche noch viele Male mehr wählen (dies gemahnt an das französische Wahlgesetz von 1820, das den Reichsten tatsächlich erlaubte, zweimal zu wählen).[18]

Cagé wie auch eine Reihe US-amerikanischer Verfassungsrechtler (und sogar einige Kongressabgeordnete der Demokratischen Partei) haben eine alternative Finanzierung für die Infrastruktur der Demokratie vorgeschlagen[19]: individuelle Gutscheine, die die Bürger nach und nach (oder alle zugleich) Parteien und Kandidaten ihrer Wahl zukommen lassen können, zusammen mit der Möglichkeit, ihnen zusätzlich einen streng begrenzten Geldbetrag zu spenden (eine vielfach genannte Zahl ist hier 250 Dollar).[20] Größere Spenden wären verboten, desgleichen, dass Unternehmen sich eine politische Stimme kaufen. Es gäbe eine Anfangshürde für die Berechtigung, solche Gutscheine entgegenzunehmen. Neue Parteien sollten unter Beweis stellen, dass sie ausreichend viele Bürger zu finanzieller Unterstützung bewegen oder mehr als eine verschwindend kleine Zahl von Stimmen an den Wahlurnen bekommen können. Unbenutzte Gutscheine könnten entsprechend den letzten Wahlergebnissen verteilt werden (die schon jetzt in vielen Ländern als Grundlage für die staatliche Parteienfinanzierung dienen).

Solch ein Verfahren hätte mehrere Vorteile. Es wäre ein wirksamer, wenn auch kaum perfekter Kontrollmechanismus für die politische Verwendung konzentrierten Reichtums – kurz all das, was bereits als oligarchische Tendenzen der heutigen Demokratien beschrieben wurde. Weniger offensichtlich könnte es zudem den offenen und dynamischen Charakter zumindest einiger bestehender Demokratien stärken, in denen die Finanzierung politischer Parteien gegenwärtig auf der Grundlage der letzten Wahlergebnisse erfolgt. Neue Parteien könnten auch mitten in einer Wahlperiode eine Art Anschubfinanzierung erhalten. Verlierer – zu denen bekanntlich heute auch oft sehr traditionsreiche Parteien wie die SPD zählen – verlören weniger, wenn ihre Anhänger sie bei einer Wahl lediglich abstrafen, aber nicht von der politischen Landkarte tilgen möchten. (Man denke etwa an linksorientierte französische Bürger, die die Sozialistische Partei für Hollandes alles andere als glorreiche Präsidentschaft abwatschen, sie aber weiterhin als effektive Alternative zu Emmanuel Macron erhalten wollten.) Und schließlich, auch wenn die Beträge winzig erscheinen mögen, so vermittelt es doch ein Gefühl individueller Wirkungsmacht, wenn man einen Beitrag zu leisten vermag. (»Ich kann ebenso wie Gates und Soros etwas geben und bewirken.«)[21] Das träfe natürlich in noch stärkerem Maße zu, wenn das Verfahren die Politiker zwänge, sich auf ein breiteres Spektrum von Wählern einzulassen, als es in einem Land wie den USA geschieht, in denen Kongressabgeordnete heute schätzungsweise vier oder mehr Stunden am Tag darauf verwenden, Wohlhabende um Spenden zu bitten, sodass sie eher Telefonwerber für ein bestimmtes Segment der Bevölkerung als Repräsentanten ihrer gesamten Wählerschaft sind.[22]

Was hieße all dies konkret? Cagés Vorschlag sieht einen Gutschein in Höhe von sieben Euro vor. In der Summe ergibt sich daraus keine unerhört hohe Zahl. Sie entspricht etwa dem Betrag, mit dem die Bundesrepublik Deutschland jährlich parteinahe Stiftungen unterstützt. In den USA gibt es den Vorschlag, »Demokratiecoupons« im Wert von 100 Dollar mit einer Stückelung von jeweils 20 Dollar oder auch »Demokratie-Dollars« im Wert von jeweils 50 Dollar auszugeben, die auf einem speziellen Kreditkartenkonto deponiert werden sollen – so jedenfalls ein Plan, den der Yale-Jurist Bruce Ackermann und der Kongressabgeordnete Ro Khanna vorgelegt haben.

Wichtig wäre auch zu klären, ob individuelle Spendenentscheidungen öffentlich gemacht werden sollten. Unternehmen sehen es möglicherweise gar nicht gern, wenn Beschäftigte auf diesem Wege eine antikapitalistische Partei fördern (oder Firmenchefs könnten ihre Angestellten drängen, die Fördermittel an einen bestimmten Kandidaten zu vergeben). Cagé hält es für sinnvoll, an der Gewährung von Steuererleichterungen zur Förderung von Parteien oder Kandidaten festzuhalten und die Gutscheine auf diesem Wege einzusetzen; die Millionen Menschen, die so wenig verdienen, dass sie keine Einkommenssteuern zahlen, könnten entsprechende Gutschriften erhalten (was in vielen Ländern konkret mindestens die Hälfte der Wahlberechtigten beträfe). Dadurch würde verhindert, dass die Gutscheine aufgekauft werden – so wie in den 1990er Jahren in Mitteleuropa Privatisierungsgutscheine von cleveren Investoren angesammelt wurden. Außerdem solle die Möglichkeit bestehen, die Daten nach kurzer Zeit zu löschen und auf diese Weise faktisch eine Art Online-*isoloir* herzustellen.

Dies sind keine Polit-Tagträume. Bei den Kommunalwahlen in Seattle wurden entsprechende Pläne bereits verwirklicht. Die Bürger erhielten mit der Post Gutscheine. Allerdings, so muss man einräumen, glaubten viele, es handle sich um Werbung, und warfen sie einfach weg. Andere ließen sie herumliegen und vergaßen am Ende, ihre »Demokratie-Dollars« auszugeben.[23] Wer pessimistisch hinsichtlich der Fähigkeiten ganz normaler Bürger eingestellt ist, dürfte sich bestätigt fühlen, denn am Ende nutzen nur 3,3 Prozent der Bürger Seattles ihre Gutscheine. Positiv ist jedoch zu vermelden, dass die Gesamtzahl der Kleinspenden zunahm; es gibt auch Hinweise darauf, dass Kandidaten ohne Zugang zu reichen Spendern von dem System profitierten.

Solche Projekte, die den Bürgern eine direkte finanzielle Kontrolle über die demokratische Infrastruktur geben sollen, könnten außerdem das Gefühl stärken, dass es bei den Wahlen mit rechten Dingen zugeht.[24] So ließe sich dem verbreiteten (und oft zutreffenden) Eindruck entgegenwirken, dass Stimmen zwar zählen, aber letztlich doch finanzielle Ressourcen entscheiden (wie der norwegische Politologe Stein Rokkan es einmal ausgedrückt hat). Für viele Bürgerinnen und Bürger lautet die Schlussfolgerung heute nicht nur, dass Abhängigkeiten dieser Art den Prozess korrumpieren, sondern auch, dass es gar keinen Sinn hat, sich politisch zu engagieren – wobei diese Passivität denen, die ihren Reichtum für politische Zwecke einsetzen, noch mehr Gewicht verleiht.

Natürlich dürften einige Gutscheine wirklich liegen bleiben, da manche Bürger der Politik keine Aufmerksamkeit schenken können oder es als zu anstrengend empfinden, Gutscheine zu verteilen. Wie Menschen von ihrem Wahlrecht keinen Gebrauch machen, so werden manche auch ihr »geschenktes Geld« nicht ausgeben.

Eine weniger anspruchsvolle Alternative wäre es, die Fördermittel auf der Grundlage einer jährlichen Umfrage zu verteilen.[25] Solch eine Umfrage könnte neben den Wahlen einen neuen Rhythmus in die Demokratie einführen. Sie könnte sich aber auch zu einem funktionalen Äquivalent von Wahlen entwickeln, mit dem wohl problematischen Nebeneffekt, dass die Parteien nun jährlich Wahlkampf führten (statt sich auf die Politik zu konzentrieren), was wiederum noch größere finanzielle Ressourcen erforderte …

Projekte dieser Art könnten den Eindruck erwecken, als brächten sie die Bürgerschaft einem Ideal gleichen Einflusses näher. Schließlich stünden allen gleichermaßen nur sieben Euro zur Verfügung. Wer jedoch mehr Zeit für die Politik aufwenden kann, wer eine führende Position in Unternehmen oder Gewerkschaften innehat, der wird immer noch leichteren Zugang zur politischen Arena und damit wohl auch größeren Einfluss haben. Die Leute, die George W. Bush in seiner charmant (und fast schon unschuldig-naiv) anstößigen Art »die Mehrhabenden« (*the have-mores*) nannte, werden sich immer noch in einer besseren Position befinden als die von ihm so genannten bloßen »Habenden« (*haves*).[26] Sie würden jedoch nicht in einer anderen Welt leben oder sich abspalten und nach völlig anderen Regeln leben können, und die bezeichnenderweise von Bush erst gar nicht der Erwähnung für wert befundenen Habenichtse werden immerhin neben ihrer Stimme noch etwas Weiteres haben (während sie heute tatsächlich kein Geld haben, um auch nur, zum Beispiel, kleine Geldbeträge für den Wahlkampf zu spenden). All das verspricht nicht notwendig bessere politische Politik oder ein Ende der zwei Sezessionen. Doch es vergrößert zumindest die Möglichkeit, die Demokratie für neue Repräsentationsansprüche und letztlich neue Repräsentanten zu öffnen. Vor allem können Vertreter neuer Ansprüche einen Schub erhalten, noch bevor sie sich erfolgreich zur Wahl gestellt haben. Weniger offensichtlich senden solche Projekte auch ein Signal, dass die Verantwortung für die Bewahrung der kritischen Infrastruktur der Demokratie nicht nur bei denen liegt, die heute in den USA oft als »die

Geberklasse« bezeichnet werden (Kritiker sprächen hier eher von der »Nehmerklasse« – siehe die Steuersenkung von 2017). Die Verantwortung liegt vielmehr in den Händen aller Bürgerinnen und Bürger.

Im Prinzip wäre es nicht verkehrt, ein ähnliches Gutscheinsystem für die Medien vorzusehen – nur dass man Sorgen haben müsste, ehrwürdige öffentliche Institutionen wie die BBC könnten plötzlich ohne Geld dastehen, wenn die Bürger durch entsprechende Manipulation dazu bewegt würden, alle Fördermittel privaten Wettbewerbern zukommen zu lassen (die allen Grund hätten, ihre Zuschauer gegen öffentliche Sendeanstalten aufzubringen, weil sie »elitär« seien oder dergleichen). Allerdings hat die Erfahrung gezeigt, dass derartige Befürchtungen vielleicht etwas übertrieben sind. Eine Schweizer Volksinitiative mit dem Ziel, die Gebühren für die als angeblich linkes Staatsfernsehen verunglimpfte öffentliche Rundfunk- und Fernsehanstalt radikal zu beschneiden, scheiterte 2018 deutlich: 71,6 Prozent stimmten gegen eine Abschaffung des Jahresbeitrags in Höhe von 450 Schweizer Franken (für viele Bürger eine nicht unbedeutende indirekte Steuer).[27] Und wie wir im ersten Kapitel gesehen haben, vereinnahmen rechtsradikale Populisten die öffentlichen Medien lieber, wenn sie an die Macht kommen, statt sie einfach dichtzumachen.

Wie bei den Parteien könnte ein Gutscheinsystem journalistischen Neugründungen eine dringend benötigte Starthilfe bieten. Julia Cagé hat gleichfalls vorgeschlagen, »gemeinnützige Mediengesellschaften« zu gründen, die die Vorzüge von Aktiengesellschaften mit denen privater Stiftungen vereinen würden.[28] Sowohl große als auch kleine Geldgeber könnten sich in solch eine gemeinnützige Gesellschaft »einkaufen« und erhielten Steuerermäßigungen; und sie könnten ihre »Mediengutscheine« ganz nach Belieben verteilen. Die offensichtliche Gefahr ist die Vereinnahmung solcher Medien durch reiche Einzelpersonen, die Geld spenden, um einen dominierenden Einfluss auszuüben (und wiederum würden die Armen am Ende durch Steuererleichterungen die politischen Präferenzen der Reichen subventionieren). Schließlich besteht bei privaten Stiftungen generell das Problem, dass sie einen weitgehend nicht rechenschaftspflichtigen politischen Einfluss ausüben und dafür sogar noch Steuerermäßigungen erhalten (ganz abgesehen davon, dass nichtsnutzige Verwandte des Stifters und die Kinder von Freunden des Stifters dort oft eine Anstellung finden ...).

Geschickt an Cagés Vorschlag ist, dass er die Bestimmungsmacht umgekehrt proportional zu den Steuerermäßigungen gestaltet: Großspender würden zwar beträchtliche Steuerermäßigungen (und dazu die Befriedigung, einer guten Sache gedient zu haben), nicht aber automatisch eine dominierende Stellung erhalten. Das heißt, anders als bei gewöhnlichen Aktiengesellschaften könnten Minderheiten – vor allem Kleinspender, die ihre Kräfte in »Leservereinen« bündeln könnten, wie Cagé dies nennt – ein beträchtliches Maß an Kontrolle ausüben. Dadurch würden die Medien zugänglich, denn jeder könnte Mitglied einer gemeinnützigen Mediengesellschaft werden. Und es wäre vollkommen in Ordnung, wenn solche Gesellschaften nach dem Grundsatz der »transparenten Parteilichkeit« operierten. Tatsächlich könnte solche Parteilichkeit der eigentliche Grund sein, weshalb manche Leute, die sich leidenschaftlich für soziale Gerechtigkeit (oder, sagen wir mal, die neuesten Nachrichten aus dem Gebiet des katholischen Naturrechts) interessieren, überhaupt Mitglied werden möchten.

Solch eine Konvergenz transparent-parteilicher Medien und politischer Parteien wird überall die Alarmglocken schrillen lassen: Ist es nicht gerade Aufgabe der Medien, die Politiker zur Rechenschaft zu ziehen? Will man wirklich noch eine weitere Institution politisieren, von der eigentlich eine unparteiische Berichterstattung über demokratische Politik erwartet wird? Die Sorge ist berechtigt, übersieht aber die Tatsache, dass auch in der Vergangenheit Parteien und Presse oft eng miteinander verbunden waren – und dies nicht immer in schädlicher Weise. Viele Anführer sozialistischer Parteien hatten einst als Journalisten angefangen oder vereinigten in sich die Rollen des Parlamentariers, Agitators, Theoretikers und Journalisten. Einige Historiker behaupten sogar, die Idee revolutionärer sozialistischer Parteien als solche habe ihren Ursprung im radikalen Journalismus (und nicht so sehr in der Gewerkschafts- oder Arbeiterbewegung). Karl Marx war Journalist, bevor er jemals eine Partei führte. (Und das *Kommunistische Manifest* entstand zu einer Zeit, als es noch gar keine kommunistische Partei gab; Marx und Engels mussten sie sich vielmehr erst erschreiben.)[29] Bei den US-amerikanischen Präsidentschaftswahlen von 1920 traten zwei Zeitungsherausgeber (beide zufällig aus Ohio) gegeneinander an.

Es ist nicht per se schlecht, wenn eine Partei aus einer Talkshow (Podemos) oder einem Blog (Fünf-Sterne-Bewegung) hervorgeht, solange das Talken und Bloggen sich nicht völlig von Fakten verabschiedet und autonom bleibt – also nicht auf verdeckte Weise beeinflusst wird. Dasselbe gilt auch umgekehrt: Es ist nicht per se schlecht, wenn eine Partei eine Zeitung herausgibt. Problematisch an einer Reihe kleinstädtischer Zeitschriften in ländlichen Regionen der USA war nicht deren Parteilichkeit, sondern die Tatsache, dass Finanzierung und parteiische Ausrichtung bewusst verschleiert wurden.[30]

Die Schaffung gemeinnütziger Medien mit ihrer strukturellen Stärkung der einzelnen Mitglieder ist natürlich kein Allheilmittel. Innerhalb des von Cagé vorgeschlagenen Systems könnte eine gutorganisierte Minderheit mit einem sektiererischen Programm die Ausrichtung einer einzelnen Mediengesellschaft drastisch verändern, und gemäßigte Großspender – deren steuerermäßigte Beiträge dort festsäßen – könnten nicht viel dagegen unternehmen. Allerdings würde eine solcherart gekaperte gemeinnützige Mediengesellschaft die Bürgerinnen und Bürger vielleicht auch abstoßen, sobald diese Kaperung deutlich erkennbar wäre.

Es mag sein, dass Parteilichkeit nicht unbedingt das attraktivste Verkaufsargument wäre, um Bürger zu überzeugen, ihre Gutscheine – falls es sie denn gäbe – in solche Medienunternehmen zu investieren. Manche in den »Bürgerjournalismus« gesetzten Hoffnungen sind inzwischen enttäuscht worden, aber im Prinzip könnten die mit dem aktuellen Zustand der Lokalberichterstattung Unzufriedenen Medien finanzieren, die Nichtprofis in einer nicht allzu amateurhaften Weise Raum gäben. Dasselbe gilt für den *Public Journalism*, den »bürgernahen Journalismus«, der sich, wie der Name schon sagt, an den Bürgerinnen und Bürgern orientiert.[31] Statt, wie üblich, über Wahlen wie über Pferderennen zu berichten – wobei es stets eine spannende Geschichte zu erzählen gilt und die Journalisten sich neutral verhalten können (schließlich dreht sich alles um objektive Zahlen aus Meinungsumfragen und vor allem um die Frage, wer grad vorn liegt) –, gingen Anhänger des *Public Journalism* anders vor. Sie würden zunächst einmal Bürgerinnen und Bürger befragen und versuchen, mehr über die Probleme herauszufinden, die sie wirklich bewegen, und dann die Politiker mit genau diesen Fragen konfrontieren (der Medienkritiker Jay Rosen spricht hier von einer »Agenda, die von den Problemen der Bürger ausgeht«).

Und wo die Demokratie als solche auf dem Spiel steht (weil Politiker es sich zur Gewohnheit gemacht haben, die oben genannten harten Grenzen zu überschreiten), ist der Anspruch von Journalisten, als Verfechter der Demokratie aufzutreten, durchaus berechtigt. Offensichtlich gibt es hier auch Gefahren: der Reporter als romantischer Widerstandskämpfer, der ganz vergisst, dass es nicht bei allen seinen liebsten politischen Steckenpferden gleich um die Demokratie als ganze geht; oder clevere Manöver im Stil Bannons, die die Medien als Opposition darstellen, sodass jede Aussage eines Journalisten sogleich als rein politisch motiviert abgetan werden kann. Wenn Journalisten ihre Aussagen jedoch begründen und damit zeigen können, dass sie keine lebenden Aufzeichnungsgeräte sind, sondern in ihrer Arbeit ganz entscheidend von demokratischen Grundrechten abhängen, die sie schützen sollten, dann könnte es durchaus sein, dass die Bürgerinnen und Bürger den wesentlichen Unterschied bemerken (hier ergibt sich eine Parallele mit den schwierigen Aufgaben oppositioneller Parteien in populistischen Regimen). Sie erkennen möglicherweise auch, dass scheinbar asymmetrische Urteile kein Beweis für Voreingenommenheit sind, sondern in manchen politischen Kulturen schlicht die politische Wirklichkeit widerspiegeln – insbesondere wenn autoritär-populistische Parteien, nicht aber deren Konkurrenten die Grenze zur politischen Fiktion oder zur Verbreitung von Hass überschreiten. (Wie ein US-amerikanischer Beobachter es ausdrückte: »Eine ausgewogene Behandlung eines unausgewogenen Phänomens verzerrt die Realität.«)[32]

Der letzte Punkt zeigt einmal mehr, dass alle möglichen Verbesserungen der demokratischen Infrastruktur letztlich von einer Sache abhängen: Die intermediären Institutionen müssen nicht nur zugänglich und autonom, sondern auch einschätzbar (*assessable*) sein, wie die britische Philosophin Onora O'Neil es ausdrückt.[33] Wenn sie einen Beitrag zum Urteilsvermögen der Bürger leisten sollen, ist es wichtig, dass die Bürgerinnen und Bürger sie beurteilen können: Wie werden sie finanziert? (Im Fall der Medien: In wessen Besitz sind sie?) Welche Ziele verfolgen sie? Könnte es sein, dass eine Partei bloß das Werkzeug eines Einzelnen ist, der sie für problematische Zwecke einsetzt? (Man denke an Berlusconis TV-Partei.) Sind die realen Kräfte, die hinter dem Kandidaten einer Partei stehen, vielleicht parteiähnliche »Schattenparteien«, wie man sie in den USA nennt – zum Beispiel Wahlkampfkomitees, die einen Kandidaten mit unbegrenzten Geldmitteln pushen und dabei geheime Wahlkampfspenden in den politischen Prozess einschleusen?[34] Oder handelt es sich womöglich gar um ausländische Akteure wie bei der Fünf-Sterne-Bewegung, deren Plattform Rousseau offen eingesteht, außer von zahlreichen anonymen Spendern auch von »ausländischen Akteuren« finanziert zu werden, die ungenannt bleiben.

Andererseits könnte eine medienähnliche Organisation unparteiisch erscheinen, aber nicht wirklich unabhängig sein (weil sie etwa von der Willkür eines Oligarchen abhängt). Umgekehrt könnte sie unabhängig, aber nicht unparteiisch sein, was durchaus akzeptabel wäre, solange sie nicht das Gegenteil vorgäbe. Problematisch an einem Sender wie Fox ist nicht, dass er sich bemüht – wie der frühere Moderator Bill O'Reilly behauptete –, aus der »konservativen Perspektive der Arbeiterschaft« zu berichten (ob das zutrifft oder nicht, kann die Arbeiterschaft sehr wohl für sich selbst entscheiden), sondern dass er die Dinge in einer Weise darstellt, die, milde gesagt, unrichtig ist (etwa wenn es dort hieß, »sie« – wer genau damit gemeint ist, bleibt unklar – hätten dafür gesorgt, dass Verstorbene bei der Präsidentschaftswahl 2020 ihre Stimme abgegeben hätten, womit der Sender Trumps längst als unrichtig entlarvte Thesen eines großangelegten Wahlbetrugs stützte).

Ein Medienunternehmen kann außerdem das eine sagen und das andere tun, und erneut kommt einem hier ein bestimmter Sender in den Sinn: Im Frühjahr 2020 verlangten Moderatoren bei Fox lautstark eine »Öffnung der Wirtschaft« und forderten ihre Zuschauer mitten in einer Pandemie dazu auf, sich unter die Leute zu mischen. Zur selben Zeit hatte der Sender seine Büros geschlossen und seine Mitarbeiter ins Homeoffice geschickt. Wer die öffentliche Erklärung richtig einschätzen möchte, sollte von der privaten Maßnahme wissen.

Auch die internen Abläufe in Medien und Parteien müssen einschätzbar sein. Mit anderen Worten: Es muss deutlich genug sein, wer letztlich die Entscheidungen über die Gesamtausrichtung einer Institution trifft.[35] Eine nach außen hin demonstrierte Demokratisierung – »Die Mitglieder sollen entscheiden!« – kann bedeutungslos sein, wenn die Parteieliten zugleich die klare Kontrolle über die Kandidatenlisten behalten. Oder wie der New Yorker Parteibonze William Tweed es im 19. Jahrhundert ausdrückte: »Mir ist egal, wer gewählt wird, solange nur ich nominiere.«[36]

Bisher sind die Bedeutung des Zugangs und der Autonomie als politische Standards betont worden, die ihrerseits in den Grundprinzipien der Demokratie wurzeln. Diese Standards sollten bei der Entscheidung helfen, was man von bestimmten Institutionen erwarten sollte und wie gut existierende Institutionen einen bestimmten Standard erfüllen. Allerdings wäre es wie bei den Gutscheinen auch eine Art technokratischer Solutionismus, wenn man behauptete, es gäbe auf diesem Gebiet nur einen einzigen korrekten Weg bzw. jeder normativen Erwartung entspräche genau eine konkrete gesetzliche Regelung. Die Bürgerinnen und Bürger können selber auf fruchtbare Weise über den Raum zur Ausgestaltung debattieren, der sich hier immer bietet – womit jedoch der schwierigste Teil solcher Debatten nicht verschwiegen werden darf. Denn solche Auseinandersetzungen dürften mehr Aussicht auf Erfolg haben, wenn man zuvor begriffen hat, dass die Nutznießer etablierter Systeme eine Veränderung blockieren werden. So werden Parteien, die vom bestehenden Finanzierungssystem profitieren, kaum verlangen, die Demokratie für den »kleinen Mann« zu öffnen, »der mit seinem kleinen Gutschein zu dem Kandidaten geht« (um Churchill zu paraphrasieren). Es gilt also, darüber nachzudenken, wie strukturelle Veränderungen auch gegen Widerstände von existierenden Institutionen durchgesetzt werden könnten.

Hinsichtlich der ersten Frage sollte man an eine Idee aus dem zweiten Kapitel zurückdenken: die Lottokratie. Dort wurde die Praxis, die alltägliche politische Entscheidungsfindung in die Hände per Los ausgewählter Personen zu legen, als sinnvoller Ersatz für die repräsentative Demokratie – mit all ihren unbestreitbaren Defiziten – abgelehnt. Allerdings kommt jetzt eine Einschränkung hinzu: Der Losentscheid könnte eine begrenzte, aber sehr wichtige Rolle spielen, wenn es darum geht, Pattsituationen in der Reform des demokratischen Prozesses selbst aufzulösen (denn die Verfechter des Losverfahrens haben durchaus Recht mit ihrer These, dass dieses Verfahren gelegentlich hilfreich sein könnte, wenn über fundamentale moralische Fragen – nicht alltägliche Politik – entschieden werden muss, zum Beispiel über die Abtreibung). In beiden Fällen und unabhängig davon, welche Bürger zufällig ausgewählt würden, sollte die Entscheidung der gesamten Wählerschaft in einem Referendum vorgelegt werden.

Die Wahlkampffinanzierung, die Größe der Parlamente, die Dauer der Amtsperioden – all das sind Fragen, bei denen Abgeordnete möglicherweise für sie selbst existierende Vorteile abschaffen müssten. Zugleich könnte man (ohne in Demophobie zu verfallen) sagen, dass sich diese Fragen nicht leicht zum Gegenstand einer Ja-Nein-Abstimmung machen lassen. Man kann sich unschwer vorstellen, dass Politiker sich mit den Großspendern zusammentun und gegen Gutschein-Pläne zu Felde ziehen, etwa mit Slogans wie: »Mein Geld soll nicht an all diese verschwenderischen Politiker gehen!«

An dieser Stelle käme das mehr oder weniger korruptionssichere Instrument des Losverfahrens ins Spiel. Zufällig ausgewählte Bürger könnten über verschiedene Verfahrensänderungen debattieren und der gesamten Wählerschaft dann eine Empfehlung vorlegen, die ihnen als die beste erscheint. Das ist kein demokratietheoretisches Wünsch-dir-was, sondern mehr oder weniger das, was bei der verfassunggebenden Versammlung geschah, die in Irland von 2012 bis 2014 tagte. Und in den USA ist die Kombination aus Entscheidungsvorbereitung einer (von Experten beratenen) repräsentativen Stichprobe und einem nachfolgenden Referendum seit langem als das Oregon-Modell bekannt. Solch ein Verfahren nimmt dem einzelnen Bürger nicht in derselben Weise die Macht wie das Losverfahren (obwohl es einen Vorteil sichert, den schon die alten Athener schätzten, da es viel schwerer ist, zufällig ausgewählte Bürger zu bestechen).

Das Oregon-Experiment (offizielle Bezeichnung: Citizens' Initiative Review) läuft seit 2008: Eine zufällig ausgewählte, aber repräsentative Stichprobe von 20 bis 25 Bürgerinnen und Bürgern hören sich die Argumente von Befürwortern und Gegnern einer bestimmten politischen Maßnahme an, zum Beispiel eine Strafrechts- oder Schulreform (Experten nehmen ebenfalls Stellung) und formulieren dann in bewusst einfach gehaltener Sprache, worin sie die Hauptargumente für bzw. gegen den zur Entscheidung anstehenden Vorschlag sehen. (Für die Sitzungszeiten erhalten sie den Durchschnittslohn als Ausfallgeld – wie gesagt, Demokratie ist nicht kostenlos zu haben.)[37] Das Ergebnis wird als kurzes Dokument mit den erarbeiteten Argumenten an alle Haushalte verschickt – eine Information *für* ganz normale Wähler *von* ganz normalen Wählern, die als »Stellungnahme von Bürgern für« bzw. »Stellungnahme von Bürgern gegen« gekennzeichnet ist. Am Ende entscheiden die Bürgerinnen und Bürger selbst, jedoch mit Hilfe von Überlegungen, die sich »Menschen wie sie« über die zu entscheidende Frage gemacht haben. Dabei folgen sie nicht immer Überlegungen ihres »besser informierten Ichs«, wie manche Demokratietheoretiker dies nennen würden, aber es gibt zahlreiche Indizien dafür, dass die Informationen, auf die sie ihr Urteil stützen, verlässlicher sind als sonst üblich.[38] Und wie bei der Erörterung John Stuart Mills gesehen, darf man auch nicht mehr verlangen, wenn es um höchst umstrittene Fragen geht, zu denen durchaus vernünftige Bürger ganz unterschiedliche Ansichten haben können.

Dabei ist zu bedenken, dass sich *demagogoi* – im neutralen Sinne des Wortes – selbstverständlich auch an Referenden beteiligen; Parteien und Medienkommentatoren werden bestimmte Ansichten vertreten und für sie werben. Einige der Anteilseigner im globalen Demokratieerneuerungsbusiness sehen genau darin das Problem: Für welche rationalen Lösungen zufällig ausgewählte Bürger – verstanden als Repräsentanten unseres besseren, das heißt voll informierten Ichs – sich auch aussprechen würden, wer ein Interesse an einem anderen Ergebnis habe, werde diese Vorschläge torpedieren und versenken.[39] Das kann natürlich geschehen, und es deutet einiges darauf hin, dass manche Parteien und sogar Medien, weil sie eine Schwächung ihrer Macht befürchten, Experimente im Stile des Oregon-Modells grundsätzlich ablehnen. In der Tat kann man fragen: Warum sollten Parteien solchen Verfahren je zustimmen? Denn damit würden sie sich ja immer zumindest ein Stück weit selbst entmachten. Die plausibelste Antwort lautet immer noch, dass gesellschaftlicher Druck zumindest manchmal ausreichen kann, um lottokratische Institutionen ins Leben zu rufen. Irland und Island sind Beispiele dafür. Der Push resultierte hier natürlich aus der Finanzkrise, durch welche die politischen Klassen beider Länder beträchtlich in Misskredit geraten waren (die Gründung der isländischen Besten Partei war eine weitere Folge).

Solche Verfahren haben zudem noch einen Vorteil, der zumindest für einige Parteien attraktiv sein könnte. Wie bei den Gutscheinen bringt die Erfahrung, dass die eigene Stimme in einem Referendum doch Gewicht haben kann, eine positive Dynamik politischen Engagements in Gang.[40] Das geschah offenbar in Irland nach den Referenden über die Abtreibung und die gleichgeschlechtliche Ehe. Vor allem junge Leute – die gewöhnlich am seltensten wählen – schienen die Lektion mitzunehmen, dass auch die Beteiligung an Wahlen zum Oireachtas Éireann, dem irischen Parlament, der Mühe wert sei.[41]

Suizid, um nicht ermordet zu werden?

Man könnte fragen, ob die bisher erzählte Geschichte über demokratische Politik nicht dazu neigt, Neues mit Gutem gleichzusetzen. Offenheit, Zugänglichkeit etc. – wer ist schon gegen so was, zumindest in der Theorie? Doch wer möchte praktisch schon mit einem immer stärker zersplitterten Parteiensystem und zum Beispiel der Ungewissheit leben, die daraus resultiert, dass es 589 Tage lang (wie 2010/2011 in Belgien) keine funktionierende Regierung gibt? Die Fragmentierung der politischen Landschaft ist eine kaum zu übersehende Entwicklung unserer Zeit. Und für einen scharfsinnigen Analytiker wie Przeworski ist sie ein untrügliches Zeichen für eine Krise der Demokratie.[42]

Nun stimmt es zwar, dass Politik vorhersagbarer war, als die Bürger meist in eine mehr oder weniger stabile politische Identität hineingeboren wurden: Arbeiter wählten Sozialisten, Punkt. Doch diese Zeiten sind vorbei, und jedem Anfang wohnt Verwirrung inne. Schattschneider schrieb in Analogie zu Clausewitz' berühmter Bemerkung über den »Nebel des Krieges« vom unvermeidlichen Nebel des politischen Konflikts. Um im Bild zu bleiben: Wenn Gesellschaften sich verändern, wird der Nebel dichter. Das mag das politische Urteil erschweren – man weiß oft nicht, wer wirklich für was steht, wer dauerhaft eine neue Form von Politik umsetzen kann etc. –, ist jedoch nicht notwendig ein Zeichen von Krise oder ein Hinweis darauf, dass Zugang und Offenheit an sich die falschen Standards wären. Das eigentliche Problem dürfte vielmehr die von vielen gepriesene »Stabilität« (inklusive idealisierter Bilder von Volksparteien) sein – denn »stabil« kann auch heißen: Ein Parteiensystem ist unfähig, auf neue Herausforderungen und insbesondere neue Repräsentationsansprüche zu reagieren.

Es gibt allerdings noch eine ganz andere (und gravierendere) Befürchtung hinsichtlich »Offenheit«. Was ist, wenn – simpel gesagt – antidemokratische Akteure das demokratische Spiel nur zum Schein und letztlich mit zerstörerischen Absichten spielen? Eine Antwort lautet: Selbst wenn Antidemokraten an die Macht gelangen, werden ihre Gesetze keinen Bestand haben, solange Gerichte ihre Funktion als judikative Kontrollinstanz der Legislative erfüllen. Und wenn sie nicht an der Macht sind, kann man solche Politiker ohnehin auch strafrechtlich verfolgen. Man denke an den Prozess gegen den niederländischen Rechtspopulisten Geert Wilders, der Hass auf Bürger marokkanischer Abstammung geschürt hatte. (Wilders hatte eine erregte Menge gefragt: »Wollt ihr weniger Marokkaner?« Und als die Menge »weniger, weniger« rief, hatte er geantwortet: »Wir werden uns darum kümmern.«)[43]

Die Sorgen von Demokratieschützern hinsichtlich der so schön klingenden Standards von Zugang und der Offenheit sind damit allerdings nicht vom Tisch. Die obige Antwort übersieht, dass Wahlen nicht nur die Präferenzen der Bürger in einem einzelnen Augenblick zusammenfassen, um zu bestimmen, wer die zukünftige Regierung bilden darf; sie sind auch eine lange Phase politischer Mobilisierung (wie bereits in der Diskussion um den Rhythmus der Demokratie angedeutet).[44] Hier kommt wieder die These hinsichtlich der kreativen Dimension von Repräsentation ins Spiel, wonach Politik die Selbstwahrnehmung der Menschen nicht bloß widerspiegelt, sondern darüber hinaus ein ganz bestimmtes Selbstbild erzeugen kann. Anfang 2016 gab es noch keine »trumpistische Bewegung«. Jahre später sehen sich zahlreiche US-Amerikaner in tiefster Seele als Trumpisten (und werden dies noch tun, wenn Trump die politische Bühne längst verlassen hat; für sie mag der Sturm aufs Kapitol weniger ein abschließender Moment und Beweis sein, dass Trump mit seinem Dominanzanspruch letztlich scheiterte, vielmehr erlauben es die Märtyrer vom 6. Januar der Bewegung, weiter Solidarität durch gemeinsamen Opferstatus zu stiften).

Eine Reihe von Demokratien versuchen bekanntlich, sich wehrhaft zu machen – die Grundidee ist schlicht, dass eine Demokratie Rechte einschränken sollte, um ihre Existenz gegen Parteien (und Einzelpersonen) zu verteidigen, die das politische System zu untergraben trachten.[45] Dabei geht es nicht bloß um die Verfolgung von Akteuren, die zum Mittel der Gewalt oder zu anderen, vom Strafrecht bereits abgedeckten Mitteln greifen. »Militante Demokratien« (wie die übliche englische Übersetzung von »wehrhaft« oder »streitbar« lautet) erlassen vielmehr eine Reihe speziell *politischer* Verbote.

Der Grundgedanke ist keineswegs neu. Im alten Athen gab es das Scherbengericht, bei dem mächtige Personen, die eine Gefahr für die Demokratie darstellten, aus der Stadt verbannt wurden. Entgegen dem gängigen Bild von Mobs, die sich gegen unschuldige Menschen zusammenrotteten, deutet vieles darauf hin, dass es Bürger mit großen finanziellen Ressourcen und rhetorischen Fähigkeiten waren, die als Gefahr angesehen wurden. Gelegentlich mussten Oligarchen die Stadt für ein ganzes Jahrzehnt verlassen. Aus unserer heutigen Sicht vielleicht erstaunlich: Mit der Verbannung war kein Stigma verbunden (und die Verbannten durften nach einer gewissen Zeit zurückkehren). Dagegen bedeutete *atimia* – eine Strafe für tatsächlich begangene politische Vergehen – einen dauerhaften Verlust der Grundrechte.

In jüngerer Vergangenheit zeigt das Beispiel der Weimarer Republik bekanntlich besonders eklatant das Dilemma, ob man die Intoleranten tolerieren muss. Die NSDAP trat bei Wahlen an; als sie an der Macht war, schaffte sie die Demokratie ab. Joseph Goebbels und andere Nationalsozialisten hatten dies vollkommen unverblümt angekündigt. Schon 1928 hatte der spätere Propagandaminister erklärt, die Nazis würden sich einfach aus dem »Waffenarsenal der Demokratie« bedienen. Später brüstete er sich: »Das wird immer einer der besten Witze der Demokratie bleiben, daß sie ihren Todfeinden die Mittel selbst stellte, durch die sie vernichtet wurde.« Und 1940 räumte er freimütig ein: »Man hätte 1925 ein paar von uns in Haft nehmen können, und alles wäre aus und zu Ende gewesen.«[46]

Nach dem Zweiten Weltkrieg schienen die Lehren aus dem Scheitern der Republik klar zu sein: Demokratien sollten legale Instrumente für den Umgang mit existenziellen Bedrohungen durch antidemokratische Akteure besitzen, die das »Waffenarsenal der Demokratie« missbrauchen. Insbesondere sollten sie in der Lage sein, Rechte einzuschränken. In der Praxis bedeutet das bislang in erster Linie, dass Parteien verboten werden (also eine Einschränkung des Vereinigungsrechts), wenngleich auch die Möglichkeit besteht, Verbote gegen einzelne Personen auszusprechen. So sieht Artikel 18 des deutschen Grundgesetzes vor, dass Bürger gewisse politische Grundrechte wie Versammlungsfreiheit und Freiheit der Meinungsäußerung verwirken können. Bislang wurde vier Mal versucht, von dieser Möglichkeit Gebrauch zu machen, allerdings in allen Fällen erfolglos: entweder weil Gerichte zu dem Urteil gelangten, dass die betroffenen Personen keine schwere Gefahr darstellten, oder weil sie bereits wegen strafrechtlich relevanter Taten gewissermaßen aus dem politischen Verkehr gezogen worden waren.

Die militante oder wehrhafte Demokratie wurde vor allem im Westdeutschland der Nachkriegszeit entwickelt (die ursprüngliche Idee, wehrhafte Demokratie ausdrücklich in der Verfassung zu verankern, stammte wahrscheinlich von einem Bediensteten der französischen Besatzungsmacht in Baden).[47] Sie galt als unverzichtbarer Bestandteil des Antitotalitarismus, der Kelsens Zusammenhang zwischen Demokratie und Relativismus explizit ablehnte. Stattdessen wurde die Demokratie mit objektiven und substanziellen Werten, vor allem der Würde des Menschen, gleichgesetzt, die es entschieden zu verteidigen gelte. Eine der sehr willkommenen Nebenwirkungen dieser im Kalten Krieg entwickelten Doktrin bestand darin, dass sie die Schrecken des Kommunismus ins Rampenlicht stellte und die Nazivergangenheit eher im Schatten ließ. Die faktische Nachfolgepartei der NSDAP wurde 1953 verboten, aber weit mehr Aufmerksamkeit erhielt die westdeutsche KPD, die drei Jahre später dasselbe Schicksal ereilte.

Es wäre allerdings falsch, in dieser Militanz ein ausschließlich europäisches Nachkriegsphänomen zu sehen (wie US-amerikanische Verfassungsrechtler dies meist tun). Schließlich verwehrten die US-amerikanischen Nordstaaten Demokraten aus den Südstaaten den Zugang zum Kongress, sofern sie nicht die Reconstruction, also die Abschaffung der Sklaverei und das Ende der Rassendiskriminierung nach dem Sieg der Union Army, klipp und klar akzeptierten. Letztlich beschränkten sie damit Rechte im Namen der Demokratie.[48] Als Franklin Delano Roosevelt den Kongress aufforderte zu untersuchen, ob das von dem Demagogen Huey Long beherrschte Louisiana noch elementaren demokratischen Standards genügte, erwog er die Möglichkeit einer Intervention durch die Bundesregierung. (Long wurde ermordet, bevor die Untersuchung richtig beginnen konnte. Roosevelt machte sich wahrscheinlich nicht nur Sorgen wegen hehrer demokratischer Prinzipien, denn Senator Long dachte daran, selbst für das Präsidentenamt zu kandidieren, und hätte damit Roosevelts Chancen auf seine Wiederwahl geschmälert.)[49] Und als man ab Mitte der 1960er Jahre von den Bundesstaaten im tiefen Süden verlangte, Wahlrechtsänderungen der Bundesregierung zur Genehmigung vorzulegen, war die Logik hinter dem Voting Rights Act auch eine Form von wehrhafter Demokratie: Die Rechte der Bundesstaaten sollten eingeschränkt werden, um die politischen Grundrechte der Afroamerikaner zu schützen. Gewiss, das häufigste Instrument ist das Parteienverbot, und dazu kam es in den USA noch nie. (Die Kommunistische Partei der USA – CPUSA – wurde selbst auf dem Höhepunkt des McCarthyismus niemals wirklich verboten und existiert im Übrigen heute noch.)[50] Dasselbe gilt für Großbritannien, wo die Faschisten in den 1930er Jahren mit politischen Mittel zurückgeschlagen und nicht vom Staat selbst aus dem demokratischen Spiel genommen wurden.

Gelegentlich ist es nicht eine Partei, sondern gleich das ganze politische Spiel, dem ein Ende bereitet wird. Ein unrühmliches Beispiel dafür bot Algerien, wo 1991 eine islamistische Partei die erste Runde der Parlamentswahlen gewann; bevor sie nach der zweiten Runde an die Regierung gekommen wäre, stoppte das Militär das demokratische Verfahren komplett (die Partei hatte unter anderem erklärt: »Der Islam ist Licht …, in der Demokratie herrscht Dunkelheit.«). Der amerikanische Botschafter bekräftigte, sein Land unterstütze das Prinzip »eine Person, eine Stimme«, aber nicht »eine Person, eine Stimme, einmal, und nie wieder«.[51] Hätte er voraussehen können, dass dieser Abschaffung der Demokratie (um …, ja, was eigentlich zu retten – einen säkularen Staat?) ein jahrzehntelanger Bürgerkrieg folgen würde?

Motiviert wird Militanz von dem Gedanken, dass die Demokratie ein besonders risikoreiches politisches System sei – und das größte Risiko immer darin bestehe, dass die Demokratie sich eines schönen Tages selber abschafft. Sie sei, so Sorgenträger, das einzige politische System, das vollkommen legal und legitim beschließen könne, sich selbst ein Ende zu setzen. Nur stimmt das so nicht. In der Theorie könnte ein Monarch oder Diktator ganz allein verfügen, dass seine Herrschaft einer Form von Demokratie weichen solle. Die Beherrschten mögen seinem Wunsch folgen oder nicht, aber diese Ungewissheit – wird der Übergang in ein neues Regime wirklich stattfinden? – besteht jedenfalls auch in einer sich selbst abschaffenden Demokratie. Weniger pedantisch ist da schon der – im zweiten Kapitel ausführlich behandelte – Gedanke, wonach die Mehrheit zulassen muss, dass die Minderheit eines Tages wieder Mehrheit wird. Ein Beschluss von 51 Prozent der Wahlberechtigten, die bislang von allen genossenen politischen Grundrechte abzuschaffen, ist per se nicht demokratisch. Tatsächlich könnte allenfalls ein von 100 Prozent der Wahlberechtigten gebilligter Beschluss, zu einem autoritären System überzugehen, den Gedanken rechtfertigen, dass die Demokratie ein Paradoxon in sich berge (während der Monarch oder Diktator mit seiner Abdankung nichts in sich Widersprüchliches täte). Und ganz seltsamerweise ... fallen einem nicht viele Beispiele für solch einen legitimen Übergang zum Autoritarismus ein.

Kritiker der wehrhaften Demokratie verwerfen den Gedanken, dass die Demokratie eines besonderen Schutzes bedürfe, denn auch völlig. Eine Demokratie, die zu ihrem Selbsterhalt politische Grundrechte beschneide, habe möglicherweise bereits aufgehört, eine Demokratie zu sein. Ja, sogar das Bemühen, die Demokratie zu schützen, füge ihr Schaden zu – man denke nur an die vielen Skandale um den deutschen Verfassungsschutz. Es sei, so Grundsatzkritiker, an sich widersinnig, den politischen Pluralismus um des politischen Pluralismus willen zu beschränken. Und es sei eine Illusion, Feuer mit Feuer bekämpfen zu können. In der Folge werde nur das gesamte Haus der Demokratie niederbrennen.

Hans Kelsen war der Ansicht, als konsequenter Demokrat müsse man es akzeptieren, wenn eine Mehrheit die Demokratie abschaffen wolle. Er verwendete ein anderes Bild als das feurige: »Man muß seiner Fahne treu bleiben, auch wenn das Schiff sinkt«, schrieb er 1932. Der Jurist meinte: »Eine Volksherrschaft kann nicht gegen das Volk bestehen bleiben [...], das heißt, wer für die Demokratie ist, darf sich nicht in den verhängnisvollen Widerspruch verstricken lassen und zur Diktatur greifen, um die Demokratie zu retten.«[52]

Aber vielleicht ist Diktatur nicht die einzige Option. In aller Regel entscheiden Gerichte über die Beschneidung von Rechten, und sie tun dies oft mit großer Vorsicht, da allzu drastische Eingriffe in den politischen Prozess ihre eigene Legitimation gefährden könnten. Der Grund liegt auf der Hand: Die Gerichte gelten zumindest in der Theorie als unparteiische Hüter der Regeln des demokratischen Spiels.[53] Dass die Realität oft eine andere ist (Gerichte stehen selten gänzlich über der Politik und folgen gewöhnlich mit einiger Verzögerung dem Wandel einer politischen Kultur), könnten Verteidiger der Gerichte als zentraler Akteure in der wehrhaften Demokratie durchaus einräumen. Sie würden jedoch auch daran erinnern, dass für die Judikative bei allen Verfehlungen eines Ideals zeitloser Gerechtigkeit wohl nicht der perverse – politischen Parteien vielfach nachgesagte – Anreiz besteht, durch den Einsatz militanter Maßnahmen andere Spieler aus dem demokratischen Spiel zu werfen. Außerdem dürften Richterinnen und Richter kaum den Versuch unternehmen, bei Wählern dadurch zu punkten, dass sie verwundbare Minderheiten angreifen.

Man denke an die Auflösung der Kommunistischen Partei Australiens, eine Maßnahme, die 1950 im Communist Party Dissolution Act mit der Behauptung begründet wurde, sie sei »notwendig für die Sicherheit und den Schutz Australiens und für die Durchführung und Erhaltung der Verfassung und der Gesetze des Commonwealth«.[54] Das Gesetz fand in Meinungsumfragen überwältigende Zustimmung (gut 80 Prozent), wurde letztlich jedoch vom Obersten Gerichtshof für ungültig erklärt. Als Hauptgrund nannte das Gericht, das Parlament habe seine Kompetenzen überschritten. Darüber hinaus verbanden die Richter ihre Ablehnung mit einer allgemeinen Warnung: »Die Geschichte und nicht nur die der Antike zeigt, dass in Ländern, in denen demokratische Institutionen in verfassungswidriger Weise unterdrückt wurden, dies nicht selten durch die Inhaber der exekutiven Gewalt geschah. Staatsformen können des Schutzes vor Gefahren bedürfen, die möglicherweise aus den zu schützenden Institutionen erwachsen.«[55]

Dennoch fällt in einer Reihe wehrhafter Demokratien politischen Parteien eine entscheidende Rolle innerhalb eines Prozesses zu, der eine gewisse Ähnlichkeit zu einer Art Peer Review besitzt – also Einschätzung durch Institutionen oder Individuen, die grosso modo einander ähnlich und vergleichbar sind. Deutschland ist ein Beispiel. Nur die Regierung, der Bundestag oder die Landesregierungen – die sämtlich von Parteien gestellt bzw. kontrolliert werden – dürfen ein Verfahren zum Verbot einer politischen Partei in die Wege leiten, falls der Schutz der Demokratie dies gebietet. Das Bundesverfassungsgericht kann nicht von sich aus tätig werden und bestimmen, dass eine Partei überwacht oder gegebenenfalls verboten werden soll. Das hat etwas mit dem zu tun, was man die normative Grundstruktur der »wehrhaften Demokratie« nennen könnte. Im einschlägigen Artikel des Grundgesetzes heißt es, dass verfassungsfeindliche Parteien verboten werden *können*, nicht, dass sie verboten werden *müssen*. So gibt es denn keinen von der Parteipolitik vollkommen losgelösten Akteur (eine unabhängige Expertenkommission etwa oder eine ganz eigenständige politische Staatsanwaltschaft), der von sich aus gegen eine politische Vereinigung vorgehen könnte. Letztlich sind also die Parteien – als *peers* – aufgefordert, darüber zu urteilen, ob eine andere

Partei, die unter dem Verdacht steht, die Demokratie zu gefährden, in ausreichendem Maße *wie sie* ist oder nicht, also konkret: ob zwischen ihnen ein ungefährer Konsens hinsichtlich grundlegender demokratischer Prinzipien besteht – »ungefähr«, weil Peer Review nie hundert Prozent präzise sein, sondern nur Familienähnlichkeiten indizieren kann. Es liegt auf der Hand, dass ein Parteienkartell solch ein System missbrauchen und missliebige neue Akteure in der Parteipolitik schikanieren oder gar ganz ausschalten könnte.

Ein Grund jedoch, weshalb Parteien die wehrhafte Demokratie nicht so ohne Weiteres instrumentalisieren werden, besteht darin, dass sie auf ihr eigenes Bild in der Öffentlichkeit achten müssen. Hier geht es nicht nur um den Extremfall: Parteien, die bereits zu groß geworden sind, lassen sich nur schwer verbieten, ohne dass die Gefahr eines Bürgerkriegs entsteht. Selbst eine Häufung von Verboten kleinerer Parteien könnte von den Bürgern als systematischer Versuch gewertet werden, das politische System gegen Konkurrenz abzuschotten.

Auch wenn die etablierten Parteien nicht in unlauterer Absicht agieren, könnten die Bürger den Eindruck gewinnen, die Parteien besäßen nicht mehr genug Selbstvertrauen, die als Bedrohung empfundenen Konkurrenten an den Wahlurnen zu besiegen – mit der möglichen Folge, dass die Unterstützung der Bürger für das demokratische System insgesamt litte. Der Schutz der Demokratie durch eine Beschneidung von Rechten wirkt dann gleichsam wie Defätismus – ganz so, als seien die älteren Parteien derart überzeugt, die neuen würden das gesamte politische System kapern, dass ihnen Repression als die einzig mögliche Reaktion erscheint. Das Problem verschärft sich natürlich noch, wenn es verbotenen Akteuren gelingt, sich als politische Märtyrer zu stilisieren (eine Rolle, die Erdoğan meisterhaft spielte, als die Wohlfahrtspartei in der Türkei verboten wurde, weil sie angeblich plante, den Rechtsstaat zu untergraben). Und das gilt umso mehr, wenn sie Wege finden, unter einem neuen Parteinamen an die Wahlurnen zurückzukehren (wie

Erdoğan dies mit seiner AKP, der Partei für Gerechtigkeit und Fortschritt, tat).

Statt jede Partei, die zu einer Gefahr für das System werden könnte, ohne Umschweife – also mit einem gewissen Automatismus – zu verbieten, könnte man also auf Peer Review vertrauen und einen *Ermessensspielraum* vorsehen.[56] Statt jede möglicherweise problematische Vereinigung gleich zu verfolgen, könnte man abwarten und sehen, wie eine Partei sich entwickelt, um dann zu entscheiden, wie groß die Gefahr tatsächlich ist, die von ihr für das politische System als ganzes ausgeht. Solch ein Ermessensspielraum ist gegenwärtig in den Impeachment-Prozess in den USA (und entsprechende Verfahren in anderen Ländern) eingebaut: Es gibt keine Verpflichtung, ein Amtsenthebungsverfahren einzuleiten, und es bleibt anderen Politikern – nicht Richtern – vorbehalten, darüber zu entscheiden, ob ein Präsident »schwere Verbrechen oder Vergehen« begangen hat, und vor allem, ob sein (oder, eines Tages, hoffentlich: ihr) Verhalten dem Kongress Grund zu der Annahme gibt, er oder sie werde in Zukunft die Republik gefährden.[57] Dass das Nachteile birgt, hat sich bekanntlich 2020 noch einmal gezeigt: Wenn die Senatoren sich nicht als unabhängige Juroren, sondern als Parteisoldaten verstehen, konnte sogar ein Trump triumphal auf seinen Freispruch verweisen (und sich in seinen Mafia-Methoden bestätigt sehen – wobei er diese auch prompt wieder anwandte, um die Wahl 2020 zu seinen Gunsten zu manipulieren).

Eine weitere Alternative zu drakonischen, die Demokratie unter Umständen selber schädigenden Verboten besteht darin, Anreize für Mäßigung zu setzen. Eine demokratische Partei könnte strikte Voraussetzungen formulieren, unter denen sie eine Koalition mit Parteien, die zumindest bei einigen Beobachtern unter dem Verdacht des Extremismus stehen, überhaupt einginge. Ein Beispiel wären hier die österreichischen Sozialdemokraten, die einen »Kriterienkatalog« entwickelten und erklärten, sie seien offen für Gespräche mit jeder Partei, die diese Kriterien erfülle. Mit diesem Schachzug wollten sie offensichtlich erreichen, dass die rechtspopulistische FPÖ sich wandelte (bald darauf ging die FPÖ eine Koalition mit den Christdemokraten ein und musste keinerlei Kriterien erfüllen, bevor sie in die Regierung eintrat).

Gibt es also überhaupt ein brauchbares Kriterium für Verbote? Die plausibelste Antwort lautet: Politische Vereinigungen, die zum Zweck der politischen Mobilisierung anderen *systematisch* die Stellung als freie und gleiche Mitglieder des politischen Gemeinwesens verweigern, sind in der Tat Kandidaten für ein Verbot.[58] Parteien sind etwas anderes als Einzelpersonen. Ob Letztere eine über soziale Sanktionen hinausgehende Bestrafung erhalten sollten, ist eine Frage, über die vernünftige Bürger unterschiedlicher Meinung sein können.[59] Es ist eine Sache, wenn jemand auf dem Wahlkampfpodium oder auch auf Twitter andere Menschen verunglimpft. Es ist jedoch etwas anderes, eine Partei zu gründen, deren Ziel es ist, die Macht im Staate zu erringen, um solche Verunglimpfung systematisch in die Praxis umzusetzen. Das ist die in den beiden vorigen Kapiteln bereits angesprochene harte Grenze bei Konflikten über die »Volkszugehörigkeit«. »Systematisch« heißt allerdings nicht nur Gründung von Parteien. Man denke an die White Supremacists, die in Leith, einer Kleinstadt – eigentlich nur eine Ansammlung von Häusern – in North Dakota, Grundstücke aufkauften, um den Ort zu einem Vorbild für »Rassereinheit« zu machen.[60] Der Anführer der U. S. National Socialist Movement (sic!) beehrte den Ort mit einem Besuch, Bürger aus anderen Teilen des Landes protestierten, und der Planer dieser Nazi-Utopie wurde schließlich wegen Terrorisierung der Stadt verurteilt. Doch damit war die Geschichte noch nicht zu Ende: In seiner Verzweiflung versuchte der Bürgermeister, die Stadt formell aufzulösen, um weitere Versuche einer Art feindlichen Übernahme des entvölkerten Ortes zu verhindern.

Diese Geschichte illustriert einmal mehr, wie schwierig es sein kann, die Gefahren für die Demokratie einzuschätzen. Weder in

Deutschland, wo Versuche, die NPD zu verbieten, 2002 und 2017 scheiterten, noch in den USA scheinen *offen* rassistische Parteien eine Chance zu haben, die Macht auf Bundesebene zu übernehmen. Deshalb erklärte das deutsche Bundesverfassungsgericht 2017 die NPD zwar zu einer »verfassungsfeindlichen Partei«, machte aber auch deutlich, dass sie eine allzu unbedeutende Gefahr für die Demokratie insgesamt sei, um ein Verbot zu rechtfertigen. (Das Gericht eröffnete allerdings die schließlich auch vom Gesetzgeber ergriffene Möglichkeit, die Partei von der staatlichen Parteienfinanzierung auszuschließen – was die interessante Frage aufwirft, ob solch eine Partei in dem oben beschriebenen System Gutscheine annehmen dürfte.)

Aber was ist, wenn es kleinen Parteien gelingt, Bürger auf lokaler Ebene zu terrorisieren? Falls dagegen nichts unternommen wird, weil es sich nicht um ein nationales Problem handelt, lautet offenbar die Botschaft, die diese Bürger dann de facto vom demokratischen Staat erhalten: »Das ist letztlich akzeptabel für das Gemeinwesen.« Natürlich kann der Staat auf Antidemokraten auch reagieren, ohne deren Rechte einzuschränken. Es gibt noch andere Möglichkeiten als Schweigen, scheinbare Ausgewogenheit (Trumps Bemerkung zu »prima Leuten« auf beiden Seiten der Auseinandersetzungen in Charlottesville 2017) oder Verbieten: Ein Staat kann seine symbolische Selbstdarstellung spezifisch auf eine Affirmation demokratischer Prinzipien ausrichten – und zum Beispiel Gedenktage für Martin Luther King oder für die Befreiung aus der Sklaverei einführen; er kann die politische Bildung fördern; ranghohe Staatsvertreter können sogar explizit vor gesellschaftlichen Strömungen warnen.[61] Nur: Zumindest in Ländern, in denen Parteiverbote erlaubt sind, können der Demokratiezerstörung verdächtigte Gruppen den Regierenden dann auch Heuchelei vorwerfen, mit Argumenten wie: »Warum verbietet ihr uns nicht, wenn wir wirklich so schlimm sind? Und wenn ihr uns nicht verbietet, dann verstoßt nicht gegen den eigenen Grundsatz der Chancengleichheit für alle Bewerber, indem ihr die Macht des Staates einsetzt, um uns in den Augen der Öffentlichkeit zu diskreditieren.«

Diese Einwände können durchaus berechtigt sein. Auch ist der Eindruck, hier würden die Schlachten von gestern – das heißt des 20. Jahrhunderts – geschlagen, nicht ganz von der Hand zu weisen. Die ersten Theoretiker der wehrhaften Demokratie gingen Mitte des vergangenen Jahrhunderts davon aus, dass Parteien in ihren Programmen völlig ungeniert Gewalt und Unterdrückung von Teilen der Bevölkerung ankündigen würden. Doch wer gibt sich heute noch so eine Blöße? Wir leben nicht mehr in Weimar. Gewiss, Rechtspopulisten geben zu verstehen, dass manche Bürger nicht zum »wahren Volk« gehören, aber dabei achten sie meist penibel auf ihre Wortwahl (man erinnere sich an Trumps Ausspruch: »und ich nehme an, einige sind gute Leute« – wodurch sein Rassismus zwar nicht wirklich zurückgenommen wurde, er sich aber doch ein rhetorisches Schlupfloch verschaffte). Der Tod, den Demokratien heute sterben können, wird normalerweise nicht angekündigt (Trumps Wahlbetrug 2020 mit Vorankündigung sowie seine Aufhetzung seiner Bewegung 2020/21 sind die Ausnahme, nicht die Regel). Gewiefte Antidemokraten schreiben nicht schon vorher alles in Programmen auf – sie setzen vielmehr auf die geschickt kaschierte Vereinnahmung unabhängiger Hüter der Demokratie wie der Gerichte, der Kontrollinstanzen innerhalb der Bürokratie oder der Wahlkommissionen – alles Wege, den politischen Prozesses systematisch in Richtung einer Verringerung der institutionalisierten Ungewissheit umzubauen, ohne jemals offiziell Statements gegen die Demokratie als solche abgeben zu müssen.[62] Zu nennen wären hier auch Trumps faktischer Rachefeldzug gegen alle Generalinspekteure, die den korrupten Charakter seiner Administration hätten aufdecken können, oder sein Bruch mit der Tradition, die Federal Election Commission jeweils paarweise mit Experten aus den beiden großen Parteien zu besetzen, wodurch er seiner Partei in diesem äußerst wichtigen Kontrollorgan eine Mehrheit verschaffte (es brachte am Ende nichts – aber es war für jemanden, der sich in rechtspopulistischer Regierungskunst übt, das angeratene Handeln).[63]

Der im ersten Kapitel erörterte Einfluss von Oligarchen kann sowohl Ursache als auch Folge solch einer Manipulation des demokratischen Spiels sein. Die Oligarchie stand zwar nicht im ursprünglichen Fokus der wehrhaften Demokratie, doch Gerichte, Ombudsleute sowie politische Parteien sind auf diesem Gebiet durchaus nicht machtlos. Es ist selten gerechtfertigt, gewöhnlichen Bürgern Rechte zu entziehen, aber es kann durchaus sinnvoll sein, mächtige Akteure – wie Oligarchen – aus dem demokratischen Spiel auszuschließen, wenn sie systematisch gegen dessen Regeln verstoßen. Immerhin begingen Figuren wie Berlusconi oder Trump nicht nur einmalige, unglückliche Fehler (schließlich konnten sie sich als selbst deklarierte Außenseiter mit Business-Background immer darauf rausreden, sie müssten das Spiel erst mal richtig lernen). Im Gegenteil, sie versuchten immer wieder, sich über die Spielregeln hinwegzusetzen (was letztlich zu Trumps Impeachments führte, einem legitimen politischen Vorhaben, das gar keinen Beweis tatsächlichen strafbaren Verhaltens erfordert). Ob man derartige Figuren permanent aus dem Spiel nehmen sollte, ist eine normativ – und praktisch – komplizierte Frage: Schließlich basiert die Demokratie, wie oben ausführlich dargelegt, auf dem Gedanken, dass niemand politisch unverbesserlich ist und jeder seine Meinung auch ändern kann. Silvio Berlusconi wurde nach vielen Jahren in der Politik (in denen er Immunität genoss) schließlich wegen Steuerhinterziehung verurteilt. Nachdem er Sozialdienst abgeleistet hatte, wurde der mehr oder weniger rehabilitierte Cavaliere ins Europäische Parlament gewählt. Ob er ein ganz anderer Mensch, vielleicht gar ein lupenreiner Demokrat im nicht-Schröder'schen Sinne geworden war – wer weiß. Dass Trump, der selbst nach seinem Aufruf, das Kapitol zu stürmen, keinerlei Einsicht zeigte, ein guter Kandidat für einen dauerhaften Ausschluss aus dem demokratischen Spiel wäre, ist da schon um einiges klarer.

Bekanntlich haben Verfassungsgerichte für gewöhnlich auch die Aufgabe, die Integrität des politischen Prozesses zu schützen. Wenn ein Gericht ein Gesetz für ungültig erklärt, versucht es womöglich bloß, einer mangelnden Beratung in der gesetzgebenden Körperschaft abzuhelfen, der Opposition ausreichend Gehör zu verschaffen oder dergleichen. Mit anderen Worten, es geht um Verfahren, nicht um eine substanzielle Verfehlung, welche das Gericht der Legislative vorwirft. Gelegentlich beabsichtigen Gerichte auch, ein Machtungleichgewicht zurechtzurücken. So stärkte das südafrikanische Verfassungsgericht systematisch die Nationalversammlung, als es Präsident Jacob Zuma der Korruption für schuldig befand.

Das scheinen indessen lediglich Ausnahmen von der Regel zu sein. In Wirklichkeit stürzte Zuma über Abtrünnige innerhalb des ANC (die sich darüber empörten, dass seine Korruption so unverfroren und offensichtlich war). Angehende Autokraten haben, wie bereits diskutiert, inzwischen einiges Geschick entwickelt, Verfahren einzuhalten und Gesetze zu verabschieden, die formal korrekt erscheinen (oder sich sogar am Vorbild über jeden Verdacht erhabener Demokratien wie der skandinavischen orientieren).[64] Ihre eigentliche – und beabsichtigte – Wirkung ist es jedoch, Ungewissheit aus dem politischen Spiel zu nehmen. Solche Strategien können sogar bei verbreitetem Widerstand im Volk funktionieren. Als die Partei für Recht und Gerechtigkeit den polnischen Verfassungsgerichtshof (und dann den Obersten Gerichtshof) zu übernehmen versuchte, gingen Bürger auf die Straße und projizierten »Unser Gerichtshof« auf die Fassade des Gerichtsgebäudes. Sie hörten sich nicht nur Klaviermusik von Chopin an, sondern sangen neben der Nationalhymne auch die Verfassung (wobei 55 Sänger die verschiedenen Artikel intonierten).[65] In Indien verlas man die Präambel der Verfassung bei Protestaktionen gegen Modis neues restriktives Staatsbürgerschaftsgesetz; Aufzeichnungen davon wurden auf Twitter, YouTube und TikTok geteilt. Doch weder das Singen noch die »TikTokisierung« der Verfassung zeigten (zumindest bislang) Wirkung.[66]

Wenn nicht einmal massenhaft und kreativ mobilisierte Bürgerinnen und Bürger die Demokratie retten können, wer dann? Aber vielleicht sollte man auch hier die Hoffnung auf die vermeintlich »kleinen Leute« nicht so schnell aufgeben.

Und wenn alles nichts hilft? Demokratischer Ungehorsam

Die Bürger (aber auch Privatunternehmen wie Twitter) können immer noch einiges unternehmen, was eigentlich Aufgabe der Politiker wäre, nämlich autoritäre Populisten zwingen, bei Debatten um die Zugehörigkeit zum Volk besagte harte Grenze nicht zu überschreiten, oder zumindest dem Publikum verdeutlichen, was an diesen antipluralistisch agierenden Figuren in der Demokratie so gefährlich ist. Und die sogenannten einfachen Leute können wiederum Wege finden, die Schranken zu umgehen, mit denen rechtsgerichtete Medien alle anderen Stimmen abschotten, etwa indem sie sich direkt an andere Menschen wenden: auf der Straße, auf Plätzen, ja sogar in deren Zuhause. Natürlich sollte man nicht blauäugig hinsichtlich solcher Begegnungen sein. Sozialwissenschaftler äußern sich lange schon skeptisch über die Kontakthypothese (wonach die direkte Begegnung mit Menschen, gegen die man Vorurteile hegt, das beste Mittel sei, Letztere abzubauen).

Deswegen darf man auch an Drastischeres denken. Angesichts des weltweit zunehmenden Autoritarismus ist oft von »Widerstand« die Rede, nicht zuletzt in den USA (wobei ein Großteil allenfalls als Widerstandskitsch bezeichnet werden kann). »Widerstand« ist erst einmal ein weiter Begriff. Er kann die reguläre Arbeit der Mobilisierung von Oppositionskandidaten umfassen, aber auch auf die existenziellen Gefahren anspielen, die einst Menschen auf sich nahmen, als sie in den Untergrund gingen, um gegen die Nazibesatzung beispielsweise in Frankreich zu kämpfen (und, das sollte man doch immer dazusagen, die Linke hat den Widerstand nicht für sich gepachtet: Die Erstürmung des Kapitols 2021 wurde zur Neuauflage von »1776« deklariert).[67]

Unbestimmtheit der Begriffe mag hilfreich sein, wenn man so viele Bürger wie möglich ansprechen möchte. Aber sie kann natürlich auch das eigene Nachdenken über das vernebeln, was man da eigentlich tut oder letztlich erreichen möchte. Eine präzisere Alternative zu »Widerstand« ist »ziviler Ungehorsam«. Zumindest in der Theorie sollte ziviler Ungehorsam eine wirkungsvolle Waffe gegen autoritäre Populisten sein.[68] Hier gibt es jedoch zwei Probleme. Das eine hat mit einem weitverbreiteten Missverständnis hinsichtlich zivilen Ungehorsams zu tun; das andere, sehr viel ernstere, betrifft strukturelle Veränderungen, die in diesem Buch bereits diskutiert worden sind, denn eine systematische Verzerrung von Öffentlichkeit beeinflusst auch die Möglichkeiten politischen Protests.

Die als klassisch geltende Definition zivilen Ungehorsams formulierte der amerikanische Philosoph John Rawls Anfang der 1970er Jahre. Demnach bedeutet ziviler Ungehorsam offenen Rechtsbruch – aber natürlich nicht jeden beliebigen: Er müsse bewusst, gewaltlos und vor allem darauf ausgerichtet sein, die Mitbürger davon zu überzeugen, dass ein bestimmtes Gesetz dringend geändert werden müsse, weil es ein ernsthaftes Unrecht, insbesondere eine Verletzung von Grundrechten, darstelle. Rawls war auch der Ansicht, dass Gesetzesbrecher bereit sein müssten, eine Strafe für ihre Tat zu akzeptieren. Sie sollten aktiv »Treue gegenüber dem Recht« als ganzem demonstrieren (vorausgesetzt, eine Gesellschaft und ihre Institutionen wären »annähernd gerecht«, wie Rawls sehr vorsichtig formulierte).

Heute werden selbst Proteste, die gegen keine Gesetze verstoßen, oft kritisiert, weil sie »unzivil« – im Sinne von »staatsbürgerlich verantwortungslos« – seien, angeblich den »bürgerlichen Anstand« verletzten oder irgendwie die Spaltung in einer bereits polarisierten Gesellschaft noch vertieften. Als Bürger bei den Anhörungen des für den Obersten Gerichtshof nominierten Richters Brett Kavanaugh im Herbst 2018 sowohl innerhalb des Kapitols in Washington, D. C., als auch davor Politiker zur Rede stellten, wurden sie als »Mob« beschimpft (wobei »Mob« bekanntlich ein wertender Begriff ist und oft genug gedankenlos für jede Ansammlung gebraucht wird, deren politische Einstellungen man nicht teilt; Marx und Hannah Arendt, die wirklich eine Theorie des Mobs hatten, sind die Ausnahmen. Bei der Erstürmung des Kapitols im Januar 2020 sollte man präziser von Terroristen, Aufrührern etc. sprechen). Die Black-Lives-Matter-Bewegung wurde gerügt, weil sie angeblich allzu aggressiv und spalterisch sei. Demonstranten, die in Budapest lautstark gegen die Regierung protestierten, mussten sich von Seiten des Regimes anhören, sie seien »liberale Anarchisten«.

Hier besteht die Gefahr, das »zivil« in »zivilem Ungehorsam« mit zivilem Verhalten im Sinne von Höflichkeit oder Wohlanständigkeit zu verwechseln. Gewiss, Rawls erinnerte an Martin Luther King, Jr., der betont hatte, dass ziviler Ungehorsam den »allergrößten Respekt vor dem Recht« zum Ausdruck bringen solle. Anders gesagt, man müsse an die dem Recht zugrunde liegenden Gerechtigkeitsprinzipien appellieren und das Recht so brechen, dass das politische Zusammenleben mit den Mitbürgern in Zukunft nicht unmöglich werde. King schrieb sogar, der Ungehorsam gegenüber den Gesetzen solle »liebevoll« sein.

Dieser Aufruf zur Liebe hatte indessen nichts Kitschig-Weichliches und bedeutete keineswegs, dass der Ungehorsam nicht kämpferisch sein durfte oder die Gesetzesbrüche um Gottes willen niemanden empören sollten. Angesichts eklatanten Unrechts nicht wütend zu sein könnte beim Publikum den Eindruck entstehen lassen, es gäbe da nichts, bei dem man Wut empfinden könne. Wut ist keine jenseits von Gründen angesiedelte Leidenschaft, kein emotionaler Ausbruch, sodass man manche immer gleich als »Wutbürger« abqualifizieren kann. Es ist schon grundsätzlich falsch, wie es heutige Kritiker »linker Identitätspolitik« à la Bernd Stegemann gern tun, »Wutpolitik« als per se illegitim zu diskreditieren. Es kommt nämlich darauf an, *warum* jemand (oder eine ganze Klasse, zum Beispiel das, was Stegemann wohl auch »Arbeiterklasse« nennen würde) überhaupt Wut empfindet. Wut hat sehr wohl ihre Gründe, zum Beispiel den Eindruck, dass man in einer Demokratie unfair behandelt und einem jegliches Gehör systematisch verwehrt wird.[69]

Laut einer politisch entschärften, sentimentalen Version der Geschichte der US-amerikanischen Bürgerrechtsbewegung reichten in den 1950er und 1960er Jahren Appelle an uramerikanische Prinzipien der Freiheit und Gleichheit aus, um die Weißen zu überzeugen, dass es doch eine famose Idee sei, die Rassentrennung ein für alle Mal abzuschaffen. In Wirklichkeit agierte die Bewegung äußerst strategisch und suchte die Konfrontation mit Polizei und Verfechtern der White Supremacy – eine Konfrontation, die unvermeidlich in Gewalt enden musste. Diese Zusammenstöße erzeugten Bilder weißer Brutalität, die zumindest einige Bürger veranlassten, ihre bedingungslose Unterstützung für die Rassentrennung und generell für »Recht und Ordnung« (unter Missachtung demokratischer Grundprinzipien) zu überdenken.

Wie die Sozialwissenschaftlerinnen Erica Chenoweth und Maria Stephan gezeigt haben, waren diese gewaltlosen, aber dennoch harten und auf Konfrontation ausgerichteten Strategien bemerkenswert erfolgreich. In einer Studie, die einen Zeitraum von mehr als einem Jahrhundert in den Blick nimmt, wiesen sie nach, dass der von ihnen so genannte »zivile Widerstand« doppelt so große Chancen hatte, seine ausgewiesenen Ziele zu erreichen, als gewalttätige Alternativen. Ihren Erhebungen zufolge kann die nachhaltige Beteiligung von lediglich 3,5 Prozent der Bevölkerung ausreichen, um einen fundamentalen politischen Wandel herbeizuführen.[70]

Die Geschichte der Bürgerrechtsbewegung in den USA verweist

jedoch auch auf ein neues Problem in unserer Zeit. Rawls, King, auch Habermas hielten es für relativ selbstverständlich, dass der Appell an Prinzipien der Gerechtigkeit eine Mehrheit der Bürger mehr oder weniger unverzerrt erreichte. In einigen der in diesem Buch erörterten Ländern ist die Öffentlichkeit inzwischen allerdings derart zersplittert, dass man kaum noch wie King von einer »nationalen öffentlichen Meinung« sprechen kann. Und unter diesen Bedingungen ist es keineswegs leicht, an ein, wie Rawls sagte, »öffentliches Gerechtigkeitsgefühl« zu appellieren. Wo die autoritär-populistische Regierungskunst bereits praktiziert wird, werden solche Appelle entweder zum Schweigen gebracht oder – wahrscheinlicher noch – massiv entstellt, beiseitegeschoben oder, drastisch ausgedrückt, in Infofäkalien ertränkt, im Einklang mit Bannons Strategie, den ganzen Raum mit Scheiße zu fluten.[71]

Was können Menschen, die zivilen Ungehorsam praktizieren wollen, nun aus diesem Exkurs *back to basics* schlussfolgern? Sie sollten nicht in die Falle der guten Manieren tappen. Kontrollierter Rechtsbruch oder auch die Missachtung bestehender Regeln sind keineswegs dasselbe wie Anarchie oder irgendwie illegitime »Spalterei« der Gesellschaft. Als Oppositionspolitiker die Arbeit des ungarischen Parlaments störten, indem sie pfiffen und den Zugang zum Rednerpult versperrten (und vor Orbáns Gesicht mit ihren Handys herumwedelten), warf man ihnen sogleich vor, sie versuchten einen Staatsstreich.[72] In Wirklichkeit wollten sie damit nur verdeutlichen, dass ihre Nationalversammlung – angesichts zahlreicher Unregelmäßigkeiten im Verfahren und vielfältiger Umgestaltungen der Regeln zugunsten der Regierung – keine normale demokratische Legislative mehr war. Sie verwiesen weniger auf ein bestimmtes Unrecht als auf ein grundlegendes Problem mit dem demokratischen Prozess.[73] Tatsächlich könnte man sie als sich wehrende Demokraten begreifen, die als Einzelpersonen wehrhaft eingriffen, nachdem die mit dem Schutz institutionalisierter Ungewissheit betrauten Institutionen gekapert und kaltgestellt worden waren, oder die, mit Thoreau zu sprechen, »Gegenreibung« erzeugten, »um die Maschine zum Stillstand zu bringen«. Diese Art Widerstand ist natürlich riskant. Man läuft stets Gefahr, einfach als schlechter Verlierer zu erscheinen (und es gibt ja auch wirklich schlechte Verlierer wie die Trumpisten 2020/21). Manche Verfassungen – wie das Grundgesetz – sehen jedoch ausdrücklich ein Recht auf Widerstand vor, wenn es um die Verteidigung der Demokratie geht: gewissermaßen als letztes, individuelles Mittel der wehrhaften Demokratie, falls alle anderen versagen.[74]

Der Ungehorsam muss Wege finden, mit dem strukturellen Problem einer zersplitterten Öffentlichkeit oder – weniger höflich gesagt – einer hochgradig vergifteten gesellschaftlichen Atmosphäre umzugehen. Manchmal aber ist es ihm vielleicht möglich, die Barrieren zu umgehen. Wenn das Fernsehen nicht über die Revolution berichtet (um auf den berühmten Song von Gil Scott-Heron *The revolution will not be televised* anzuspielen), kann der Ungehorsam auf Livestreams ausweichen (Beispiele dafür wären das unabhängige Medienkollektiv Unicorn Riot während der US-amerikanischen Proteste 2020 gegen die Polizeigewalt oder der – von einem, wie er sich selbst nannte, »digitalen Nomaden« gegründete – Nexta-Channel auf dem Messengerdienst Telegram, der 2020 in Weißrussland bei den Demonstrationen gegen Lukaschenko eingesetzt wurde). Das gelingt jedoch nicht immer. Und damit ist man wieder bei der Diskussion über vermittelnde Institutionen: Wenn diese nicht zugänglich, autonom und einschätzbar sind, haben Störversuche (und ihre möglichst unverzerrte Darstellung) klar geringere Erfolgsaussichten – offenbar ein Teufelskreis.

Diese Schwierigkeiten suggerieren allerdings auch eine Antwort auf die Frage, warum denn unbedingt Gesetze gebrochen werden müssen. Wenn es nur um öffentliche Aufmerksamkeit ginge, gäbe es wohl immer andere Möglichkeiten – etwa Demonstrationen gegen die extreme Rechte wie im September 2018 in Chemnitz, deren Slogan schlicht lautete: »Wir sind mehr!«[75] Und wenn das Ziel lediglich darin bestünde, die Glaubwürdigkeit des eigenen Engagements zu unterstreichen oder auf Probleme des demokratischen Prozesses hinzuweisen, die dringend einer Lösung bedürfen, wäre nicht klar, ob eine Mehrheit, die mit den vorgebrachten Argumenten nicht zu überzeugen ist, sich durch die Bereitschaft umstimmen ließe, für den Rechtsbruch ins Gefängnis zu gehen.

Vor einer besonderen Herausforderung stehen jene, die einen spezifisch *demokratischen Ungehorsam* praktizieren, das heißt, die nicht die Verletzung von Grundrechten oder fundamentalen Gerechtigkeitsprinzipien anprangern, sondern signalisieren wollen, dass der politische Prozess ins Stocken geraten ist (oder bewusst blockiert wird). Ein Beispiel wären jene Demonstranten, die nicht grundsätzlich bestritten, dass Demokratien einen Krieg erklären und junge Leute zum Kriegsdienst einziehen dürfen, allerdings der Ansicht waren, dass der Vietnamkrieg niemals demokratisch korrekt autorisiert (oder auch nur debattiert) worden war. Natürlich sind solche Blockaden wahrscheinlicher, wenn eine demokratische Infrastruktur bereits marode ist. Man denke nur an Kartellparteien und deren Selbstabschließung von der Gesellschaft.

Zum Gesetzesbruch bereite Verteidiger des demokratischen Prozesses müssen sich allerdings immer fragen, unter welchen Bedingungen sie eine Niederlage in zentralen politischen Fragen eingestehen und damit auch einräumen würden, dass ihre Kritik am demokratischen Prozess bei anderen Bürgern letztlich kein Gehör findet. Dass ich Gesetze, die ich für richtig halte, nicht durchsetzen kann, ist noch kein hinreichender Grund für Ungehorsam (und eine solche Haltung wäre das Ende jeglicher demokratischer Autorität – denn Autorität heißt ja, dass ich nicht allem persönlich immer zustimme und mich trotzdem an demokratisch beschlossene Gesetze halte). Es müssen Gründe hinzukommen, die es Verlierern – wegen systematischer Verzerrungen des politischen Prozesses und mangels eines hinreichenden Engagements der Bürger – unmöglich machen, bestimmten politischen Ergebnissen guten

Gewissens zuzustimmen und sich zumindest indirekt als Urheber einer kollektiven Entscheidung zu verstehen (um zu der Erörterung im zweiten Kapitel zurückzukehren).[76] Wenn stets dieselben Menschen Opfer bringen, um den Zusammenhalt eines politischen Gemeinwesens sicherzustellen, ist das ein starkes Indiz dafür, dass etwas grundsätzlich nicht stimmt. Als man erklärte, Black Lives Matter sei »nicht die Bürgerrechtsbewegung unserer Großeltern«, wollte man auch verdeutlichen, dass es trotz der im internationalen Vergleich scheinbar hochentwickelten Antidiskriminierungsgesetze in den USA weiterhin systematischen Rassismus gibt.

Damit bleibt eine Grauzone, in der zwar keine Rechtsbrüche, aber eindeutig »unzivile« Formen der Konfrontation gewählt werden, um das Denken eines Publikums zu verändern, das Auseinandersetzungen zwischen Bürgern und Akteuren beobachtet, die in der einen oder anderen Weise einen autoritären Populismus fördern oder unterstützen. Zu nennen wären hier etwa Fälle, in denen das Personal von Restaurants sich weigerte, Mitglieder der Trump-Regierung zu bedienen, oder sie lautstark beschimpfte. Oder die Gruppe von Aktivisten, die vor das Haus des Fox-News-Moderators Tucker Carlson zogen und sangen: »Wir wissen, wo du nachts schläfst« (er selbst war nicht da, wohl aber seine Familie).[77] Oder die Bürger, die Boris Johnsons Sonderberater Dominic Cummings vor dessen Haus in London angingen, weil er gegen die von ihm selbst autorisierten Regeln zur Eindämmung der Pandemie verstoßen hatte. Oder ein Vorfall, der sich im Sommer 2018 ereignete, als jemand Alexander Gauland, seinerzeit AfD-Bundessprecher, beim Baden in einem See die Kleider stahl, sodass der 77-Jährige in seiner Badehose nach Hause gehen musste. Der Dieb rief angeblich: »Kein Badespaß für Nazis!«

Streitbar zu sein heißt nicht automatisch, den Status anderer als freie und gleiche Mitglieder des Gemeinwesens zu verneinen. Es spricht nichts dagegen, »unzivil« zu sein, solange bestimmte Bedingungen eingehalten werden. Erstens muss die Konfrontation sich auf unmittelbar Beteiligte an jenem Unrecht richten, auf das man die Aufmerksamkeit zu lenken versucht; Kollateralschäden sind nicht zu rechtfertigen. Es hat nichts Bewundernswertes, wenn man Kinder in einem Haus ängstigt, das zufällig einem Medien-Superspreader rechtsextremer Botschaften gehört. Zweitens müssen solche Konfrontationen das aktuelle Unrecht oder die genauen Defizite des demokratischen Prozesses verdeutlichen – unabhängig von der Frage, ob die Beschimpfung eines Politikers in aller Öffentlichkeit geeignet oder ungeeignet ist, an Mehrheiten zu appellieren, die mit der eigenen Ansicht über ein Unrecht noch nicht übereinstimmen. Ob Pussy Riot mit ihrem »Punk-Gebet« in einer Moskauer Kirche eine berechtigte Kritik an Putins Autokratie zum Ausdruck brachten oder nicht, darüber kann man streiten – es dürfte jedenfalls kaum dazu beigetragen haben, viele Russen zu überzeugen. Und einen alten Mann in den sozialen Medien der Lächerlichkeit preiszugeben, besitzt keinen erkennbaren kommunikativen Zusammenhang mit irgendeinem Unrecht. Drittens ist es in Ordnung, »unzivil« zu sein, solange der Ungehorsam sich auf das »Zivile« bzw. »Demokratische« bezieht, also den Kern des politischen Gemeinwesens, und nicht bloß auf mehr oder weniger normale politische Meinungsverschiedenheiten. Anders gesagt, Ungehorsam ist wohl dann am plausibelsten, wenn er die im ersten Kapitel definierte harte Grenze verteidigt: die Stellung aller Mitglieder einer Demokratie als freie und gleiche Bürger. In diesem Fall ist es letztlich nicht der Störer, der sich »unzivil« verhält, vielmehr sind es jene, die einen Angriff auf die Grundlagen der Demokratie unternehmen, selbst wenn sie dabei die Etikette wahren und Tweed-Jackett oder Krawatte tragen.[78]

Die wehrhafte Demokratie rät, Feuer mit Feuer zu bekämpfen. Das ist riskant, doch solange damit die harte Grenze der Demokratie verteidigt wird, kann es gerechtfertigt sein, vor allem, wenn Bürgerinnen und Bürger nicht dauerhaft aus der Politik ausgeschlossen werden (also: kein permanenter Entzug politischer Grundrechte). Und wenn einzelne Bürger zivilen Ungehorsam leisten, um die harte Grenze zu verteidigen, kann man gleichfalls sagen, sie bekämpften Feuer mit Feuer – auch das ist gerechtfertigt, solange sie dabei nicht die Häuser unbeteiligter Dritter (oder das Gebäude der Demokratie als ganzes) in Brand setzen.

Coda. Fünf Gründe für Hoffnung (nicht Optimismus)

Millionen von Menschen in aller Welt sind offenkundig unzufrieden mit ihren Demokratien. Sie wenden sich jedoch keineswegs von der Grundidee der Demokratie ab. Zu den Menschen, die von der Demokratie enttäuscht sind, sie aber nicht aufgeben wollen, gehören auch viele Millennials, die man immer gern im Verdacht hat, das mit der Demokratie nicht ganz so wichtig zu nehmen.[1] Das ist erst mal ein Grund zur Hoffnung. Und es ist ein deutlicher Unterschied zum 20. Jahrhundert, als beispielsweise viele Bürgerinnen und Bürger der Weimarer Republik das Gefühl hatten, Institutionen wie Parlamente seien an sich diskreditiert und undemokratische Systeme böten eine Alternative für Deutschland.

Zugleich liegt hier der Grund, weshalb antidemokratische Parteien und Bewegungen demokratische Ideale nicht offen angreifen und weshalb autoritäre Politiker so viel Erfindungsgabe (und Finanz-, sprich: Bestechungsmittel) aufwenden, um den demokratischen Schein zu wahren. Gelegentlich mögen Bürgerinnen und Bürger ihnen glauben, dass sie eine legitime Mutante der Demokratie (zum Beispiel eine »illiberale Demokratie«) oder sogar eine verbesserte Version im Angebot haben. Menschen nehmen an, sie lebten immer noch in einer funktionierenden Demokratie, obwohl die Demokratie längst geschwächt oder gänzlich außer Funktion gesetzt ist. Die Heuchelei der Herrschenden ist ärgerlich. Sie kann aber auch hoffnungsvoll stimmen. Dass viele autoritäre Staatsmänner (es sind alles Männer …) Lippenbekenntnisse hinsichtlich demokratischer Ideale ablegen, macht ihre Regime nicht unbedingt verwundbar. Aber es eröffnet Möglichkeiten von Widerstand (man kann diese Figuren an ihren – vermeintlich – eigenen Maßstäben messen), wie sie in anderen Formen von Autokratie nicht so ohne Weiteres zu finden sind.

Es gibt indessen auch eine unangenehmere Wahrheit. Nicht alle Wähler, die autoritäre Politiker unterstützen, werden systematisch getäuscht. Manche Wähler sind durchaus bereit, demokratiezerstörendes Reden und Handeln um parteilicher oder auch ganz persönlicher (»Trump muss weg, aber nur, wenn dann meine Steuern nicht steigen«) Interessen willen hinzunehmen. Tragisch ist, dass jeder seine eigenen Gründe dafür haben dürfte.

Diese fatale Tendenz, klar als antidemokratisch erkanntes Handeln hinzunehmen, verstärkt sich enorm, wenn es autoritären Populisten erst einmal gelungen ist, die politische Landschaft gründlich umzugestalten; sie wollen, dass bei den Bürgerinnen und Bürgern der Eindruck entsteht, durch die Gesellschaft verlaufe eine Art innere Grenze und sie hätten gar keine andere Wahl, als sich auf eine der beiden Seiten zu schlagen. Bereits schwelende Kulturkämpfe können den Aufstieg solcher Figuren erleichtern, sind letztlich jedoch nicht ausschlaggebend; viel wichtiger sind die wirtschaftlich-sozialen Entwicklungen, soll heißen: wachsende Ungleichheit und eine Art innere Separierung verschiedener Gesellschaftsschichten.

Und doch gilt auch: Was Politik geschaffen hat, kann Politik auch wieder ändern. Polarisierung und Tribalismus sind keine bedauernswerten Gegebenheiten der menschlichen Natur, sondern kontingente Ergebnisse der Darstellung und Austragung von Konflikten. Das ist der dritte Grund zur Hoffnung.

Die Demokratie basiert auf Gleichheit und Freiheit. Diese beiden Prinzipien stehen in einem Spannungsverhältnis zueinander. Freiheit kann – insbesondere in Verbindung mit ungleichen Ressourcen – politische Ungleichheit verfestigen oder stetig vergrößern. Nur: Ohne Freiheit gibt es wiederum keine Möglichkeit, etwas gegen Formen von Ungleichheit zu unternehmen.

Demokratie bedeutet gleiche Rechte, ebenso wie gleichen Respekt – ein Gemeinschaftsleben, in dem die Menschen das Gefühl haben, einander auf Augenhöhe zu begegnen, ohne die Unterwürfigkeit oder gar pure Angst, die für Feudal- oder rassistische Kastengesellschaften typisch sind. Respekt heißt aber keineswegs, dass man stets einer Ansicht wäre. Es ist sehr wohl möglich, tiefgreifende Meinungsverschiedenheiten zu haben, ohne deshalb den Respekt für andere zu verlieren. Nicht jede Meinungsverschiedenheit ist prinzipieller Art, aber auch Auseinandersetzungen, in denen Prinzipielles auf dem Spiel steht, bedeuten nicht, dass man dem Kontrahenten den Status als freier und gleicher Bürger absprechen muss.

In freien Gesellschaften sind Konflikte unvermeidlich; die Frage ist, wie sie definiert und ausgetragen werden. Es gibt auch keine Demokratie ohne Verlierer; die Frage ist, ob das Spiel so beschaffen ist, dass man sich darin abwechselt, Opfer für den Zusammenhalt des Gemeinwesens zu bringen. Das fällt dann leichter, wenn es plausibel erscheint, dass auch der politische Gegner unter Umständen einmal Recht hat. Es fällt gleichfalls leichter, wenn es plausibel erscheint, dass man selbst vielleicht einmal die Position (der Macht oder der relativen Machtlosigkeit) einnehmen wird, in der sich der politische Gegner gerade befindet.

Demokratie benötigt Regeln, die ein politisches Spiel sowohl ermöglichen als auch beschränken. Unter anderem institutionalisieren sie Ungewissheit. Letzteres mag abschreckend klingen: Wer schätzt schon Ungewissheit, vielleicht abgesehen einmal von Zuschauern eines Sportereignisses, die sich möglichst viel Spannung wünschen? (Und selbst das gilt wohl kaum für Fans, die's lieber hätten, wenn ihre Mannschaft so stark wäre, dass ein Sieg nahezu garantiert erscheint.) Dennoch ist Ungewissheit eine Bedingung des dynamischen und kreativen Charakters von Demokratie (den allerdings keine Regeln garantieren können; es geht um eine Möglichkeit, keine garantierte Überlegenheit gegenüber autoritären Systemen, auf die man sich bequem verlassen könnte). Demokratie muss offenbleiben für neue Repräsentationsansprüche, ob nun betreffs Ideen, Interessen oder Identitäten.

Wer wird am ehesten systematisch solche Ansprüche stellen und damit, wenn man so will, die Repräsentationsarbeit in der Demokratie leisten? Max Weber bezeichnete die Parteien einmal als »Kinder der Demokratie, des *Massen*wahlrechts, der Notwendigkeit der Massenwerbung und Massenorganisation« (leider waren diese Kinder zugleich Waisen der Politik- und Rechtstheorie). Mittlerweile sind sie erwachsen geworden, manche sind schon sehr alt, einige inzwischen gestorben, aber neue Generationen wachsen nach. Parteien sind nicht automatisch »entzweiend, verwirrend und gefährlich« – so der aus Misstrauen gegenüber politischen Parteien erwachsende Verdacht, der von jeher wie ein Schatten über der repräsentativen Demokratie liegt.[2] Sie sind immer noch die beste Möglichkeit, individuelle demokratische Rechte zu verwirklichen und mit dem Konflikt der Meinungen und Interessen innerhalb des politischen Gemeinwesens produktiv umzugehen (einschließlich der Frage, wer bestimmt, was unter dem Volk als solchem zu verstehen ist). Veränderungen im Parteiensystem sind nicht notwendigerweise Zeichen einer Krise der Demokratie, und dasselbe gilt für einen Strukturwandel der Öffentlichkeit, in dessen Folge neue Akteure auf der Bühne erscheinen können. Die Vision einer »Hyperdemokratie ohne Parteien, aber mit den Bürgern im Mittelpunkt« (Beppe Grillo) bedeutet entweder eine weniger verständliche Politik oder die mehr oder weniger versteckte Herrschaft einzelner Personen (wie Grillo).

Die Parteien bieten potenziell auch die Werkzeuge, beide Sezessionen zurückzudrehen. Oder einfach in Podemos-artiger Sprache ausgedrückt: Sie können vielleicht »die da unten« mobilisieren gegen »die da oben« (die eben viel stärker am Nationalstaat haften, als das Klischee der hypermobilen »*anywheres*« es will). Thomas Piketty schrieb dazu: »Alles hängt von den institutionellen Hebeln und den Sozial- und Fiskalpolitiken ab, die man aufbietet, um Gruppen unterschiedlicher Provenienz davon zu überzeugen, dass das, was sie miteinander verbindet, wichtiger ist als das, was sie voneinander trennt.«[3] Auch hier besteht natürlich keine Garantie, doch dass zumindest einige Parteiensysteme den Bürgern neue Instrumente (und neue Wahlmöglichkeiten) bieten, gibt Anlass zur Hoffnung.

Der gesetzliche Rahmen für Parteien und professionelle Medien soll so gestaltet sein, dass sie ihre wesentlichen Funktionen für die repräsentative Demokratie erfüllen können. Sie müssen den politischen Konflikt strukturieren, dabei unterschiedliche »Visionen von Konfliktlinien« präsentieren, internen und externen Pluralismus sichern und, nicht zuletzt, politische Zeit auf nachvollziehbare Weise einteilen. Es ist wichtig, dass die Schwellen für den Eintritt in diese Institutionen niedrig sind. Zugleich ist es natürlich vollkommen legitim, dass die bestehenden Institutionen sich auf bestimmte politische Prinzipien verpflichten bzw. ein besonderes Berufsethos wahren, selbst wenn das bedeutet, dass sie bestimmte Standpunkte ausschließen oder manchen Mitgliedern mehr Macht geben als anderen.

Intermediäre Institutionen müssen zugänglich, im weitesten Sinne faktenbasiert, autonom, einschätzbar und damit auch rechenschaftspflichtig sein. Das heißt nicht, dass sie unter allen Umständen unparteiisch sein müssten (bei den Parteien liegt das auf der Hand, bei den professionellen Medien schon weniger). Sie verfolgen nicht das Ziel, »die Wahrheit« zu finden, sondern den Bürgern die Möglichkeit zu geben, bei Konflikten unterschiedliche Standpunkte einzunehmen – ein Prozess, der durch Fakten gleichermaßen ermöglicht und beschränkt wird (auch wenn Fakten stets fragil sind). Obwohl viele Beobachter heute die Sorge äußern, die sozialen Medien untergrüben die Demokratie, darf man doch nicht vergessen, dass diese intermediären Institutionen den Mitgliedern des Gemeinwesens (und sogar potenziellen Mitgliedern – beispielsweise Flüchtlingen) neue Möglichkeiten eröffnen, Idee, Interessen und Identitäten zu artikulieren. Nochmal: Das Problem sind nicht die angeblich so irrationalen Bürgerinnen und Bürger, sondern die gesetzlichen Rahmenbedingungen. Man hört es heutzutage angesichts aller möglichen kulturpessimistischen Klischees über den Verfall der Öffentlichkeit nicht gerne, aber ein besserer Zugang zur öffentlichen Debatte gibt auch Anlass zur Hoffnung. Die Frage ist, ob die derzeitigen Monopole gebrochen und erneut auf die von den Bürgerinnen und Bürgern tatsächlich gewünschten Kerntätigkeiten ausgerichtet werden können – statt dass sie von einem kommerziellen Überwachungsunternehmen wie Facebook vereinnahmt werden, das nebenher auch noch was mit sozialen Medien macht.[4] Entweder man meint es ernst mit der Idee kritischer Infrastruktur bzw. einer Art demokratischer Grundversorgung – woraufhin dann Finanzierungsmodelle, die nicht einfach auf dem Maximieren von *virality* und *engagement* beruhen, und so etwas wie Plattformräte (den deutschen Rundfunkräten vergleichbar) wünschbar werden. Oder man tut nur so; dann tut's auch ein von Facebook selbst berufenes Board, dessen Empfehlungen das Unternehmen berücksichtigen kann – oder auch nicht, ganz nach Gutdünken. Weil niemand Zugang zu den Daten der Plattformen hat, sind Gründe und Folgen solcher Entscheidungen so gut wie nicht einschätzbar.

Zweifelsohne gilt: In einigen Ländern befindet sich die kritische Infrastruktur der Demokratie in einem erbärmlichen Zustand; sie bedarf dringend der Reparatur. Plausibel wäre es, die Bürgerinnen und Bürger zu ermuntern, diese Reparatur selbst in die Hand zu nehmen, indem man ihnen die Mittel zur Finanzierung von Parteien und Medien, insbesondere des Lokaljournalismus (oder auch noch anderen vermittelnden Institutionen) zukommen lässt. Niemand weiß, ob gestresste und abgelenkte Menschen die Rolle übernehmen würden, ihre politische Infrastruktur kontinuierlich auszubessern und auszubauen – gehen doch viele schon jetzt nicht zur Wahl. Wer über mehr Ressourcen (und mehr Interesse am politischen Prozess) verfügt, wird zweifellos neue Ideen entwickeln, wie sich der eigene Einfluss sichern, wenn nicht gar vergrößern lässt – was einige Skeptiker jeglicher Reform zu der Behauptung veranlasst hat, es gebe so etwas wie eine Hydraulik der Wahlkampf- und Parteienfinanzierung: Selbst wenn man dem Fluss des Geldes den einen Weg versperre, werde es einen anderen finden.[5]

Claude Lefort unterstrich einmal die Offenheit des demokratischen Prozesses, als er schrieb, die Demokratie »basiert auf *der Legitimität einer Debatte darüber, was legitim ist und was nicht – einer Debatte, für die es naturgemäß keinen Garanten und kein festgelegtes Ende gibt*«.[6] Tatsächlich werden hier keine Garantien gegeben, und es wird kein Ziel vorherbestimmt (sodass auch niemand sagen könnte, die Demokratie sei nun endlich vollkommen verwirklicht). Aber offen bedeutet nicht schrankenlos. Die Ungewissheit muss sich – ebenso wie die Ausübung von Freiheit – innerhalb zweier harter Grenzen bewegen: Niemand hat das Recht, den Status von Mitbürgern als freie und gleiche Mitglieder des politischen Gemeinwesens zu untergraben. Und auch wenn jeder ein Recht auf persönliche Meinung hat, so gibt es doch kein Recht auf persönliche Fakten.

Dies bedeutet nicht, dass Politik auf die Befolgung von Regeln oder die ständige Überwachung von Grenzen zu reduzieren wäre. Manchmal besteht politisches Handeln gerade im Bruch und in der Umgestaltung der Regeln oder in dem, was der 2020 verstorbene Bürgerrechtler und Kongressabgeordnete John Lewis *good trouble* – »guten Ärger, notwendigen Ärger« – nannte. Das ist vor allem dann berechtigt, wenn bestehende Regeln gegen Kernprinzipien von politischer Freiheit und Gleichheit verstoßen. Eine spezifisch demokratische Form von Ungehorsam kann auch dann gerechtfertigt sein, wenn ein politischer Prozess blockiert wird. Natürlich müssen jene, die Ungehorsam üben, überzeugend darlegen können, weshalb es sich bei ihrem Protest nicht bloß um eine Trotzreaktion schlechter Verlierer handelt. Dass solcher Ungehorsam möglich ist (was nicht unbedingt heißt, dass er immer erfolgreich wäre), gibt gleichfalls Anlass zur Hoffnung.

Man hat heute keinen besonderen Grund, optimistisch hinsichtlich der Demokratie zu sein. Jene, die sie untergraben wollen, perfektionieren mindestens ebenso eifrig eine populistisch-autoritäre Regierungskunst, wie die Verteidiger der Demokratie deren Krise analysieren. Und es werden einen auch weder Gerichte noch irgendwelche paternalistisch eingestellten Demokratieschutz-Profis retten. Das können letztlich nur mobilisierte Bürger.

Wie Martin Luther King, Jr., lehrte, ist Optimismus nicht dasselbe wie Hoffnung. Beim Optimismus geht es um Wahrscheinlichkeiten. Bei der Hoffnung geht es darum, Wege zu finden, und zwar unabhängig davon, wie wahrscheinlich es ist, dass jemand diese Wege beschreiten wird. Die Wege sind da. Alles Übrige liegt an uns. Schließlich beruht Demokratie nicht so sehr auf Vertrauen (in Einzelne oder in Institutionen), sondern auf der Bereitschaft sich anzustrengen. Diese Einsicht – *effort*, nicht *trust* – stammt von einem jener Menschen unserer Zeit, die Regeln verletzten, um den hinter den Regeln stehenden Geist zu retten: Edward Snowden.

Dank

Für die sorgfältige Lektüre des Manuskripts und äußerst hilfreiche Kommentare wie auch Anregungen danke ich Hubertus Breuer, Robin Celikates, Peter Giraudo, Dan Kelemen, Yannis Kevrekidis, Carlo Invernizzi Accetti, Steve Macedo, John Morijn, Sam Moyn, Cas Mudde, Heidrun Müller, Grigo Pop-Eleches, Annie Stilz und Nadia Urbinati. Falls ich jemanden vergessen habe, bitte ich um Entschuldigung. Falls mir Fehler unterlaufen sind, bitte ich gleichfalls um Entschuldigung – und übernehme natürlich die volle Verantwortung dafür.

Sehr wertvoll waren Gespräche über Glanz und Elend der Demokratietheorie mit Chris Achen, Carles Boix, Charles De la Cruz, Madhav Khosla, Erika A. Kiss, Bálint Magyar, Wolfgang Merkel, Christoph Möllers, Kim Lane Scheppele, Paul Starr, Silvia von Steinsdorff, Balázs Trencsényi und Nadia Urbinati. Ich danke Jamal Greene, Anna-Bettina Kaiser und Corey Brettschneider für ihre Hilfe bei einigen komplizierten juristischen Fragen sowie Jay Rosen, der sich (per Zoom) an meinem Seminar über Medien und Demokratie beteiligte, für eine äußerst instruktive Diskussion zu einer Zeit, da viele US-amerikanische Medien es offensichtlich versäumten, ihren elementaren demokratischen Verpflichtungen nachzukommen. Dank auch an Nenad Stojanović für den Hinweis auf das Oregon-Modell und für die Einladung zu einer Tagung in Genf, auf der normative und praktische

Aspekte des Modells auf sehr erhellende Weise erörtert wurden.

Peter Giraudo hat mit Recherchen enorm geholfen; seine ausgezeichnete – durch die Bedingungen der Pandemie zunehmend erschwerte – Arbeit fand in vielen Teilen des Buches ihren Niederschlag.

Sehr dankbar bin ich meiner Agentin Sarah Chalfant und ihrem Assistenten James Pullen für ihr Vertrauen in ein Projekt, das nicht nur ein weiteres Produkt der Demokratieverteidigungsindustrie werden sollte. Ich danke auch meinen Lektoren Alex Star, Casiana Ionita, Ian Van Wye und, bei Suhrkamp, Heinrich Geiselberger, Christian Heilbronn und Bernd Klöckener. Vor allem Alex und Heinrich blieben über die Jahre in einem lebendigen intellektuellen Austausch mit mir und drängten mich, ohne aufdringlich zu sein.

Darüber hinaus danke ich dem Princeton Politics Department, dessen *chair* Alan Patten und den wunderbaren Mitarbeitern dort, die es, als im Frühjahr 2020 eigentlich alles stoppte, immer schafften, dass alles doch irgendwie weiterging. Mein Dank geht zudem an das Center for Human Values in Princeton und an das Wissenschaftskolleg zu Berlin, insbesondere an dessen Rektorin Barbara Stollberg-Rilinger und an dessen Sekretär Thorsten Wilhelmy. Das Wiko bot Zeit, einen in mehr als einer Hinsicht geschützten Raum sowie eine wahrhaft kritische Infrastruktur für die letzte Phase des Schreibens und der Überarbeitung. Danken möchte ich auch dem Forschungscluster SCRIPTS (Contestations of the Liberal Script) für seine Unterstützung meines Berlin-Aufenthaltes.

Teile dieses Buchs stammen aus »Populism and the People« (*London Review of Books*, 23. Mai 2019); »Democracy and the Public Sphere« (in *The Future of Democracy*, hg. von Nadia Urbinati, Mailand 2018); »Democracy's Critical Infrastructure« (*Philosophy & Social Criticism*, 2021), aus meinem Beitrag in *Constitutionalism Under Stress* (hg. von Uladzislau Belavusau und Aleksandra Gliszczyńska-Grabias [und gewidmet dem unermündlichen Kämpfer für Demokratie Wojciech Sadurski], Oxford 2020); aus »Italy: The Bright Side of Populism« (*NYR Daily*, 8. Juni 2018); sowie aus einer Reihe von Kolumnen, die von *Project Syndicate* veröffentlicht wurden; mein Dank geht dort an meinen langjährigen Lektor Ken Murphy.

Geschrieben wurde dieses Buch im Schatten des 45. Präsidenten der USA sowie der Pandemie. Auch wenn es weder ein Beitrag zur Trumpologie noch eine Analyse der möglichen politischen Folgen der COVID-19-Pandemie ist, trägt es doch die Zeichen gefährlicher Zeiten, die in vieler Hinsicht eine Art *back to basics* erzwangen. In diesen Zeiten hielt meine Familie zusammen und gemeinsam durch. Ihr – sowie meinen Studierenden in Princeton und anderswo, von denen ich viel gelernt habe – ist dieses Buch gewidmet.

Anmerkungen

Vorwort

1 Bei Reinhart Koselleck heißt es: »›Krise‹ hatte in der griechischen Antike relativ klar abgegrenzte Bedeutungen im juristischen, theologischen und medizinischen Bereich. Der Begriff forderte harte Alternativen heraus: Recht oder Unrecht, Heil oder Verdammnis, Leben oder Tod.« Siehe Reinhart Koselleck, »Krise«, in *Geschichtliche Grundbegriffe: Historisches Lexikon zur politisch-sozialen Sprache in Deutschland*, hg. von Otto Brunner u.a., Stuttgart 1982, Bd. 3, S. 617.

2 Charles Taylor, einer der weltweit einflussreichsten Philosophen (und nicht gerade ein Mann der demophoben Rechten), zögert nicht, eine »›Verblödung‹ der Wähler in dem Sinne« zu diagnostizieren, »dass das Verständnis der Probleme und Zusammenhänge in weiten Teilen der Bevölkerung schwindet«. Siehe Charles Taylor, »Is Democracy Slipping Away?«, https://items.ssrc.org/is-democracy-slipping-away.

3 Hier verliert man leicht den Sinn für die Proportionen: Nur 6 Prozent der US-Bürger wählten Trump zum republikanischen Präsidentschaftskandidaten, und 28 Prozent der Wahlberechtigten zum Präsidenten.

4 Siehe z.B. Jonathan Rauch/Benjamin Wittes, »More Professionalism, Less Populism«, http://www.brookings.edu/wp-content/uploads/2017/05/more-professionalism-less-populism.pdf.

5 Geert Corstens, *Understanding the Rule of Law*, übers. von Annette Mils, Oxford 2017, S. XX.

6 Die politische Analyse – insbesondere das akademische Fachgebiet der Politikwissenschaft – scheint ständig von etwas scheinbar Robusterem und Wissenschaftlicherem verdrängt zu werden, früher einmal von den Wirtschaftswissenschaften, heute von der Psychologie. Zur Empfehlung, auf Polarisierung mit »Achtsamkeit« zu reagieren, siehe Ezra Klein, *Der tiefe Graben. Die Geschichte der gespaltenen Staaten von Amerika*, Hamburg 2020.

7 Adam Przeworski bemerkt nüchtern: »Antworten auf Meinungsumfragen als Beweis für die Stabilität der Demokratie zu werten ist ein Werbegag und kein zuverlässiges wissenschaftliches Verfahren.« Siehe sein *Why Bother with Elections*, Cambridge 2018, S. 131.

8 Natürlich ist das alles nicht neu. George Orwell schrieb 1946: »Fast weltweit gilt, dass es als Lob verstanden wird, wenn wir ein Land demokratisch nennen. Deshalb behaupten die Verteidiger jeglicher Art von Regimen, dass es sich um eine Demokratie handele, und fürchten, den Ausdruck nicht mehr verwenden zu können, wenn seine Bedeutung allzu

genau definiert wird. Worte dieser Art werden oft ganz bewusst in unredlicher Weise benutzt. Das heißt, derjenige, der sie verwendet, hat eine ganz eigene Definition im Sinn, lässt aber zu, dass seine Zuhörer glauben, er meinte etwas ganz anderes.« Siehe George Orwell, »Politics and the English Language«, in ders., *Shooting an Elephant and Other Essays*, London 1950.

9 Mit der möglichen (und komplizierten) Ausnahme Italiens.

10 Viel Material dazu bietet das ausgezeichnete Buch von Nancy Bermeo, *Ordinary People in Extraordinary Times*, Princeton, N.J., 2003.

11 Oder, um es mit einer Unterscheidung aus dem Verwaltungsrecht zu sagen: Der Fokus liegt auf den Standards und nicht auf einzelnen Regeln.

12 Steven Levitsky/Daniel Ziblatt, *Wie Demokratien sterben. Und was wir dagegen tun können*, München 2018.

13 Er fügte hinzu: »Schon der Gedanke, es sei möglich, politische Entwicklungen im Sinne des Niedergangs stabilisierender parteiübergreifender Normen statt auf der Grundlage ideologischer Inhalte zu analysieren, ist eine politische Position.« Siehe Jedediah Britton-Purdy, »Normcore«, *Dissent* (Sommer 2018), www.dissentmagazine.org/article/normcore-trump-resistance-books-crisis-of-democracy. Corey Robin behauptet sogar, Demokratie sei gleichbedeutend mit einer Erosion der Normen. Ich würde nicht so weit gehen, aber es steckt durchaus eine gewisse Wahrheit in diesem Aphorismus.

14 Ebd.

15 Melissa Schwartzberg, *Counting the Many: The Origins and Limits of Supermajority Rule*, New York 2013.

16 Dewey schrieb dazu: »Der alte Spruch, das beste Heilmittel gegen die Mängel der Demokratie sei mehr Demokratie, trifft nicht zu, wenn damit gemeint ist, dass man die Missstände beheben könne, indem man noch mehr Apparate derselben Art einführt, wie es sie bereits gibt, oder indem man diesen Apparat verfeinert und perfektioniert. Der Ausdruck kann aber auch bedeuten, dass man zur Idee selbst zurückkehrt [...] und dass wir unser Verständnis dieser Bedeutung nutzen, um deren politische Äußerungsformen zu kritisieren und zu überarbeiten.« John Dewey, *The Public and its Problems* [1927], Athens, Ohio, 1954, S. 144; vgl. *Die Öffentlichkeit und ihre Probleme*, Bodenheim 1996, S. 125.

17 Christian Meier, *Die Entstehung des Politischen bei den Griechen*, Frankfurt am Main 1980; und Melissa Schwarzberg, *Democracy and Legal Change*, New York 2007. Der Philosoph Raymond Geuss schreibt dazu: »Wirklich bedeutsames politisches Handeln ist [...] eines, das sich nicht unter allen Umständen an bestehende Regeln hält und lediglich [...] handwerkliche Lösungen für einzelne Probleme sucht, sondern eine Situation in einer Weise verändert, die nicht als bloße Umsetzung bestehender Regeln gelten kann.« Und er fügt hinzu: »Es schafft

neue Fakten und verletzt, ignoriert oder verändert sogar die Regeln. [...] Die Tatsache, dass eine derart disruptive Veränderung bestehender Handlungssysteme stets eine Möglichkeit darstellt, gehört zu den Dingen, die der Politik ihren spezifischen Charakter verleihen.« Siehe Raymond Geuss, *Politics and the Imagination*, Princeton, N.J., 2010, S. 41. David Graeber zeichnet einen recht ähnlichen Gegensatz zwischen einem wirklich unbekümmerten – und potenziell gefährlichen – »Spielen« (*play*) und Spielen, die nach festen Regeln erfolgen (*games*). Er schreibt: »Wer hat nicht schon einmal von einer Welt geträumt, in der jeder die Regeln kennt, sich jeder an die Spielregeln hält und vor allem wo Menschen, die sich an die Spielregeln halten, tatsächlich auch gewinnen können? Das Problem ist nur, dass dies ebenso utopisch ist wie eine Welt absolut freien Spielens.« David Graeber, *Bürokratie. Die Utopie der Regeln*, München 2017, S. 244. Dieser Gegensatz zwischen *play* und *game* ist in vielen Sprachen nicht verfügbar.

1. Vorgetäuschte Demokratie: Jeder hat seine Gründe

1 Möglicherweise mit Ausnahme Indiens: Die Nationale Freiwilligenorganisation RSS ist dort eine hochgradig mobilisierte Massenkraft, die systematisch Gewalt ausübt.

2 Diese symbolische Botschaft (die keineswegs nur symbolisch ist, sondern sehr reale Konsequenzen haben kann) lässt sich gut mit dem von Sandra Day O'Connor in *Lynch vs. Donnelly* entwickelten Unterstützungstest vergleichen: »Eine Unterstützungserklärung signalisiert den Nichtanhängern, dass sie Außenseiter und keine Vollmitglieder der politischen Gemeinschaft seien, und schickt zugleich an die Anhänger die Botschaft, dass sie Insider und erwünschte Mitglieder der politischen Gemeinschaft sind.« Die Tatsache, dass Menschen als minderwertig eingestuft und ausgeschlossen werden, kann auf diese Weise wie so oft als Beleg dafür erscheinen, dass ihre ungleiche Behandlung gerechtfertigt sei.

3 Zu einigen Beispielen der konkreten Folgen des Trump'schen Populismus siehe Dylan Matthews, »Donald Trump, the Family Separation Crisis, and the Triumph of Cruelty«, *Vox*, 19. Juni 2018, www.vox.com/2017/1/28/14425354/donald-trump-cruelty; Seth Harp, »I'm a Journalist but I Didn't Fully Realize the Terrible Power of U.S. Border Officials Until They Violated My Rights and Privacy«, *Intercept*, 22. Juni 2019, theintercept.com/2019/06/22/cbp-border-searches-journalists/; A.C. Thompson, »Inside the Secret Border Patrol Facebook Group Where Agents Joke About Migrant Deaths and Post Sexist Memes«, *ProPublica*, 1. Juli 2019, www.propublica.org/article/secret-border-patrol-facebook-group-agents-joke-about-migrant-deaths-post-sexist-memes.

4 Larry Diamond, *Ill Winds: Saving Democracy from Russian Rage, Chinese Ambition, and American Complacency*, New York 2019, S. 106.

5 Kate Manne, »The Logic of Misogyny«, *Boston Review*, 11. Juli 2016, bostonreview.net/forum/kate-manne-logic-misogyny.

6 David Miller, *On Nationality*, Oxford 1995.

7 Bálint Magyar, *Post-Communist Mafia State: The Case of Hungary*, Budapest 2016.

8 Zit. in David Frum, *Trumpocracy*, New York 2018, S. 53.

9 Ernst Fraenkel, *The Dual State: A Contribution to the Theory of Dictatorship*, New York 2017; dt.: *Der Doppelstaat*, Rückübers. aus dem Englischen, Frankfurt am Main 1974.

10 Kim Lane Scheppele, »Hungary and the End of Politics«, *Nation*, 6. Mai 2014.

11 Dan Kelemen, persönliche Mitteilung.

12 Natürlich streuen führende Politiker gelegentlich prestigeträchtige Namen in ihre Reden ein, die als Hinweis auf ihre politische Orientierung dienen können. In diesem Sinne ist das Namedropping bedeutsam, auch wenn es letztlich nicht darum geht, ein umfassendes Weltbild tatsächlich in die Praxis umzusetzen. Die entscheidende Frage lautet indessen, für welches Publikum diese Hinweise bestimmt sind und warum dieses Publikum wichtig ist. Vor allem in Russland – das heute als Hauptanwärter auf die Stellung einer Großmacht mit philosophischen Ambitionen gelten kann – scheint es bei diesem Namedropping eher darum zu gehen, überzeugte Nationalisten (und in gewissem Maße auch *siloviki*, die Vertreter des Sicherheitsapparats) zufriedenzustellen, als die tatsächlichen Quellen der Politik offenzulegen. Ich danke Guillaume Sauvé und Ivan Krastev für Diskussionen über diesen Aspekt.

13 Benjamin R. Teitelbaum, *War for Eternity: Inside Bannon's Far-Right Circle of Global Power Brokers*, New York 2020.

14 Larry Bartels, »2016 Was an Ordinary Election, Not a Realignment«, *Washington Post*, 10. November 2016, www.washingtonpost.com/news/monkey-cage/wp/2016/11/10/2016-was-an-ordinary-election-not-a-realignment/.

15 Die Wähler gelangten an diesen folgenschweren Punkt erst nach einem langen Weg (der seit der Zeit geebnet wurden war, als Hillary Clintons Ehemann die Macht innehatte). Newt Gingrich empfahl den Republikanern, folgende Ausdrücke zu benutzen, wenn sie über die Demokraten sprachen: »Betrug, bizarr, Niedergang, zerstören, verschlingen, Neid, Lüge, erbärmlich, radikal, egoistisch, Schande, krank, stehlen und Verräter«. Lilliana Mason, *Uncivil Agreement: How Politics Became Our Identity*, Chicago 2018, S. 132.

16 Ich danke Cristóbal Rovira Kaltwasser für Diskussionen über diesen Punkt.

17 Ich danke Kim Lane Scheppele für diesen Gedanken.

18 Kim Lane Scheppele, »The Party's Over«, in *Constitutional Democracy in Crisis?*, hg. von Sandford Levinson, Mark Graber und Mark Tushnet, New York 2018, S. 495-513.

19 Kein Wunder, dass fast ein Drittel der US-Amerikaner angeben, sie hätten wegen politischer Meinungsverschiedenheiten Freunde verloren. Roderick P. Hart, *Trump and Us*, New York 2020, S. 239.

20 Ivan Krastev, »The Fear of Shrinking Numbers«, *Journal of Democracy* 31 (2020), S. 66-74.

21 Jérôme Fourquet, *L'archipel français: Naissance d'une nation multiple et divisée*, Paris 2019.

22 Ivan Krastev, *Ist heute schon morgen? Wie die Pandemie Europa verändert*, übers. von Karin Schuler, Berlin 2020.

23 Zu dieser These über Funktionseliten und ihre Selbstreproduktion innerhalb einer nationalen Selbstreproduktion siehe Michael Hartmanns Arbeiten, zum Beispiel *Die Abgeordneten. Wie die Eliten die Demokratie gefährden*, Frankfurt am Main 2018.

24 Ich danke Ivan Krastev für anregende Ideen in diesem Kontext. Selbstverständlich spielt auch Technologie eine Rolle. Nach den Weltkriegen fühlten sich britische Aristokraten denen zu Dank verpflichtet, die in den Schützengräben ihr Leben gelassen hatten. Dagegen käme es niemandem in den Sinn, einer Drohne zu danken.

25 Natürlich erwies sich das Gegenteil als wahr. Trump meinte es ganz wörtlich, wenn er von der Mauer redete, aber nicht unbedingt ernst, wenn er den Geknechteten versprach, etwas für sie zu tun.

26 Siehe Peter Thiel, »The Education of a Libertarian«, *Cato Unbound*, 13. April 2009, www.cato-unbound.org/2009/04/13/peter-thiel/education-libertarian.

27 Siehe auch Evan Osnos, »Doomsday Prep for the Super-rich«, *New Yorker*, 30. Januar 2017.

28 Emmanuel Saez/Gabriel Zucman, *Der Triumph der Ungerechtigkeit. Steuern und Ungerechtigkeit im 21. Jahrhundert*, Berlin 2020, S. 112.

29 Ein Transkript der am 24. Februar 2016 gehaltenen Rede ist online verfügbar unter: {www.tampabay.com/opinion/columns/transcript-trumps-winning-winning-winning-speech/2266681/}.

30 Jeffrey Winters, *Oligarchy*, New York 2011.

31 Wir können hier die Frage beiseitelassen, ob die Ultrareichen ihr Vermögen geerbt haben oder ob sie zu den von Daniel Markovits beschriebenen meritokratischen arbeitenden Reichen gehören, die heute die USA beherrschen. Markovits schreibt: »Acht der zehn aktuell reichsten Amerikaner haben ihren Reichtum nicht geerbt oder verdanken ihn ihren Einnahmen aus geerbtem Kapital, sondern haben ihn durch Unternehmer- oder Managertätigkeit erworben.« Siehe sein *Meritocracy Trap: How*

America's Foundational Myth Feeds Inequality, Dismantles the Middle Class, and Devours the Elite, New York 2019, S. 89.

32 Für Aristoteles lag die Schwierigkeit in der Unterscheidung zwischen Oligarchen und Aristokraten. Reichtum konnte ein Zeichen von Gier und Korruption sein, aber auch ein Hinweis auf Tugend. Siehe die ausgezeichnete Diskussion in Gordin Arlen, »Aristotle and the Problem of Oligarchic Harm: Insights for Democracy«, *European Journal of Political Theory* 18 (2019), S. 393-414.

33 Jacob S. Hacker/Paul Pierson, *Let Them Eat Tweets: How the Right Rules in an Age of Extreme Inequality*, New York 2020.

34 Platon, »Der Staat«, 8. Buch (556d), in ders., *Sämtliche Werke*, Berlin 1940, Bd. II, S. 309. – In Athen dienten die Reichen allgemein in der Reiterei, die Hopliten (von manchen Historikern als »Mittelschicht« bezeichnet) als Fußsoldaten und die Armen am häufigsten als Ruderer (*thetes*) in der Flotte. Radikale Demokratie bedeutete eine Mehrheit für die *thetes* in der Volksversammlung. Siehe Mogens Herman Hansen, *Die athenische Demokratie im Zeitalter des Demosthenes. Struktur, Prinzipien und Selbstverständnis*, übers. von Wolfgang Schuller, Berlin 1995, S. 128f.

35 Wolfgang Merkel hat für dieses Phänomen den Ausdruck »Zweidrittelgesellschaft« geprägt: Das untere Drittel ist nahezu vollständig aus dem politischen Leben verschwunden. Siehe auch Brice Teinturier, *»Plus rien à faire, plus rien à foutre«: La vraie crise de la démocratie*, Paris 2017. Zu empirischen Belegen siehe Armin Schäfer und Hannah Schwender, »›Don't Play if You Can't Win‹: Does Economic Inequality Undermine Political Equality?«, *European Political Science Review* 11 (2019), S. 395-413. Sie stellen die starke These auf: »Von den egalitärsten Ländern hin zu denen mit der größten Ungleichheit sinkt die Wahlbeteiligung – unter ansonsten gleichen Bedingungen – um 7 bis 15 Prozentpunkte (je nach dem gewählten Modell), was etwa der Wirkung einer gesetzlichen Wahlpflicht entspricht. In Deutschland, wo die institutionellen Voraussetzungen überall dieselben sind, weisen relativ ärmere Regionen eine deutlich niedrigere Wahlbeteiligung auf. Und schließlich haben wir herausgefunden, dass die Wahlbeteiligung in Ländern mit großer Ungleichheit überall sinkt, am stärksten jedoch bei Gruppen mit niedrigem Einkommen. Unsere Befunde stützen daher eindeutig den Ansatz der relativen Macht – den Ansatz der rationalen Enthaltung –, der erwarten lässt, dass Ungleichheit einen negativen Einfluss auf das politische Engagement hat. Unsere Analysen zeigen, dass in Ländern mit größerer Ungleichheit weniger Menschen von ihrem Wahlrecht Gebrauch machen. Der Vorstellung, wonach Ungleichheit die Armen zu größerer politischer Betätigung motiviere, weil ›mehr auf dem Spiel‹ stehe, fehlt also jegliche empirische Grundlage.«

36 Claus Offe, »Participatory Inequality in the Austerity State: A Supply-Side Approach«, in *Politics in the Age of Austerity*, hg. von Armin Schäfer und Wolfgang Streeck, Cambridge 2013, S. 203. Thomas Piketty fügt hinzu, man dürfe nicht unterstellen, dass alle, die sich der Wahl verweigerten oder sich enthielten, *per se* Rassisten wären: »Wenn die unteren Schichten von migrationsfeindlichen Bewegungen völlig überzeugt wären, müsste ihre Wahlbeteiligung [...] sehr hoch sein. Da diese gering ist, sind die Wähler mit den gegebenen Wahlmöglichkeiten wohl eher unzufrieden.« Thomas Piketty, *Kapital und Ideologie*, München 2020, S. 937.

37 Benjamin Disraeli, *Sybil, or the two Nations* (1845), http://www.gutenberg.org/files/3760/3760-h/3760-h.htm.

38 Adam Przeworski, *Krisen der Demokratie*, Berlin 2020, S. 128f. Siehe Milan W. Svolik, »Polarization Versus Democracy«, *Journal of Democracy* 30 (2019), S. 20-32. Svolik schreibt: »Das politische Geschick eines Chávez, Orbán oder Erdoğan liegt in ihrer Fähigkeit, politische Frontlinien entlang gesellschaftlicher Spaltungen zu ziehen, die erst noch schwelten, als diese Politiker in ihre Führungspositionen gewählt wurden. Nach ihren Erfolgen mussten sich ihre Anhänger bei Wahlen zwischen ihren eigenen Parteiinteressen auf der einen und demokratischen Prinzipien auf der anderen Seite entscheiden.« Zu detailliertem empirischen Material über die Frage, ob Wähler bereit sind, undemokratisches Verhalten von Politikern der von ihnen unterstützten Partei zu sanktionieren, siehe Matthew H. Graham und Milan W. Svolik, »Democracy in America? Partisanship, Polarization, and the Robustness of Support for Democracy in the United States«, *American Political Science Review* 114 (2020), S. 392-409. Wie die Autoren festgestellt haben, sind die »Wähler gegenüber der Verletzung demokratischer Prinzipien durch Kandidaten der eigenen Partei um 50 Prozent nachsichtiger«.

39 Larry M. Bartels, »Ethnic Antagonism Erodes Republicans' Commitment to Democracy«, *Proceedings of the National Academy of Sciences*, 15. September 2020, www.pnas.org/content/pnas/early/2020/08/26/2007747117.full.pdf.

40 Josiah Ober, *Athenian Legacies: Essays on the Politics of Going On Together*, Princeton, N.J., 2005; Andreas Kalyvas, »Democracy and the Poor«, in *Thinking Democracy Now: Between Innovation and Regression*, hg. von Nadia Urbinati, Mailand 2019, S. 57-76. Wie Kalyvas betont, ging es in der plebejischen Demokratie nicht darum, die Reichen zu enteignen, sondern darum, sicherzustellen, dass sie wirtschaftliche nicht in politische Macht umsetzten.

41 Siehe Lenz Jacobsen, »Im Bund mit den Ängstlichen«, Zeit Online, 28. November 2015: www.zeit.de/politik/deutschland/2015-11/alternative-fuer-deutschland-parteitag-frauke-petry-hannover.

42 Jedediah Purdy, *Die Welt und wir. Politik im Anthropozän*, Berlin 2020, S. 41.

43 Krastev, »Fear of Shrinking Numbers«; Catherine Fieschi, *Populocracy: The Tyranny of Authenticity and the Rise of Populism*, Newcastle 2019, S. 162.

44 Die Bestätigung einer Sicht an der Wahlurne bedeutet natürlich keinen Freifahrtschein. Die Verwirklichung einer bestimmten Sicht wird von der Möglichkeit begrenzt, dass die gegenwärtige Minderheit die Macht erlangt und die Vorstellung vom Volk verändert.

45 Auf den Unterschied zwischen Formen und Finden hat erstmals Ernst Fraenkel hingewiesen. Man denke etwa an Narendra Modis Behauptung: »Ich bin nur das Medium«, und »es ist das Volk, dessen Stimme hier widerhallt«. Sunil Khilnani, »The Idea of India Says Persuade, Not Dictate«, *Times of India*, 15. August 2017, timesofindia.indiatimes.com/india/the-idea-of-india-says-persuade-not-dictate/articleshow/60063019.cms.

46 Sehr schön dargestellt wird dieses Dilemma in Jonathan White/Lea Ypi, »The Politics of Peoplehood«, *Political Theory* 45 (2015), S. 439-465.

47 Entgegen dem üblichen Bild des unbändigen und Normen missachtenden Populisten gehört er in Wirklichkeit auf die erstgenannte Seite des Dilemmas: Die Norm ist, dass genau jene Menschen das Volk bilden, die dies nach Ansicht des Populisten als des einzigen Repräsentanten des Volkes tun.

48 Es erscheint eher unzureichend, wenn man sagt, wo solche auf Ausschluss zielende Maßnahmen dominierten, »geben sie uns einen nützlichen Hinweis auf die dringende Notwendigkeit zur Förderung entgegengesetzter Sichtweisen und wirken als Anreiz, dies auch zu tun«. Siehe White/Ypi, »Politics of Peoplehood«, S. 456.

49 Anna Stilz, *Territorial Sovereignty: A Philosophical Exploration*, New York 2019.

50 Wie Josiah Ober dargelegt hat, kam es zwar nur selten, aber immerhin doch gelegentlich vor, dass eine Gruppe die Vorteile sozialer Zusammenarbeit ohne einen Herren suchte. Die Vorstellung, dass eine Gruppe nach Nichttyrannei strebt, ist durchaus nicht unsinnig, auch wenn Ober einräumt: »In der Vergangenheit sind gute und schlechte, gerechte und ungerechte Dinge geschehen.« Josiah Ober, *Dempolis*, New York 2016; dt.: *Demopolis oder was ist Demokratie?*, Darmstadt 2017, S. 63.

51 Stilz, *Territorial Sovereignty*, S. 98.

52 Ebd.

53 Fabio Wolkenstein, »Populism, Liberal Democracy, and the Ethics of Peoplehood«, *European Journal of Political Theory* 18 (2019), S. 330-348.

54 Christoph Möllers, *Das Grundgesetz. Geschichte und Inhalt,* München 2019, S. 103.

55 Manche meinen, in der Demokratie sei es notwendig, alle Entscheidungen zu rechtfertigen, die anderen letztlich Zwang auferlegen. Grenzen beträfen nicht nur jene, die sich innerhalb der Grenzen befinden, sondern auch jene, die draußen gehalten werden. Deshalb müssten auch sie Teil des Entscheidungsprozesses sein. Daraus wird geschlossen, dass der Demos aus der Sicht eines konsequenten Demokraten nicht weniger als global sein müsse. Derselbe Schluss scheint sich zu ergeben, wenn man ein etwas schwächeres Kriterium anlegt und argumentiert, in einem demokratischen Staat hätten nahezu alle Entscheidungen – ob nun mit direktem Zwang für andere verbunden oder nicht – Auswirkungen auf Nichtbürger, und da alle von einer Entscheidung Betroffenen dabei ein Wort mitzureden haben sollten, landen wir wieder bei der Forderung nach einer Art Weltdemokratie. – Eine häufige Antwort auf diese Position lautet, man könne sich einfach keinen politischen Apparat vorstellen, der einem globalen Demos die Möglichkeit gäbe, einen kollektiven Willen zu bestimmen (oder gar universell bindende Entscheidungen durchgängig umzusetzen), ohne in eine Tyrannei auszuarten. Ein weiterer Einwand betont, dass es ganz unterschiedliche und dennoch legitime Formen der Durchsetzung des Freiheits- und Gleichheitsgrundsatzes gibt. Die Menschen sind sich nicht einmal einig über die elementaren politischen Rechte. Jeder mag seine eigenen Gründe haben, anderer Meinung zu sein, und all diese Gründe könnten durchaus gute Gründe sein – zum Beispiel auf der Grundlage unterschiedlicher historischer Erfahrungen oder unterschiedlicher Wertvorstellungen, die die Grundrechte betreffen (sie aber nicht allein bestimmen), oder auf der Basis divergierender Ansichten bezüglich der empirischen Auswirkungen, welche die Grundrechte für verschiedene Menschen haben könnten, und so weiter. Die Position, dass alles global sein müsse, erreicht also das Gegenteil dessen, was die Verfechter einer ethnischen Perspektive wollen. Sie dehnt das Volk bis zum absoluten Maximum aus (und letztlich müssten sogar Außerirdische in Debatten über die Frage einbezogen werden, ob sie von der Erde ausgeschlossen werden können). Auf einer Ebene haben die beiden Extrempositionen allerdings etwas gemeinsam: Sie schließen eine demokratische Auseinandersetzung über die Frage aus, wer denn nun genau das Volk sei oder sein soll. Die Größe des Volkes ist gegeben, die Formen der Zugehörigkeit werden über die Zeit nicht in Frage gestellt oder verändert. Ich behaupte nicht, die beiden Positionen wären moralisch gleichwertig. Es spricht viel für eine Vorstellung des Volkes, die im Sinne gegenseitiger Verpflichtung sensibel für die Außenwelt bleibt. Wolkenstein erwähnt die Kampagne für die Unabhängigkeit Schottlands als Beispiel dafür, dass Akteure versuchten, ihre Ziele nicht nur gegenüber den

Einheimischen (den Schotten), sondern auch gegenüber Außenstehenden (den übrigen Briten und der EU) zu rechtfertigen. Siehe Arash Abizadeh, »Democratic Theory and Border Coercion: No Right Unilaterally to Control Your Own Borders«, *Political Theory* 36 (2008), S. 37-65; und Wolkenstein, »Populism«, S. 343-344.

56 Zit. in Adam Przeworski, *Democracy and the Limits of Self-Government*, New York 2010, S. 27. Damit sagt man letztlich nur in anderer Form, dass ein politisches Volk in Wirklichkeit keine »Entität« ist, sondern ein laufender politischer Prozess. Siehe Jürgen Habermas, »Constitutional Democracy: An Uncertain Union of Paradoxical Principles?«, *Political Theory* 29 (2001), S. 766-781.

2. *Vertretbare Demokratie: Freiheit, Gleichheit, Ungewissheit*

1 Wenn man der Auffassung zustimmt, dass politische Gleichheit ein fundamentales Prinzip darstellt, kann man natürlich fragen, wieso dann der Welt größte Demokratie zugleich eine Kastengesellschaft ist. Eine plausible Antwort lautet, dass die indische Verfassung nicht nur aus einer Reihe von Rechten und Verfahren besteht, sondern auch ein fortlaufendes pädagogisches und politisches Programm darstellt, das die Gesellschaft verändern und die Statushierarchien systematisch abbauen soll. Siehe hierzu Madhav Khosla, *India's Founding Moment: The Constitution of a Most Surprising Democracy*, Cambridge, Mass., 2020.

2 Philip Pettit, *On the People's Terms*, New York 2012, S. 84-88.

3 Soziale und politische Gleichheit sind verschiedene Dinge. Der Internet-Unternehmer mag ungezwungen in Sneakers und T-Shirt daherkommen und sogar der Versuchung widerstehen, mich von oben herab zu behandeln; dennoch ist es unwahrscheinlich, dass wir auch politisch Gleiche wären, sofern die kritische Infrastruktur der Demokratie nicht so beschaffen ist, dass sie ein gewisses Maß an Chancengleichheit in der politischen Partizipation gewährleistet.

4 Elizabeth Anderson, *Private Government: How Employers Rule Our Lives (and Why We Dont't Talk About It)*, Princeton, N.J., 2017; dt.: *Private Regierung. Wie Arbeitgeber über unser Leben herrschen (und warum wir nicht darüber reden)*, Berlin 2019.

5 Ich danke Jean Cohen für diese Beobachtung.

6 Dexter Filkins, »James Mattis, a Warrior in Washington«, *New Yorker*, 29. Mai 2017.

7 Johnny Cash natürlich (gewiss, der Song stammt eigentlich von U2, aber die theoretische Erkenntnis kommt nur in Cashs Version zum Vorschein).

8 Wie John Rawls argumentierte, machen solche »Bürden der Vernunft« einen durchgängigen Pluralismus in modernen Demokratien unerlässlich, aber nicht in jedem Fall problematisch. John Rawls, *Political Liberalism*, New York 1993; dt.: *Politischer Liberalismus*, Frankfurt am Main 1998.

9 Sehr nützlich war für mich hier die ausgezeichnete Erörterung des Spannungsverhältnisses zwischen Gleichheit und Freiheit in Arash Abizadeh, »Representation, Bicameralism, Political Equality, and Sortition: Reconstituting the Second Chamber as a Randomly Selected Assembly«, *Perspectives on Politics* (erscheint demnächst).

10 Welche Kriterien für eine wechselseitige Behandlung als Gleiche ausschlaggebend sind, ist eine komplizierte Frage. Zu einigen dieser Komplikationen siehe G. A. Cohen, »Notes on Regarding People as Equals«, in *Finding Oneself in the Other*, hg. von Michael Otsuka, Princeton, N. J., 2013, S. 193-200.

11 In diesem Buch lasse ich die komplizierte Frage der Wahlpflicht beiseite, auch wenn ich sie grundsätzlich befürworte: Wir machen es zur Pflicht, Steuern zu zahlen, um unser Gemeinschaftsleben zu finanzieren. Wir könnten auch das Wählen zur Pflicht machen – einschließlich der Möglichkeit, »keine(n) davon« anzukreuzen –, um unser gemeinsames politisches Leben zu stützen.

12 Man beachte, dass eine einfache Mehrheitsentscheidung (im Unterschied zu einer Wahl mit Wahlkampf usw.) gleichfalls den Bedingungen der vorgängigen Chancengleichheit und des gleichen Respekts genügt. Zu diesen einzigartigen Merkmalen der Mehrheitsentscheidung siehe Kenneth O. May, »A Set of Independent Necessary and Sufficient Conditions for Simple Majority Decision«, *Econometrica* 20 (1952), S. 680-684; Charles Beitz, *Political Equality*, Princeton, N. J., 1989, S. 58-67.

13 Der Unterschied ist entscheidend: Trump spielt bei jedem Auftritt in Film oder Fernsehen immer nur sich selbst, während echte Schauspieler empathische Fähigkeiten besitzen und sich bemühen, das Erleben anderer Menschen von innen her zu verstehen. Leo Braudy schreibt dazu: »Reagans Erfahrungen als Schauspieler trivialisierten sein Auftreten als Präsident keineswegs, sondern gaben ihm die Möglichkeit, einen weitaus komplexeren Charakter darzustellen, als er selbst besessen haben dürfte.« Zit. in James Poniewozik, *Audience of One: Donald Trump, Television, and the Fracturing of America*, New York 2019, S. 210.

14 Abizadeh, »Representation, Bicameralism, Political Equality, and Sortition«, S. 6.

15 Mogens Hansen, *Die athenische Demokratie im Zeitalter des Demosthenes*, S. 259, 326.

16 Das ist eine stilisierte Unterscheidung zwischen Alten und Modernen zur Überprüfung unserer Vorstellungen und sollte nicht mit der Behauptung

gleichgesetzt werden, dass die Griechen ebenso gedacht hätten. Schließlich erließ die Versammlung als Entscheidungsorgan tatsächlich Dekrete (während die *nomothetai* allgemeine Gesetze verabschiedeten), so dass die durch Los bestimmten Bürger nicht in unserem modernen Sinne »regierten«. Man nahm an, dass Bürger in der Lage seien, ein Amt zu bekleiden (wenn sie alt genug waren: für manche Ämter musste man mindestens 30 oder sogar 40 Jahre alt sein), nicht aber, dass Entscheidungsbefugnisse einer durch Zufall bestimmten Person gegeben werden sollten. Selbst Hansen, der dem Gedanken, das Losverfahren sei primär auf Gleichheit ausgerichtet gewesen, generell skeptisch gegenübersteht, trifft diese Unterscheidung, stellt gleichwohl fest: »Oligarchen bevorzugten es, sich zur Wahl zu stellen und die Posten einzeln zu bekleiden; Demokraten entschieden sich für das Los und Kollegialität.« (Ebd., S. 245)

17 Bernard Manin, *The Principles of Representative Government*, Cambridge 1997; dt.: *Kritik der repräsentativen Demokratie*, Berlin 2007.

18 Das ist allerdings nur ein theoretisches Argument. Die Historiker sind skeptisch, ob die Athener die Auslosung aus Gründen der Gleichheit einführten. Man setzte sie ein, »weil sie die Macht des Volkes sicherte, Konflikte vermied und Korruption verhinderte«. Hansen, *Die athenische Demokratie*, S. 85.

19 E.E. Schattschneider, *The Semi-sovereign People: A Realist's View of Democracy in America*, New York 1960, S. 68.

20 Hansen, *Die athenische Demokratie*, S. 141f., 212.

21 Natürlich ist es nicht ganz so einfach. Es kann zu Fehlern bei der Auszählung kommen (die zu endlosen Streitereien führen). In manchen Ländern kann man mehr Stimmen haben und dennoch verlieren – die angeblich führende Demokratie der Welt ist ein Beispiel dafür. Und dann gibt es noch die vielen Zweifel, die Theoretiker der sozialen Wahl wie Kenneth Arrow am Versprechen »unzweideutiger Ergebnisse« hegen. Die Herausbildung von Zyklen dürfte eher ein Problem der Gesellschaftstheorie als der realen Welt sein, und wie Andreas Schedler gezeigt hat, sind »die potenziellen Fehler bei Wahlen [...] kein statistisches, sondern ein organisatorisches Problem«. Andreas Schedler, *The Politics of Uncertainty: Sustaining and Subverting Electoral Authoritarianism*, New York 2013, S. 111.

22 Natürlich galt das auch für die griechische Versammlung, nur dass die Stimmen nicht einzeln ausgezählt, sondern die Abstimmungsergebnisse jeweils geschätzt wurden (wobei die Unterlegenen das Ergebnis anfechten konnten).

23 Przeworski, *Democracy and the Limits of Self-Government.*

24 Walt Whitman, »Election day, November 1844«; dt.: »Wahltag, November 1844«, zit. nach der Übers. von Hubert Spiegel in der »Frankfurter Anthologie« der FAZ, www.faz.net/aktuell/feuilleton/buecher/

frankfurter-anthologie/frankfurter-anthologie-wahltag-november-1884-von-walt-whitman-17028093.html.

25 Die Unterscheidung zwischen »vorschlagen« und »aufzwingen« (»*propose*« und »*impose*«) verdanke ich Adam Przeworski.

26 Und Liberale sind, wie Cas Mude denkwürdig formuliert hat, Leute, die es lieben, Angst zu haben (persönliche Mitteilung).

27 In den USA kann ich in einer Sekunde online nachschauen, ob meine Nachbarn sich für eine Partei haben registrieren lassen. Ich weiß also, wie sie wählen (sofern sie nicht strategisch versuchen, Einfluss auf die Partei zu nehmen, die sie eigentlich als die gegnerische begreifen).

28 John Stuart Mill, »Thoughts on Parliamentary Reform«, in ders., *Essays on Politics and Society*, hg. von J. M. Robson, Toronto 1977, S. 332 (dt.: »Gedanken zur Parlamentsreform«, in ders., *Ausgewählte Werke*, Bd. IV: *Demokratie und Repräsentation*, hg. von M. Schefczyk und Chr. Schmidt-Petri, Hamburg 2016, S. 223-260). Bernard Manin liefert das stärkste Gegenargument, das auch in unserer Zeit noch volle Geltung besitzt: »Bei einer offenen Wahl wählen Sie als Wähler nicht aus, wer sie kontrolliert, vielmehr wählen diese Kontrolleure sich selbst. Sie wählen unter den Augen derer, die sich für Sie interessieren. In der Praxis heißt das, eine offene Wahl stellt nicht alle Wähler unter die Kontrolle der gesamten Öffentlichkeit, sondern unter die des jeweiligen sozialen Umfelds. [...] Das ist jeweils nur eine kleine und begrenzte Gruppe. Es gibt keinen Grund zu der Annahme, dass diese begrenzte Gruppe weitaus weniger partikularistisch orientiert, eigensüchtig oder engstirnig wäre als der Mensch, dessen Stimmabgabe sie kontrollieren.« Siehe Bernard Manin, »Why Open Voting in General Elections Is Undesirable«, in *Secrecy and Publicity in Votes and Debates*, hg. von Jon Elster, New York 2015, S. 211.

29 Przeworski, *Democracy and the Limits of Self-Government.*

30 Wie selbst Jason Brennan einräumt; siehe sein *Against Democracy*, Princeton, N. J., 2016.

31 Mill, »Thoughts on Parliamentary Reform«, S. 332.

32 Ebd., S. 333.

33 Als Gladstone einer Erweiterung des Wahlrechts zustimmte, wünschte er sich, dass die Wähler nichts Geringeres bewiesen als »Selbstbeherrschung, Selbstkontrolle, Respekt vor der Ordnung, Geduld im Leiden, Vertrauen in das Recht«.

34 Natürlich kann solche Diskriminierung nicht offen erfolgen, etwa indem man einen Kandidaten auf Grundlage der Rasse oder des Geschlechts angreift. Eine offene Wahl könnte dieses Problem nicht beheben, da man auch dort seine wahren Motive verbergen kann.

35 Abizadeh, »Representation, Bicameralism, Political Equality, and Sortition«, S. 7.

36 Jean-Jacques Rousseau, *Du contrat social*, Amsterdam 1763; dt.: *Vom Gesellschaftsvertrag*, Stuttgart 1977, S. 106.

37 Ebd., S. 17.

38 Der Unterschied zwischen der antiken Polis und der modernen repräsentativen Demokratie lässt sich nicht auf den zwischen direkter und indirekter Demokratie reduzieren. In Athen gab es auch Wahlen für Ämter, bei denen man durchaus sinnvoll von einer Vertretung sprechen kann, und in vielen heutigen Ländern gibt es Volksentscheide, Volksinitiativen und dergleichen. Ein wichtiger Unterschied besteht allerdings in der Rolle von Gerichten, die von Menschen aus dem Volk gebildet wurden (über keine Staatsanwaltschaft verfügten und nicht von den Reichen besetzt wurden; vielmehr saßen dort ganz gewöhnliche Menschen). Diese Gerichte spielten eine wichtige Rolle, wenn es darum ging, die Reichen unter Kontrolle zu halten. Paul Cartledge schreibt dazu: »Der *demos* übte sein *kratos* in den Gerichten aus.« Paul Cartledge, *Democracy: A Life*, New York 2016, S. 117.

39 Ich danke Cas Mude für diese Beobachtung.

40 Ellen Meiksins Wood, *Peasant-Citizen and Slave: The Foundations of Athenian Democracy*, New York 1989.

41 Hansen, *Die athenische Demokratie*, S. 330.

42 Ober, *Demopolis*; Josiah Ober, »Epistemic Democracy in Classical Athens«, in *Collective Wisdom: Principles and Mechanisms*, hg. von Hélène Landemore und Jon Elster, New York 2012, S. 118-147.

43 Federalist No. 10, https://avalon.law.yale.edu/18th_century/fed10.asp

44 Eine offensichtliche Komplizierung bildet die Klagemöglichkeit vor einem Gericht, die Wahlverlierer nutzen können, um Mehrheitsentscheidungen einer Vertretungskörperschaft rückgängig zu machen.

45 Manchmal wird behauptet, das besondere Merkmal der Populisten sei es, dass sie die Rolle eines uneingeschränkten Volkes gegen verknöcherte Verfahren betonten. Das mag sein. Aber man sollte bedenken, dass es keine Demokratie gibt, die ohne Verfahren auskäme. Was tun Graswurzelbewegungen, deren aufrichtiger Wunsch nach Demokratie über jeden Verdacht erhaben ist, als Erstes? Wie Occupy Wall Street debattieren sie endlos über die Frage, wie faire Verfahren (eine Vollversammlung usw.) beschaffen sein müssen. Michael Kaplan, »Prohibiting the People: Populism, Procedure, and the Rhetoric of Democratic Value«, *Constellations* 26 (2019), S. 94-115.

46 Sam Wang, »Why Trump Stays Afloat«, *New York Times*, 20. Oktober 2016.

47 Charakteristisch für eine solche Ungleichheit der Chancen ist ein systematisch ungleicher Zugang zu staatlichen Institutionen, Ressourcen und den Medien; siehe Steven Levitsky und Lucan A. Way, »Why Democracies Need a Level Playing Field«, *Journal of Democracy* 21 (2010),

S. 57-68. Es ist wahrscheinlich kein Zufall, dass bei Wahlen im Zeitraum zwischen 1788 und 2000 weltweit in 80 Prozent der Fälle die Amtsinhaber siegten.

48 Zit. in Allan Lichtman, *The Embattled Vote in America*, Cambridge, Mass., 2018, S. 248.

49 Danielle S. Allen, *Talking to Strangers: Anxieties of Citizenship Since Brown v. Board of Education*, Chicago 2004.

50 Jennifer Hochschild, »Four Ways to Lose Politicall«, *Political Theory* (erscheint demnächst).

51 Jeffrey K. Tulis and Nicole Mellow, *Legacies of Losing in American Politics*, Chicago 2018. In einer Zeit, da linke Parteien ihre Führungsfiguren oft schon nach einer einzigen Wahlniederlage abservieren, lohnt es sich, daran zu erinnern, wie oft für grundlegenden Wandel stehende Gestalten wie Brandt oder Mitterrand Niederlagen einstecken mussten – bevor sie schließlich siegten.

52 Das Problem ist natürlich, dass man in vielen heutigen Demokratien durchaus die These vertreten kann, dass nicht alle Wahlberechtigten dieselbe Chance haben, sich einzubringen. Das ist zwar kein Blankoscheck für jede Art von Ungehorsam, legitimiert jedoch eine bestimmte Form demokratischen Ungehorsams, auf die ich im vierten Kapitel noch genauer eingehen werde. Daniel Viehoff, »Democratic Equality and Political Authority«, *Philosophy and Public Affairs* 42 (2014), S. 337-375.

53 Daniel Markovits, »Democratic Disobedience«, *Yale Law Journal* 114 (2005), S. 1897-1952.

54 Siehe House of Commons, 10. April 1826, *Hansard*, Bd. 15.

55 Ein interessanter Testfall für diese Idee ist eine demokratische Partei, die nach einer Sezession strebt. In Kanada wurde der Bloc Québécois als illoyale Opposition angegriffen, obgleich er auf der Grundlage der Wahlergebnisse als loyale Opposition bezeichnet wurde. Ein Parlamentsabgeordneter monierte 1995: »Mr. Speaker, ich richte einige Bemerkungen an die Loyale Opposition Ihrer Majestät, aktuell der von den Liberalen unterstützte Bloc Québécois, mit besonderem Verweis auf die Wörter loyal und Opposition. Nach dem Oxford Dictionary bedeutet loyal treu, vertrauenswürdig, wahrhaftig, zuverlässig in der Gefolgschaft und dem Souverän oder der Regierung eines Landes ergeben. In diesem Haus ist der Bloc zweifellos nicht loyal gegenüber Ihrer Majestät oder Kanada und hat sich offen gegen die Regierung verschworen, um ein unabhängiges Quebec zu schaffen.« Siehe www.ourcommons.ca/DocumentViewer/en/35-1/house/sitting-265/hansard#HERMAJESTY'SLOYALOPPOSITION.

56 Tocqueville schrieb: »Die eine stützt sich auf Macht [...], die andere auf die öffentliche Meinung. Ihr Hebel ist die Gunst der Öffentlichkeit; ihre Waffen sind inbrünstige Überzeugungen und uneigennützige Interessen,

die sie im Land hervorbringt und unterstützt.« Die »große Macht« der Opposition beruhe »stets auf Gefühlen und allgemeinen Ideen«. Alexis de Tocqueville, »Lettres sur la situation intérieure de la France«, in ders., *Œuvres complètes*, Teil 3, Bd. 2, S. 117. Siehe Max Weber, »Wissenschaft als Beruf«, in ders., *Gesammelte Aufsätze zur Wissenschaftslehre*, hg. von Johannes Winckelmann, Tübingen 1985, S. 613.

57 Sie zieht zugleich einen gewissen Nutzen daraus. Eine kohärente Opposition verleiht auch der Regierung Kohärenz. So erkannte Martin Van Buren, dass James Monroes Präsidentschaft durch die Schwächung der Federalists in Wirklichkeit beschädigt wurde, weil es dadurch zu einer stärkeren Bildung von Faktionen innerhalb der nationalen Partei kam (Monroe war 1820 ursprünglich ohne Opposition angetreten). Siehe Richard Hofstadter, *The Idea of a Party System: The Rise of Legitimate Opposition in the United States, 1780-1840*, Berkeley 1969, S. 228-229. Van Buren schrieb: »Statt dass zwei große Parteien einander in einem fairen und offenen Wettstreit um die Prinzipien gegenübergestanden hätten, die sie jeweils für die dem öffentlichen Interesse zuträglichsten hielten, wurde das Land von persönlichen Faktionen überrannt.« Martin Van Buren, *Inquiry into the Origin and Course of Political Parties in the United States*, hg. von seinen Söhnen, New York 1867, S. 3-4.

58 Zit. in Nadia Urbinati, *Representative Government: Principles and Genealogy*, Chicago 2006, S. 236.

59 John M. Murrin, »Escaping Perfidious Albion: Federalism, Fear of Aristocracy, and the Democratization of Corruption in Postrevolutionary America«, in *Virtue, Corruption, and Self-Interest*, hg. von Richard K. Matthews, Bethlehem, Pa., 1994, S. 118-119.

60 Der Oppositionsführer erhält z. B. dasselbe Gehalt wie ein Minister.

61 Beitz, *Political Equality*, S. 129.

62 Ich paraphrasiere hier die schöne Formulierung der Venedig-Kommission: »*the minority should have its say, and the majority should have its way*«, in ihrer *Opinion on the Relationship Between the Parliamentary Majority and the Opposition in a Democracy: A Checklist* (2019), www.venice.coe.int/webforms/documents/default.aspx?pdffile=CDL-AD(2019)015-e.

63 Diese Strategie basiert auf der Annahme, dass die Wähler die Schuld an der scheinbaren Untätigkeit einer Regierung nicht unbedingt der richtigen Instanz zuweisen. Diese Annahme ist allerdings nicht in allen Demokratien erfüllt. Hier hängt viel vom Zustand der intermediären Institutionen ab, vor allem der professionellen Medien. Das Bannon-Zitat stammt aus Hacker und Pierson, *Let Them Eat Tweets*, S. 206.

64 Der Gedanke der fortlaufenden Diskussion zwischen Regierung und Opposition geht auf Hans Kelsen zurück, der auch glaubte, dieses Gespräch

werde zu entsprechenden Kompromissen zwischen beiden Seiten führen.

65 Andreas Schedler, »Democratic Reciprocity«, *Journal of Political Philosophy* (erscheint demnächst).

66 Ebd.

67 Ich danke Armin Nassehi für diesen Hinweis.

68 Siehe zum Beispiel afd.nrw/aktuelles/2017/06/keine-demokratieklausel-mit-den-systemparteien/.

69 Selbst wenn es keine systemfeindliche Partei gibt, kann die Zersplitterung des Parteiensystems dazu führen, dass der Gedanke einer loyalen Opposition als Regierung im Wartestand deutlich an Glaubwürdigkeit verliert, weil Oppositionsparteien mit sehr unterschiedlichen Programmen vielleicht gar keine kohärente Alternative bilden können. Siehe Florian Meinel, *Die Vertrauensfrage: Zur Krise des heutigen Parlamentarismus,* München 2019, S. 36-38.

70 Eine spezielle Frage lautet, ob Oppositionsparteien Wahlen jemals boykottieren sollten. Nach allgemeiner Auffassung sollten sie das nicht tun, aber hier gibt es keine kontextunabhängige Antwort. Bei reinen Präsidentschaftswahlen spricht mehr für einen Boykott, da die Opposition hier, anders als im Parlament, nur ein einzelnes Amt nicht besetzen (aber nicht jegliche Vertretung und jegliche Machthebel verlieren) wird. Eine weitere Variable ist die Frage, ob ein Regime von außenstehenden Beobachtern bereits eindeutig als undemokratisch wahrgenommen wird. Falls das nicht so ist, kann ein spektakulärer Boykott hier die Sicht verändern (oder außenstehende Beobachter, die die andauernde Zerstörung der Demokratie nicht wahrhaben wollen, in Verlegenheit bringen; man stelle sich einmal vor, welchen Druck ein vollständiger Boykott der Parlamentswahlen in Polen oder Ungarn auf die EU-Kommission ausüben könnte).

71 Ich danke Tomasz Koncewicz.

72 Offensichtlich besteht hier eine Grauzone. Nicht in allen Fällen gibt es nur eine einzige richtige Entscheidung, und nicht alle Gerichtsurteile in Nichtdemokratien werden auf Befehl der Herrschenden gefällt (dass Gerichte in Moskau und Budapest gelegentlich wie unabhängige Institutionen agieren, dient nur dazu, externe Beobachter zu verwirren, und macht es schwerer zu erkennen, dass sie in den für Putin und Orbán wirklich wichtigen Fällen ganz in deren Sinne entscheiden).

73 Adam Przeworski, *Democracy and the Market*, New York 1991. Andreas Schedler schreibt dazu: »Die Politik der Ungewissheit überschreitet die Grenzen zwischen demokratischen und autoritären Regimen.« In Demokratien wird Gewissheit hinsichtlich der Verfahren mit Ungewissheit hinsichtlich der inhaltlichen Ergebnisse verbunden. Die Folge? Nach Schedler: »Während schwache Demokratien ebenso zerbrechlich

sein können wie Autokratien, können gefestigte Autokratien niemals so sicher sein wie gefestigte Demokratien.« Schedler, *Politics of Uncertainty*, S. 26.

74 In seinem Theaterstück *Jumpers*.

75 Przeworski, *Democracy and the Market*, S. 10. Das Vorhandensein von Parteien ist noch kein Beweis für Demokratie. Wie Erica Frantz darlegt: »In 91 Prozent der autoritären Regime nach dem Zweiten Weltkrieg gab es zu irgendeinem Zeitpunkt mindestens eine politische Partei.« Erica Frantz, *Authoritarianism*, New York 2018, S. 76. Einige Autokraten stellen gerne »Unabhängigkeit« als Beweis für Demokratie zur Schau. Unter dem weißrussischen Diktator Lukaschenko »eroberten bei den Parlamentswahlen 1995 nominell Unabhängige 48 Prozent der Sitze, 2000 waren es 73,6 Prozent, 2004 89,1 Prozent und 2008 93,6 Prozent«. Siehe Schedler, *Politics of Uncertainty*, S. 90.

76 Wenn das zuträfe, wäre Elizabeth Warren längst US-Präsidentin. Diese Beobachtung verdanke ich Cas Mudde.

77 Christopher H. Achen und Larry M. Bartels, *Democracy for Realists: Why Elections Do Not Produce Responsive Government*, Princeton, N.J., 2016. Selbst diese Realisten räumen ein: »Solange eine freie Presse über dubiose Vorgänge berichten und eine lesekundige Öffentlichkeit davon erfahren kann, gibt es für Politiker starke Anreize, nichts zu tun, was weithin verachtet wird. Natürlich gibt es Verstöße, aber die sind teuer, droht mit einiger wahrscheinlich doch der Verlust des Amtes. In Diktaturen ist moralische und finanzielle Korruption dagegen weiter verbreitet, da öffentliche Empörung dort kein offenkundiges, organisiertes Ventil besitzt. Das ist ein bescheidener Sieg für die politische Rechenschaftspflicht« (ebd., S. 319). Im Zeitalter des populistischen Autoritarismus wird uns klar, dass dieser Sieg vielleicht gar nicht so bescheiden ist.

78 Roslyn Fuller, *In Defence of Democracy*, Cambridge 2019, S. 55-61, nennt eine ganze Reihe von Gründen, weshalb man skeptisch gegenüber den Schlussfolgerungen sein sollte, die aus dem von ihr so genannten »Sharknado« der Politikwissenschaften gezogen werden.

79 Ebd.

80 Das Gegenargument lautet, dass die US-Bundesregierung zu dieser Zeit keine Instrumente für solch eine Hilfe besaß.

81 Ich danke Tali Mendelberg für diesen Hinweis.

82 Aber auch kein Zeichen von Neutralität. Verkürzungen basieren auf Stereotypen, wie Walter Lippmann schon vor einem Jahrhundert bemerkte. Walter Lippmann, *Public Opinion*, New York 1922; dt.: *Die öffentliche Meinung. Wie sie entsteht und manipuliert wird*, Frankfurt am Main 2018, S. 117.

83 Arlie Russell Hochschild, *Strangers in Their Own Land: Anger and Mourning on the American Right*, New York 2016; dt.: *Fremd in ihrem*

eigenen Land, Eine Reise ins Herz der amerikanischen Rechten, Frankfurt am Main 2017, S. 305.

84 E. E. Schattschneider, *Party Government*, New York 1942, S. 37.

85 Lawrence Lessig, *They Don't Represent Us*, New York 2019, S. 7.

86 Martin Gilens, *Affluence and Influence: Economic Inequality and Political Power in America*, Princeton, N.J., 2012.

87 Zu einer zugänglichen Wiedergabe des Pech-Tests siehe Philip Pettit, *Just Freedom: A Moral Compass for a Complex World*, New York 2014; dt.: *Gerechte Freiheit. Ein moralischer Kompass für eine komplexe Welt*, Berlin 2015.

88 Cartledge, der auf dem Werk von Moses Finley aufbaute und die tendenziöse Darstellung des Kleon durch Thukydides zerpflückte, schrieb dazu: Die Demagogen »waren Politiker, aus der Unterklasse – oder zumindest den niederen Klassen –, die angeblich die Demokratie in (verdienten) Verruf brachten, weil sie nur an die niederen Wünsche des Pöbels appellierten, während Perikles das Volk geführt und ihm offen gesagt hätte, wie es entscheiden und handeln solle. Das ist indessen pure Ideologie, heute wie damals. Das Wort *demagogos* bedeutet eigentlich ›Führer des Demos‹ (im Sinne des ganzen Volkes). Nur wenn solche Führer oder Möchtegernführer aus einer oligarchisch-konservativen Perspektive betrachtet werden, bedeutet das Wort meist ›Aufrührer‹ oder ›Verführer der Massen‹.« Cartledge verwies auch darauf, dass man im alten Athen durchaus ein wichtiger Führer sein konnte, ohne ein Amt innezuhaben. Cartledge, *Democracy*, S. 115-116.

89 Adam Przeworski und John Sprague, *Paper Stones: A History of Electoral Socialism*, Chicago 1986.

90 Zit. in Hacker und Pierson, *Let Them Eat Tweets*, S. 27-28. Den beiden Autoren verdanke ich den Kontrast zwischen dem Gefreiten Willis und Disraeli.

91 Michael Saward, *The Representative Claim*, Oxford 2010.

92 »The People Lose Patience«, *Economist*, 29. August 2020.

93 »A New World: Real Opposition Politics Beckons for the First Time«, *Economist*, 4. Juli 2020.

94 Schattschneider, *Semi-sovereign People*, S. 10, 105.

95 Ebd., S. 16.

96 Alexander A. Guerrero, »Against Elections: The Lottocratic Alternative«, *Philosophy and Public Affairs* 42 (2014), S. 135-178.

97 Allerdings könnte man den Amtsinhabern für die Zeit nach ihrem Dienst in der Lottokratie lukrative Posten in Aussicht stellen (etwa in der amorphen Welt der in der US-amerikanischen Rechten so hoch entwickelten Thinktanks und politischen Entertainmentunternehmen).

98 Abizadeh, »Representation, Bicameralism, Political Equality, and Sortition«, S. 8.

99 Urbinati, *Representative Democracy.*
100 Jane Mansbridge, »Rethinking Representation«, *American Political Science Review* 97 (2003), S. 515-528.
101 Maria Paula Saffon und Nadia Urbinati, »Procedural Democracy, the Bulwark of Equal Liberty«, *Political Theory* 41 (2013), S. 441-481.
102 Es sei denn, man führte ein imperatives Mandat ein.
103 David Plotke, »Representation Is Democracy«, *Constellations* 4 (1997), S. 19-34.

3. *Kritische Infrastruktur: Was Parteien und Medien für Demokratie leisten müssen*

1 Man könnte fragen, warum die Diskussion hier auf Parteien und Medien beschränkt ist und nicht auch andere Institutionen umfasst, die gewöhnlich als Vermittlungsinstanzen gelten, zum Beispiel NGOs, Gewerkschaften und Arbeitgeberverbände. Ich möchte deren Bedeutung nicht bestreiten, aber offen gesagt, kann man sich eine repräsentative Demokratie auch ohne sie vorstellen, während sie ohne Parteien und Medien kaum denkbar wären. Ich danke Dan Kelemen für seinen Hinweis auf diesen Punkt.
2 Natürlich bedeutet Zugang noch nicht Erfolg. Insbesondere bei den professionellen Medien – im Unterschied zu Blogs und dergleichen – kann es sein, dass der Markt nur eine gewisse Zahl von Qualitätsprodukten zulässt (und es gibt Hinweise darauf, dass der Wettbewerb unter bestimmten Umständen zu einer Verschlechterung der Informationsmöglichkeiten und damit zu einer Verringerung der Partizipationschancen führt). Siehe Julia Cagé, »Media Competition, Information Provision, and Political Participation: Evidence from French Local Newspapers and Elections, 1944-2014«, *Journal of Public Economics* 185 (2020), doi.org/10.1016/j.jpubeco.2019.104077.
3 Und bei Wahlen geht es um den Transport von Menschen zur rechten Zeit an den rechten Ort – eine Frage der Logistik, die wiederum von der verfügbaren Infrastruktur abhängt. Siehe Eitan Hersh, *Politics Is for Power*, New York 2020. Der vollständige Name der Zeitschrift lautete *Relation aller Fürnemmen und gedenckwürdigen Historien.*
4 David Roberts, »Donald Trump Is the Sole Reliable Source of Truth, Says Chair of House Science Committee«, *Vox*, 27. Januar 2017, www.vox.com/science-and-health/2017/1/27/14395978/donald-trump-lamar-smith.
5 Bob Woodward, *Fear: Trump in the White House*, New York 2018, dt.: *Furcht. Trump im Weißen Haus*, Reinbek bei Hamburg 2018, S. 275, 273. Trump behauptete auch: »Viele Reporter und Leute in unserem

Land sagen nicht die Wahrheit und behandeln das wunderbare Volk unseres Landes nicht mit dem Respekt, den wir verdienen.« Und: »Leider spricht ein Großteil der Medien in Washington, DC, und vor allem in New York, in Los Angeles nicht für das Volk, sondern für die speziellen Interessen und jene, die sehr, sehr offensichtlich von einem kaputten System profitieren.« Wie Jedediah Purdy dargelegt hat, kann man in den Tweets auch »eine Form des Regierens« sehen, »eine untergeordnete Form offiziellen Entertainments und eine milde, mühelos abwehrbare Form des Staatsterrors«. Purdy, *Die Welt und wir*, S. 86f. Jepp Tulis hat darauf hingewiesen, dass Trumps Rede bei seiner Amtseinführung eine ungewöhnliche Struktur besaß – und dass man sie am besten als eine Abfolge von Tweets verstehen könne.

6 Marshall McLuhan und Quentin Fiore, *The Medium Is the Massage*, New York 1967; dt.: *Das Medium ist die Massage*, Stuttgart 2011, S. 22.

7 Urbinati, *Representative Government.*

8 Im Gefolge von Carl Schmitts Kritik am Parlamentarismus hat sich die irrige Ansicht verfestigt, in Parlamenten ginge es hauptsächlich ums *parlare* (man denke daran, dass der Reichstag in der Weimarer Republik immer wieder als »Schwatzbude« abgetan wurde). Parlamente treffen jedoch in erster Linie Entscheidungen, und es gibt zahlreiche Verfahren, die das Reden beenden und Entscheidungen erzwingen sollen (man denke an die Grenzen, die selbst dem Filibuster im US-Senat gesetzt sind).

9 Siehe John Stuart Mill, *Considerations on Representative Government* (1861); dt.: *Betrachtungen über die Repräsentativregierung*, Berlin 2013, S. 91.

10 Wie Charles Taylor bemerkt, gibt es sowohl ein topisches als auch ein »metatopisches« Verständnis der Öffentlichkeit, wobei Letztere eine »Vielzahl« topischer Räume zu einem »größeren Raum der Nichtversammlung« verbindet. Doch anders als Taylor und in gewissem Maße auch Habermas behaupten, ist sie nicht *per definitionem* apolitisch. Diese Auffassung veranlasst Taylor zu der Behauptung, eine politisch konstituierte antike *koinônia* könne keine Öffentlichkeit in sich bergen. Charles Taylor, *Modern Social Imaginaries*, Durham, N.C., 2005, S. 86, 92.

11 Jürgen Habermas, *Strukturwandel der Öffentlichkeit: Untersuchungen zu einer Kategorie der bürgerlichen* Gesellschaft (1962), Frankfurt am Main 1990. John Stuart Mill schrieb 1840: »Zeitungen und Eisenbahnen lösen das Problem, die Demokratie Englands wie einst die athenische zur selben Zeit auf einer Agora zur Wahl zusammenzuführen; dieselben Akteure lassen rasch jene lokalen Unterschiede verschwinden, die Teile unserer Bevölkerung den anderen fremd erscheinen ließen, und machen uns mehr denn je zu einem homogenen Volk (die wichtigste Voraussetzung für eine starke Öffentlichkeit).«

12 Ebd.

13 Jefferson an Francis Hopkinson, 13. März 1789, founders.archives.gov/documents/Jefferson/01-14-02-0402. Je parteiischer Washington wurde, desto heftiger brandmarkte er Parteien. Hofstadter, *Idea of a Party System*, S. 99.

14 Zit. in Hofstadter, *The Idea of a Party System*, S. 28.

15 Alexis de Tocqueville, *De la démocratie en Amérique* (1835-1840); dt.: *Über die Demokratie in Amerika*, München 1976, S. 600f.

16 Pierre Bourdieu, »Sozialer Raum und symbolische Macht«, in ders., *Rede und Antwort*, Frankfurt am Main 1992, S. 153 (Übersetzung leicht geändert). Die Politikwissenschaftlerin Nancy Rosenblum bemerkt dazu, dass »Konflikte nicht von selbst eine der demokratischen Debatte und Entscheidung zugängliche Form annehmen [...]. Jemand muss mit Blick auf gesellschaftliche Ziele, Sicherheit und Gerechtigkeit Trennungslinien ziehen. Die Rivalität zwischen den Parteien hat konstitutive Bedeutung. Sie setzt den Kampf gleichsam in Szene.« Und Gramsci schrieb: »Man sollte die Wichtigkeit und Bedeutung hervorheben, die politische Parteien in der modernen Welt bei der Herausarbeitung und Verbreitung eines Weltbildes besitzen, denn im Wesentlichen arbeiten sie die diesen Vorstellungen entsprechende Ethik und Politik heraus und handeln so, als wäre sie ihr ›Laboratorium‹.«

17 Hannah Arendt, »Truth and Politics«, in dies., *Between Past and Future*, New York 1977; dt.: »Wahrheit und Politik«, in dies., *Wahrheit und Lüge in der Politik*, München 2013, S. 44-92. Natürlich warten »Fakten« nicht darauf, entdeckt und in Parteiprogramme eingearbeitet zu werden. Walter Lippmann sagte es in seiner charakteristisch prägnanten Art: »Die Tatsachen, die wir sehen, sind abhängig von unserem Standort und den Gewohnheiten unserer Augen.« Lippmann, *Die öffentliche Meinung*, S. 109.

18 Rawls, *Politischer Liberalismus*.

19 Arendt, »Wahrheit und Politik«.

20 Hans Kelsen, »Foundations of Democracy«, *Ethics* 66 (1955), S. 1-101.

21 Christopher Lasch, »Journalism, Publicity, and the Lost Art of Argument«, *Gannett Center Journal* (Frühjahr 1990), S. 1-11.

22 In manchen Ländern werden die Parteien in der Verfassung nicht eigens genannt, aber auch dort entwickeln sich Praktiken und Gesetze (wie das Verbot des Überlaufens), die zeigen, dass die Parteiendemokratie eindeutig als legitimiert gilt und die Parteien als unverzichtbar für das Funktionieren der Demokratie angesehen werden. Ein Beispiel dafür ist Indien.

23 Daraus folgt nicht, dass jede einzelne Institution, die überhaupt einen Beitrag zur demokratischen politischen Willensbildung leistet, selbst demokratisch sein müsste. Wie Giovanni Sartori trocken bemerkte: »Die Demokratie im Großen ist nicht die Summe vieler kleiner Demokratien.«

24 Richter Scalia schrieb für die Mehrheit des Obersten Gerichtshofs, eine

allen offenstehende Vorwahl zwinge »die politischen Parteien, sich mit Leuten zusammenzutun – ihre Kandidaten und dadurch auch ihre Positionen von Leuten bestimmen zu lassen –, die im besten Fall einen Parteieintritt ablehnen, im schlimmsten Fall einer rivalisierenden Partei angehören«.

25 Ein extremes Beispiel: Im Rechtsstreit *LaRouche v. Fowler* (1998) gelangte der D. C. Circuit Court zu dem Urteil, die Demokratische Partei habe das Recht gehabt, Delegierte für Lyndon LaRouche (der es bei den Vorwahlen gegen deren Willen auf den Wahlzettel geschafft hatte) vom Parteikonvent auszuschließen, weil LaRouche kein Mitglied der Demokratischen Partei (und vor allem weil er ein Rassist) war.

26 Das Für und Wider solch einer »epistemischen Parteilichkeit« erörtert Russ Muirhead in »The Case for Party Loyalty«, in *Loyalty*, hg. von Sanford Levinson, Joel Parker und Paul Woodruff, New York 2013, S. 229-256.

27 Jonathan White und Lea Ypi, *The Meaning of Partisanship*, New York 2016.

28 Das spricht eindeutig eher für eine Entscheidung durch eine Versammlung oder nach einer Beratung als für eine Befragung sämtlicher Mitglieder. Zum Unterschied und zu einem Überblick über den empirischen Trend siehe Thomas Poguntke u.a., »Party Rules, Party Resources, and the Politics of Parliamentary Democracies: How Parties Organize in the 21st Century«, *Party Politics* 22 (2016), S. 661-678.

29 Aradhya Sethia, »Where's the Party? Towards a Constitutional Biography of Political Parties«, *Indian Law Review*, 3 (2019), S. 1-32.

30 »Daher erhält jene Gleichheit, die in der Wiedervergeltung besteht, die Staaten [...]. Denn dieses Geben und Nehmen muß auch unter Freien und Gleichen stattfinden. [...] Denn da regieren die einen und gehorchen die anderen abwechselnd, als wären sie andere geworden. Auf diese Weise verwalten ja auch die Amtsinhaber bald dieses Amt, bald jenes.« Aristoteles, *Politik*, Hamburg 1995, S. 33 (1261b1).

31 Hersh, *Politics Is for Power.*

32 Zur breiteren Bedeutung innerparteilicher Demokratie siehe Scheppele, »Party's Over«.

33 In Artikel 21 des deutschen Grundgesetzes heißt es: »Die Parteien wirken bei der politischen Willensbildung des Volkes mit. Ihre Gründung ist frei. Ihre innere Ordnung muß demokratischen Grundsätzen entsprechen. Sie müssen über die Herkunft und Verwendung ihrer Mittel sowie über ihr Vermögen öffentlich Rechenschaft geben.« Das Parteiengesetz wiederum regelt die Details der inneren Demokratie derart ins Einzelne gehend, dass man hier fast schon eine Beschränkung der Vereinigungsfreiheit sehen könnte. Generell ist die Konstitutionalisierung der Parteien in Europa inzwischen die Norm. Siehe den ausgezeichneten Über-

blick von Ingrid van Biezen, »Constitutionalizing Party Democracy«, *British Journal of Political Science* 42 (2012), S. 187-212. Wie van Biezen darlegt, finden die Parteien nur in drei europäischen Ländern keine Erwähnung in der Verfassung: in Dänemark, Irland und den Niederlanden (außerdem aus naheliegenden Gründen noch in Großbritannien). Die erste Aufnahme in die Verfassung erfolgte 1944 in Island, gefolgt von Österreich 1945, dann Italien und Deutschland.

34 Im technischen Sinne sind sie nichteingetragene private Vereinigungen. Zugleich entscheiden nicht interne Schiedskommissionen, sondern Gerichte vielfach darüber, wer eintreten darf, wer bei Vorwahlen ein Stimmrecht hat, ob Parteien reine Frauenlisten aufstellen dürfen und dergleichen.

35 Allerdings haben auch private Clubs in vielen Zusammenhängen kein Recht auf Diskriminierung, selbst wenn manche Vereinigungen (vor allem religiöse) von einigen Bestimmungen der Antidiskriminierungsgesetze ausgenommen sein können.

36 *Nixon v. Herndon*, 273 U. S. 536, 540 (1927).

37 Adam Przeworski, *Crises of Democracy*, Cambridge 2019; dt.: *Krisen der Demokratie*, Berlin 2020, S. 77.

38 Dennis F. Thompson nennt Turnusmäßigkeit, Gleichzeitigkeit und Endgültigkeit als zeitbezogene Merkmale der demokratischen Wahl; siehe seinen Aufsatz »Election Time: Normative Implications of Temporal Properties of the Electoral Process in the United States«, *American Political Science Review* 98 (2004), S. 51-64.

39 Michael Schudson, »Was There Ever a Public Sphere? If So, When? Reflections on the American Case«, in *Habermas and the Public Sphere*, hg. von Craig Calhoun, Cambridge, Mass., 1992, S. 142-163.

40 Jonathan White, »Rhythm and its Absence in Modern Politics and Music«, *German Life and Letters*, 70 (2017), S. 383-393. White bemerkt zutreffend, dass »institutionalisierte Rhythmen die Autonomie der demokratischen Zeit zum Ausdruck bringen.«

41 Juan J. Linz, »Democracy's Time Constraints«, *International Political Science Review* 19 (1998), S. 19-37.

42 Die klassische Darstellung ist Daniel C. Hallin und Paolo Mancini, *Comparing Media Systems: Three Models of Media and Politics*, New York 2004.

43 Paul Starr, *The Creation of the Media: Political Origins of Modern Communication*, New York 2004.

44 Der Vorschlag der Liberaldemokraten wurde von fast 67,9 Prozent der Wähler abgelehnt. Nur 42 Prozent der Wahlberechtigten beteiligten sich an der bis heute einzigen landesweiten Abstimmung, die nicht mit der europäischen Integration zusammenhing.

45 Hallin und Mancini, *Comparing Media Systems*, S. 24. Ähnliches gilt

für Massenparteien. Länder, in denen es sie Ende des 19. Jahrhunderts nicht gab, entwickelten sie auch später nicht. Ich danke Cas Mudde für diesen Hinweis.

46 Victor Pickard, *Democracy Without Journalism?*, New York 2020, S. 16.

47 Tocqueville, *Über die Demokratie in Amerika*, S. 351.

48 Zit. in Natan Lebovic, *Free Speech and Unfree News: The Paradox of Press Freedom in America*, Cambridge, Mass., 2016, S. 10. Benjamin Wittes und Susan Hennessey, *Unmaking the Presidency*, New York 2020, S. 60.

49 David M. Ryfe, *Journalism and the Public*, Cambridge 2017, S. 50.

50 Tocqueville, *Über die Demokratie in Amerika*, S. 602, 213. Eine sehr großzügige Art, das zum Ausdruck zu bringen, wäre die These, dass sowohl die Parteien als auch die Presse »epistemische Treuhänder« seien: Sie bieten verlässliche Information, helfen aber zugleich auch, diese Information im Lichte parteilicher Interessen zu interpretieren. Siehe White und Ypi, *Meaning of Partisanship*.

51 Pickard, *Democracy Without Journalists?*, S. 18. Wie Pickard außerdem bemerkt, wurden die Nachrichten zu einem »Nebenprodukt – einem positiven externen Effekt – des primären Austauschs zwischen Medienbesitzern und Werbekunden«. Ebd., S. 66.

52 Robert Post, »Data Privacy and Dignitary Privacy: Google Spain, the Right to Be Forgotten, and the Construction of the Public Sphere«, *Duke Law Journal* 67 (2018), S. 981-1073.

53 Ebd., S. 1036-1037.

54 Hallin und Mancini, *Comparing Media Systems*, S. 34.

55 Natürlich wurden auch Meinungen zum Ausdruck gebracht, und zwar von vielgelesenen, gewerkschaftlich organisierten Kolumnisten, zu denen auch Lippmann selbst gehörte.

56 Matthew Pressman, On Press: The Liberal Values That Shaped the News, Cambridge, Mass., 2018.

57 Zit. in Lebovic, *Free Speech and Unfree News*, S. 161.

58 Pressman, *On Press*.

59 Nicole Hammer, »From ›Faith in Facts‹ to ›Fair and Balanced‹ Conservative Media, Liberal Bias, and the Origins of Balance«, in *Media Nation: The Political History of News in Modern America*, hg. von Bruce J. Schulman und Julian E. Zelizer, Philadelphia 2017, S. 126-143.

60 Richard Butsch, »Six Decades of Social Class in American Television Sitcoms«, in *Race, Class, and Gender in Media*, hg. von Gail Dines und Jean M. Humez, 4. Ausg., Thousand Oaks, Calif., 2015, S. 750-765.

61 Poniewozik, *Audience of One*, S. 25.

62 Upton Sinclair, *The Brass Check: A Study of American Journalism*, Pasadena (published by the Author) 1919), S. 222.

63 Diese Deradikalisierung ging so weit, dass etwa die Kommunistische Par-

tei Italiens ein politisches System unterstützte, das ganz offen darauf aus war, sie von der Macht fernzuhalten. Ich danke Carlo Invernizzi für diesen Hinweis.

64 Timothy Snyder, »Fascism Is Back. Blame the Internet«, *Washington Post*, 21. Mai 2018, www.washingtonpost.com/news/posteverything/wp/2018/05/21/fascism-is-back-blame-the-internet/?utm_term=.a73641422a11.

65 Katherine Viner, »How Technology Disrupted the Truth«, *Guardian*, 12. Juli 2016, www.theguardian.com/media/2016/jul/12/how-technology-disrupted-the-truth.

66 Yochai Benkler, Robert Faris und Hal Roberts, *Network Propaganda: Manipulation, Disinformation, and Radicalization in American Politics*, New York 2018.

67 Ebd., Der Ausdruck »Unterhaltungskomplex« stammt aus Levitsky und Ziblatt, *How Democracies Die*.

68 1980 schalteten mehr als 90 Prozent einen der großen Sender ein; 2005 waren es nur noch 32 Prozent. Lessig, *They Don't Represent Us*, S. 79.

69 Stefano DellaVigna und Ethan Kaplan, »The Fox News Effect: Media Bias and Voting«, NBER-Arbeitspapier Nr. 12169, April 2006, www.nber.org/papers/w12169.

70 Die Geschichte wird erzählt in Brian Rosenwald, *Talk Radio's America: How an Industry Took Over a Political Party That Took Over the United States*, Cambridge, Mass., 2019.

71 Auch ohne professionell produzierte Nachrichten sind die Bürger nicht vollständig sich selbst überlassen. Ganz abgesehen von professionellen Produzenten von Desinformation gibt es zahlreiche Akteure, die dafür bezahlt werden, Einfluss zu nehmen – ohne zu lügen zwar, aber auch ohne jede Verpflichtung auf professionelle Normen, wie sie für Journalisten gelten. 2014 gab es in den USA immer noch 47000 Berufsjournalisten, aber 264000 PR-Berater. Ähnliche Verhältnisse finden sich auch anderswo. Timothy Garton Ash, *Free Speech: Ten Principles for a Connected World*, London 2016; dt.: *Redefreiheit. Prinzipien für eine vernetzte Welt*, München 2016, S. 293.

72 Patrícia Campos Mello, »Empresários bancam campanha contra o PT pelo WhatsApp«, *Folha de S.Paulo*, 18. Oktober 2018, www1.folha.uol.com.br/poder/2018/10/empresarios-bancam-campanha-contra-o-pt-pelo-whatsapp.shtml.

73 Luca Belli, »WhatsApp Skewed Brazilian Election, Proving Social Media's Danger to Democracy«, theconversation.com/whatsapp-skewed-brazilian-election-proving-social-medias-danger-to-democracy-106476.

74 Silvana Krause u.a., »Die brasilianische Präsidentschaftswahl 2018: Ein neues Paradigma der Finanzierung, Anti-Politik, und Soziale Netzwerke«, *MIP* 25 (2019), S. 106.

75 Freedom House, Freedom on the Net Report 2019: The Crisis of Social Media, www.freedomonthenet.org/report/freedom-on-the-net/2019/the-crisis-of-social-media.

76 Ich danke Jay Rosen für diesen Punkt.

77 Hier gibt es natürlich wichtige Unterschiede: Journalisten können leicht ein kumpelhaftes Verhältnis zu Politikern entwickeln oder zumindest eine »wissende Art« an den Tag legen (wie der Medienkritiker Jay Rosen dies nannte), um zu signalisieren, dass sie zu den Insidern eines politischen Spiels gehören. Ärzte machen sich dagegen nicht zu Komplizen ihrer Patienten, um »Zugang« zu erhalten (es sei denn, man sähe hier eine Analogie in dem Umstand, dass sie den Patienten ihre Diagnose mitteilen).

78 Wie Trump es im Juni 2017 bei einem Wahlkampfauftritt in Iowa zum Ausdruck brachte: »Ich liebe Menschen, reiche und arme, aber in diesen speziellen Positionen möchte ich einfach keine armen haben. Ist das verständlich?«

79 Und die Antwort? »Es wird wieder besser werden, Michelle. Wir werden dafür sorgen, dass es dem Vereinigten Königreich so bald wie möglich wieder besser geht.«

80 Clay Shirky, »Stop Press – and Then What?«, *Guardian*, 13. April 2009, www.theguardian.com/commentisfree/cifamerica/2009/apr/13/internet-newspapers-clay-shirky.

81 Clara Hendrickson, *Local Journalism in Crisis*, Brookings, 12. November 2019, www.brookings.edu/research/local-journalism-in-crisis-why-america-must-revive-its-local-newsrooms/.

82 Sam Schulhofer-Wohl und Miguel Garrido, »Do Newspapers Matter?«, NBER-Arbeitspapier Nr. 14817, März 2009, überarbeitet Dezember 2011, www.nber.org/papers/w14817.

83 Die Lage der Lokalpresse entspricht nicht notwendig der Lage der überregionalen Presse. In den USA profitieren die großen Zeitungen seit 2016 von einem »Trump-Schub«. Die Bürger sind besorgt über das Schicksal der US-amerikanischen Demokratie und bereit, Geld für zuverlässige Berichterstattung auszugeben.

84 David Runciman, *How Democracy Ends*, New York 2018; dt.: *So endet die Demokratie*, Frankfurt am Main 2020, S. 150.

85 Daher ist auch die Aussage des suspendierten CEO von Cambridge Analytica, Alexander Nix, vor dem House of Commons Digital, Culture, Media, and Sports Committee absurd: »Wir versuchen sicherzustellen, dass die Konsumenten Nachrichten über Fragen und Politikfelder erhalten, die ihnen am wichtigsten sind [...]. Das kann nur gut für die Demokratie sein.«

86 Shoshana Zuboff, *The Age of Surveillance Capitalism*, New York 2019; dt.: *Das Zeitalter des Überwachungskapitalismus*, Frankfurt am Main 2018, S. 7.

87 Andrew Guess u.a., »Avoiding the Echo Chamber About Echo Chambers: Why Selective Exposure to Political News Is Less Prevalent Than You Think«, Knight Foundation, knightfoundation.org/reports/trust-media-democracy/.

88 Runciman, *So endet die Demokratie*, S. 154. Lessig schreibt dazu: »Die Wissenschaft der digitalen Sucht wurde am effektivsten von den Gaming-Unternehmen vorangetrieben.« Lessig, *They Don't Represent Us*, S. 115. Siehe auch den Bericht der All-Parliamentary Group on Social Media and Young People's Mental Health and Wellbeing Inquiry, www.rsph.org.uk/static/uploaded/23180e2a-e6b8–4e8d-9e3da2a300525c98.pdf.

89 Manuel Horta Ribeiro u.a., »Auditing Radicalization Pathways on YouTube«, dl.acm.org/doi/abs/10.1145/3351095.3372879; Zeynep Tufekci, »YouTube, the Great Radicalizer«, *New York Times*, 10. März 2018, www.nytimes.com/2018/03/10/opinion/sunday/youtube-politics-radical.html.

90 Richard S. Katz und Peter Mair, »Changing Models of Party Organization and Party Democracy: The Emergence of the Cartel Party«, *Party Politics* 1 (1995), S. 5-31.

91 Paolo Gerbaudo, *The Digital Party: Political Organisation and Online Democracy*, London 2019, S. 5-6, 14.

92 Runciman, *So endet die Demokratie*.

93 Karin Priester, »Bewegungsparteien auf der Suche nach mehr Demokratie«, *Forschungsjournal Soziale Bewegungen* 31 (2018), S. 65.

94 Zit. in Gerbaudo, *Digital Party*, S. 81.

95 Enrico Biale und Valeria Ottonelli, »Intra-party Deliberation and Reflexive Control Within a Deliberative System«, *Political Theory* 47 (2019), S. 500-526.

96 Chris Bickerton und Carlo Invernizzi Accetti, *Technopopulism: The New Logic of Democratic Politics*, Oxford, erscheint demnächst.

97 Ich danke Jack Balkin für diesen Gedanken.

4. *Demokratisches Handeln: Vermittlung, Ausschluss, Rechtsbruch (mit Ansage!)*

1 In dem wichtigen Rechtsstreit *Figueroa v. Canada* (2003) lieferte der Oberste Gerichtshof Kanadas Argumente gegen die Anforderung, dass die Parteien in mindestens 50 Wahlkreisen Kandidaten aufzustellen haben, und in einem weiteren Sinne für die Rolle kleinerer Parteien innerhalb des demokratischen Prozesses, da sie »die Bedeutung individueller Partizipation stärken«.

2 »No Joke as Brazil Clown Tops Votes for Congress«, BBC News, 4. Oktober 2010, www.bbc.com/news/world-latin-america-11465127.

3 Ein ähnliches Argument ließe sich auch gegen ein Antitrust-Verständnis des politischen Wettbewerbs vorbringen: Ein Duopol wäre akzeptabel, solange es den Wählern »als Konsumenten der Politik« nützt (entsprechend Robert Borks These, Monopole seien akzeptabel, solange sie den Konsumenten nützten).

4 Samuel Issacharoff und Richard H. Pildes, »Politics as Markets: Partisan Lockups of the Democratic Process«, *Stanford Law Review* 50 (1998), S. 643-717.

5 Brian Klaas, *The Despot's Apprentice: Donald Trump's Attack on Democracy*, New York 2017, S. 106.

6 Siehe Virginia Alvino Young, »Nearly Half of the Twitter Accounts Discussing ›Reopening America‹ May Be Bots«, Carnegie Mellon School of Computer Science, 20. Mai 2020, www.cs.cmu.edu/news/nearly-half-twitter-accounts-discussing-%E2%80%98reopening-america%E2%80%99-may-be-bots.

7 Julia Cagé, *Le prix de la démocratie*, Paris 2018; engl.: *The Price of Democracy: How Money Shapes Politics and What to Do About It*, Cambridge, Mass., 2020, S. 239.

8 Siehe Garton Ash, *Redefreiheit*, S. 312.

9 Ebd., S. 311. Die Selbstdarstellung von Fox schwankt deutlich zwischen Objektivität (»wir berichten, Sie entscheiden«) und angeblich transparenter Parteilichkeit, etwa wenn Bill O'Reilly von sich behauptete, er biete Nachrichten und Analysen aus einer Perspektive, die eindeutig an der Arbeiterschaft ausgerichtet sei. Reece Peck, *Fox Populism: Branding Conservatism as Working Class*, New York 2019.

10 Ebd., S. 69-70.

11 Ingrid van Biezen, »Political Parties as Public Utilities«, *Party Politics* 10 (2004), S. 701-722; Leon D. Epstein, *Political Parties in the American Mold*, Madison 1986.

12 Die Überwachung von Parteien- und Mediensystemen sollte idealerweise politisch ausgewogenen oder gänzlich entpolitisierten Gremien anvertraut werden. Diese überparteilichen Körperschaften haben nicht die Aufgabe, die Parteilichkeit zu verringern, sondern die politische und berufliche Rivalität zu regulieren. In der Praxis bedeutet dies, dass Regulierungsinstanzen mit Menschen besetzt werden, die unterschiedlichen politischen Richtungen angehören. Autoritäre Populisten wie die PiS in Polen begannen sogleich, die Besetzung der Regulierungsbehörden von einfachen parlamentarischen Mehrheiten abhängig zu machen.

13 Hansen, *Die Athenische Demokratie*, S. 328-329.

14 Nach Lawrence Lessig machen die relevanten Geldgeber in den USA nur 0,5 Prozent der Bevölkerung aus.

15 In Frankreich und Großbritannien stammen nach Julia Cagés Studie zwei Drittel des Spendenaufkommens von 10 Prozent der »Großspender«.

16 Populisten sind – kaum überraschend – gegen eine staatliche Parteienfinanzierung. N5S konnte eine Situation schaffen, in der die staatliche Parteienfinanzierung faktisch beendet wurde.
17 Cagé, *Price of Democracy*, S. 74.
18 Ebd., S. 248.
19 Lawrence Lessig, *Republic, Lost: How Money Corrupts Congress – and a Plan to Stop It*, New York 2011); sowie Bruce Ackerman und Ian Ayres, *Voting with Dollars: A New Paradigm for Campaign Finance*, New Haven, Conn., 2004.
20 Zudem könnten die Parteien weiterhin Mitgliedsbeiträge erheben. Für die meisten Parteien waren diese allein niemals ausreichend zum Überleben, was jedoch nicht heißt, dass die zahlenden Mitglieder bedeutungslos wären: Die staatliche Parteienfinanzierung kann so ausgestaltet werden, dass sie die Fähigkeit, zahlreiche Mitglieder anzuziehen, belohnt (ein Beispiel dafür ist Deutschland).
21 In New York City ermöglicht eine bei Kleinbeträgen erfolgende Aufstockung im Verhältnis 6 zu 1 ein ähnliches Gefühl, nur dass die Spenden immer noch meist von den Spitzenverdienern kommen. In einem besseren System hätten die Bürger nicht das Gefühl, ihre Beiträge würden ihnen andere wichtige Sachen im Leben rauben, wenn das Geld knapp ist.
22 Markovits, *Meritocracy Trap*, S. 53. Nach Zephyr Teachout verwenden die Abgeordneten wöchentlich zwischen 30 und 70 Prozent ihrer Zeit für die Spendenbeschaffung: *Corruption in America*, Cambridge, Mass., 2014, S. 252.
23 Sarah Kliff, »Seattle's Radical Plan to Fight Big Money in Politics«, *Vox*, 5. November 2018, www.vox.com/2018/11/5/17058970/seattle-democracy-vouchers.
24 Wenn man die Wahrnehmung der Menschen hinsichtlich der Integrität der Wahlen zum Maßstab macht, kann das natürlich auch gefährlich sein, und zwar dort, wo man diese Integrität als Waffe einsetzt, um einen Teil der Wähler auszuschließen. Pamela Karlan, »Citizens Deflected: Electoral Integrity and Political Reform«, in Robert C. Post, *Citizens Divided*, Cambridge, Mass., 2016, S. 141-151.
25 Der Vorschlag, eine Umfrage als quasikonstitutionelles Instrument einzusetzen, findet sich in Stein Ringen, *Nation of Devils: Democratic Leadership and the Problem of Obedience*, New Haven, Conn., 2013, S. 202-203.
26 Wie Bush es bei einer Spendengala, umgeben von lauter älteren weißen Männern in Anzügen, ausdrückte: »Manche nennen Sie die Elite. Ich nenne Sie meine Basis.« Der Gerechtigkeit halber sei angemerkt, dass dieses jährlich stattfindende Al Smith Dinner eigentlich für selbstironische Scherze gedacht ist, doch in diesem Fall enthüllte Bushs Selbstironie

(wie so viele seiner mit einem Grinsen vorgetragenen Bemerkungen) die volle Wahrheit. Siehe www.c-span.org/video/?c4506459/user-clip-haves-mores.

27 Die Initiative veranlasste die Sendeanstalt dennoch zu einer Reihe nach eigener Darstellung bedeutender Reformen: mehr Geld für die Sammlung von Informationen auf der einen Seite, weniger kostenlos zur Verfügung gestellte Online-Texte andererseits, um den von privaten Medienunternehmen erhobenen Vorwurf unfairen Wettbewerbs zu entkräften.

28 Julia Cagé, *Sauver les medias*, Paris 2015; dt.: *Rettet die Medien. Wie wir die vierte Gewalt gegen den Kapitalismus verteidigen*, München 2016.

29 Stephanie L. Mudge, *Leftism Reinvented: Western Parties from Socialism to Neoliberalism*, Cambridge, Mass., 2018, S. 74-75. Mirabeau war höchstwahrscheinlich der erste moderne Kampagnenjournalist. Gramsci wäre ein weiteres Beispiel. Und vielleicht Boris Johnson. Marx hatte natürlich auch den Vorteil, dass er von einem Kapitalisten, nämlich Engels, finanziell unterstützt wurde. Ich danke hier Cas Mudde.

30 Problematisch ist es außerdem, wenn angeblich überparteilicher gemeinnütziger Journalismus sich in Wirklichkeit auf parteiliche Quellen stützt. Siehe Magda Konieczna, *Journalism Without Profit: Making News When the Market Fails*, New York 2018, S. 59-61.

31 Jay Rosen, »Questions and Answers About Public Journalism«, *Journalism Studies* 1 (2000).

32 Norman Ornstein, zit. in Jay Rosens aufschlussreichem Aufsatz »America's Press and the Asymmetric War for Truth«, der eine Reihe von Argumenten in diesem Abschnitt inspiriert hat; siehe www.nybooks.com/daily/2020/11/01/americas-press-and-the-asymmetric-war-for-truth/.

33 Siehe Onora O'Neill, »The Rights of Journalism and the Needs of Audiences«, *Kings Review*, 18. März 2013, kingsreview.co.uk/the-rights-of-journalism-and-the-needs-of-audiences.

34 Samuel Issacharoff, »Outsourcing Politics: The Hostile Takeover of Our Hollowed-Out Political Parties«, *Houston Law Review* 54 (2017), S. 845-880; Daniel Schlozman und Sam Rosenfeld, »The Hollow Parties«, in *Can America Govern Itself?*, hg. von Frances E. Lee und Nolan McCarty, New York 2019, S. 120-150.

35 Außerdem muss es möglich sein, zu einem vernünftigen Urteil über den internen Pluralismus zu gelangen (auch wenn Pluralismus, wie wir gesehen haben, ein verzwicktes Kriterium darstellt – man kann erkennen, ob es eine reale Chance für Debatten gibt, aber man kann zum Beispiel Parteimitgliedern oder Journalisten nicht vorschreiben, unterschiedlicher Meinung zu sein).

36 Hier gelten natürlich ebenfalls die Grundregeln des demokratischen politischen Spiels: Die Opposition hat ihre Stimme, die Mehrheit hat das

Sagen. Parteien, die sich nicht an diese Grundregeln halten, gelten zu Recht als zerstritten und werden bei den Wahlen abgestraft.

37 Die gemeinnützige Organisation Healthy Democracy hat ein Modell für den Prozess der Citizens' Initiative Review entwickelt; siehe healthydemocracy.org/cir/.

38 John Gastil u. a., »Assessing the Electoral Impact of the 2010 Oregon Citizens' Initiative Review«, *American Politics Research* 46, Nr. 3 (2018), S. 534-563.

39 Lessig, *They Don't Represent Us.*

40 Dabei hängt viel von den Umständen und den weiteren politischen Strukturen ab, in die Referenden und Initiativen eingebettet sind. Es gibt allen Grund zu der Annahme, dass die direkte Demokratie in der Schweiz gut funktioniert. Dort wurden 2018 insgesamt 641 landesweite Volksentscheide durchgeführt (wobei wir immer nur von den scheinbar irrationalen oder illiberalen wie dem Minarettverbot hören). Der in den letzten Jahren zu beobachtende Stimmungswandel zuungunsten der Referenden resultierte aus opportunistischen Einmalbefragungen wie dem Brexit – einer Volksbefragung mit lediglich empfehlendem Charakter, bei der kein klarer Vorschlag auf dem Tisch lag und der Staat es versäumte, für Chancengleichheit zu sorgen. Auch die Reihenfolge war vollkommen falsch. Man forderte die Wähler auf, einem inhaltslosen Vertrag mit der EU zuzustimmen, und wies dann erst der Regierung die Aufgabe zu, den Inhalt auszuhandeln. Siehe John G. Matsusaka, *Let the People Rule: How Direct Democracy Can Meet the Populist Challenge*, Princeton, N. J., 2020, S. 85-87, 150. Tatsächlich war es Dominic Cummings, der vorschlug, zwei Referenden abzuhalten: eines über den Brexit und eines über einen konkreten Vorschlag.

41 In einer Oligarchie wäre es sogar ein noch direkterer Schlag gegen die Macht der Reichen, wenn man so etwas wie offen »plebejische« Institutionen nach Art der Volkstribunen in der römischen Republik einführte. Eine Art *Ausschuss zufällig ausgewählter Armer* könnte das Recht erhalten, einmal im Jahr ein Veto gegen ein Gesetz einzulegen, einzelne Lobbyisten und Abgeordnete abzusetzen oder pro Legislaturperiode eine Entscheidung des Obersten Gerichtshofs aufzuheben. Eine derartige Verankerung des Klassenkampfs widerspräche natürlich der oben erörterten Vorstellung politischer Chancengleichheit. Auch wäre nicht sicher, was solch eine Struktur für das Verständnis des politischen Konflikts bedeuten würde. Zu einigen Vorschlägen dieser Art siehe John P. McCormick, *Machiavellian Democracy*, New York 2011; siehe auch Jeffrey Edward Green, *The Shadow of Unfairness: A Plebeian Theory of Liberal Democracy*, New York 2016.

42 Przeworski, *Krisen der Demokratie.*

43 Wilders wurde schließlich wegen Beleidigung einer ethnischen Gruppe

verurteilt, aber vom Vorwurf der Diskriminierung und der Volksverhetzung freigesprochen.

44 Samuel Issacharoff, *Fragile Democracies: Contested Power in the Era of Constitutional Courts*, New York 2015, S. 37.

45 Die ursprüngliche Formulierung der Idee der »militanten Demokratie« (»*militant democracy*«) findet sich in Karl Loewenstein, »Militant Democracy and Fundamental Rights I«, *American Political Science Review* 31 (1937), S. 417-432, und Karl Loewenstein, »Militant Democracy and Fundamental Rights II«, *American Political Science Review* 31 (1937), S. 638-658.

46 Joseph Goebbels, *Der Angriff. Aufsätze aus der Kampfzeit*, München 1935, S. 71, 61; Andreas und Karin Hillgruber, *Deutschlands Rolle in der Vorgeschichte der beiden Weltkriege*, Göttingen 1979, S. 76. Viele Darstellungen des Untergangs der Weimarer Republik 1933 lassen einige Dinge aus, die keineswegs als nebensächlich gelten können. Insbesondere wird vergessen, dass kein funktionierendes demokratisches Parlament das Ende des demokratischen Staates verfügte. Der Reichstag, der im März 1933 für das »Ermächtigungsgesetz« stimmte, konnte nicht als legitime Volksvertretung angesehen werden, da Abgeordnete bereits in Haft oder schweren Schikanen ausgesetzt waren (auch wenn immer noch über die Frage debattiert wird, ob die »Machtergreifung« noch ihm Rahmen der Verfassung oder bereits außerhalb dieses Rahmens erfolgte). Außerdem besaß der Weimarer Staat zahlreiche repressive Instrumente zum Umgang mit Extremismus, und viele davon wurden eingesetzt. In der Zeit der Weimarer Republik wurden insgesamt 28 Parteiverbote verfügt. Tatsächlich wurde auch die NSDAP 1923 im Reich verboten, aber man ließ es zu, dass sie sich 1925 neu gründete. In Preußen behielt die politische Polizei die Partei bis 1932 im Auge, schwächte sie jedoch nicht entscheidend. Siehe Gereon Flümann, *Streitbare Demokratie in Deutschland und den Vereinigten Staaten: Der staatliche Umgang mit nicht gewalttätigem politischem Extremismus im Vergleich*, Wiesbaden 2015, S. 94. Generell gehen Darstellungen wehrhafter Demokratie allzu beiläufig davon aus, dass die Massen sich bewusst für »Extremismus« entscheiden oder ausgemachten Diktaturen an der Wahlurne ihre Stimme geben.

47 Edoardo Caterina, »Die Ursprünge des Art. 21 GG: Die Idee der Parteiregulierung in Verfassungsdebatten der Nachkriegszeit«, *MIP* 25 (2019), S. 60-73.

48 Alexander Kirshner, *A Theory of Militant Democracy*, New Haven, Conn., 2014.

49 Gerard N. Magliocca, »Huey P. Long and the Guarantee Clause«, *Tulane Law Review* 83 (2008), S. 1-44.

50 Womit die Schrecken des McCarthyismus nicht geleugnet werden sollen:

Vor allem der Smith Act von 1940, der das Eintreten für einen Sturz der US-Regierung unter Strafe stellte, richtete großen Schaden an.

51 In der wehrhaften Demokratie gibt es ein tieferes Paradoxon als die Möglichkeit, dem Tod durch Selbstmord zuvorzukommen: Länder, die eine wehrhafte Demokratie haben können, brauchen sie wahrscheinlich gar nicht, während Länder, die sie benötigen, sie nicht haben können. Anders gesagt, in einem konstitutionellen Umfeld, in dem die mächtigsten Akteure Einigkeit über echte Bedrohungen für die Demokratie (ganz gleich ob von links oder rechts) erzielen können und in dem sie vor allem der Peer Review als Teil des Prozesses vertrauen dürfen, gibt es wahrscheinlich einen derart starken demokratischen Konsens, dass Anschläge auf die Demokratie von selbst scheitern. In stark polarisierten und instabilen politischen Gemeinwesen, die von tiefer Uneinigkeit und der Neigung geprägt sind, dem politischen Gegner die Legitimation abzusprechen, dürfte militante Demokratie dagegen durchaus sinnvoll sein, aber gerade die Polarisierung und die Uneinigkeit verhindern dort wahrscheinlich die Schaffung einer militanten Demokratie. Selbst wo wehrhafte Demokratie möglich wäre, hätte das Prinzip der Peer Review darin vermutlich keinen Platz, da man die anderen Parteien entweder nicht als gleiche ansehen oder ihnen nicht wirklich vertrauen würde. Ich danke Christoph Möllers für diesen Gedanken.

52 Hans Kelsen, »Verteidigung der Demokratie« (1932), in ders., *Demokratie und Sozialismus*, hg. von N. Leser, Darmstadt 1967, S. 68.

53 Siehe Issacharoff, *Fragile Democracies*.

54 Svetlana Tyulkina, *Militant Democracy: Undemocratic Political Parties and Beyond*, London 2015, S. 72.

55 Zit. ebd., S. 73.

56 Die Venedig-Kommission, die sich offensichtlich Sorgen um einen »Verbotsexzess« in einem Land wie der Türkei macht, spricht sich in der Tat für die Vorstellung eines »politischen Filters« aus, der nur sehr ernste Bedrohungen durchlässt. Mit etwas anderen Worten betont sie auch, dass Verbote eine politische und keine rein juristische Entscheidung sein sollten. Hier geht es darum, dass Parteien im Unterschied zu Staatsanwaltschaften etwa Teil der von der Venedig-Kommission so genannten »politisch-demokratischen« Gewaltenteilung sein sollten. »Politisch« ist hier kein Schimpfwort, sondern signalisiert ein gewisses Vertrauen in den politischen Prozess (und die Möglichkeit, dass Politiker zuweilen am ehesten in der Lage sind, andere Politiker zu beurteilen). Siehe Venice Commission (European Commission for Democracy Through Law), *Opinion on the Legal and Constitutional Provisions Relevant to the Prohibition of Political Parties in Turkey* (2009), www.venice.coe.int/webforms/documents/default.aspx?pdffile=CDL-AD(2009)006-e.

57 Laurence Tribe und Joshua Matz arbeiten die Logik der Peer Review her-

aus, wenn sie schreiben: »In mancherlei Hinsicht kann der politische Charakter des Kongresses statt eines Lasters eine Tugend sein. Das Impeachment ist ein Heilmittel, das Politiker zur Lösung eines politischen Problems einsetzen. Ihre Kenntnis der Politik macht Abgeordnete und Senatoren zu klugen Richtern – sowohl hinsichtlich der spezifischen Vorwürfe als auch der weiteren Umstände. Es gibt auf Bundesebene niemanden, der den Gebrauch und Missbrauch der Macht besser versteht oder besser zu beurteilen vermag, ob der Präsident tatsächlich die Grenze überschritten hat.« Laurence Tribe und Joshua Matz, *To End a Presidency: The Power of Impeachment*, New York 2018, S. 141.

58 Jonathan Quong, »The Rights of Unreasonable Citizens«, *Journal of Political Philosophy* 12 (2004), S. 314-335.

59 Zur Verteidigung von Hassrednern wird oft gesagt, sie versuchten immer noch, einen sinnvollen Beitrag zur öffentlichen Debatte zu leisten, oder wir könnten erst dann von ihnen verlangen, die Gesetze zu befolgen, wenn ihre Stimme gehört wurde, auch wenn das, was sie zu sagen haben, von Hass erfüllt sei. Problematisch an solcher Nachsicht ist die Tatsache, dass es schließlich Opfer gibt, und zwar selbst dann, wenn diese Hassprediger, wie man sie der Kürze halber auch nennen könnte, nicht an die Macht gelangen. Rechtsprofessoren mögen sagen, in einem von Afroamerikanern bewohnten Viertel Kreuze zu verbrennen sei Teil eines demokratischen Diskurses, doch die Rechtsprofessoren müssen auch nicht die von solchen aggressiven Akten ausgehende psychische Belastung ertragen. Aber wichtiger noch: Es hat etwas Paternalistisches, wenn man rassistische Bemerkungen verzeiht, weil sie uns, die soziologisch kompetenten Diagnostiker der Gebrechen unserer Gesellschaften, angeblich auf die wirklichen Probleme (»wirtschaftliche Ängste«, was sonst?) hinweisen. Und nicht zuletzt könnte es ja durchaus Möglichkeiten geben, bestimmte Ansichten zu artikulieren, ohne anderen ihre Stellung als Mitbürger zu verwehren. Die libertäre Nachsicht einiger Verfechter der Meinungsfreiheit befreit potenzielle Sprecher von der Pflicht, nach solchen Alternativen zu suchen (und dabei vielleicht sogar ihre eigenen politischen Ansichten in Frage zu stellen: Jetzt, da ich zu beweisen versuche, dass nur Minderheiten Verbrechen begehen und sie uns alle Jobs wegnehmen, stelle ich erstaunt fest, dass es dafür gar keine empirischen Belege gibt.) Siehe Ronald Dworkin, »The Right to Ridicule«, *New York Review of Books*, 23. März 2006, www.nybooks.com/articles/2006/03/23/the-right-to-ridicule/. Zu Belegen dafür, dass bei den US-Wahlen 2016 rassistische Ressentiments die Wahrnehmung der ökonomischen Stellung und der wirtschaftlichen Aussichten bestimmten, siehe John Sides, Michael Tesler und Lynn Vavreck, *Identity Crisis: The 2016 Presidential Campaign and the Battle for the Meaning of America,* Princeton, N.J., 2018.

60 Die Geschichte wird in dem Dokumentarfilm *Welcome to Leith* erzählt.

61 Zu diversen klugen Möglichkeiten dieser Art siehe Corey Brettschneider, *When the State Speaks, What Should It Say?*, Princeton, N. J., 2012.

62 Stephen Gardbaum, »Comparative Political Process Theory« (erscheint demnächst).

63 Zu allem Überfluss trat dann auch noch ein Republikaner von seinem Amt zurück, kurz nachdem Trump seinen Kandidaten im Senat durchgebracht hatte, und stellte dadurch sicher, dass dieses Gremium in einem wichtigen Wahljahr beschlussunfähig war.

64 Kim Lane Scheppele, »Autocratic Legalism«, *University of Chicago Law Review* 85 (2018), S. 545-583.

65 Die Künstlerin Maria Górnicka holte 55 Menschen aus verschiedenen Bereichen des politischen Spektrums auf die Bühne und ließ sie dort die Verfassung singen. Susanne Baer, »The Rule of – and Not by Any – Law. On Constitutionalism«, *Current Legal Problems* 71 (2018), S. 337-338.

66 Adom Getachew, »Living Constitutions«, *Dissent* (Herbst 2020), www.dissentmagazine.org/article/living-constitutions. Siehe auch Adam Clinton und Mila Versteeg, »Courts' Limited Ability to Protect Constitutional Rights«, *University of Chicago Law Review* 85 (2018), S. 293-336.

67 Zu einem weniger offensichtlichen Beispiel als rechtsgerichteten Milizen siehe Charles Murray in *By the People: Rebuilding Liberty Without Permission*, New York 2015.

68 Auf den ersten Blick erscheinen Gesetzesbrüche als unangemessen, solange Populisten noch nicht an die Macht gelangt sind. Schließlich haben sie ja noch keine Gesetze verabschieden können, die man durch offene, bewusste und möglichst öffentliche Verstöße als besonders ungerecht brandmarken müsste. Nur dass, wie bereits angemerkt, ein opportunistischer Mainstream genau jene Gesetze verabschiedet, die den Forderungen der Populisten entsprechen. Möglicherweise ist nicht immer klar erkennbar, dass diese Gesetze eine bestimmte antipluralistische Dimension enthalten. Immerhin ist, wie gleichfalls bereits angemerkt, eine Politik nicht *per se* populistisch oder nichtpopulistisch. In einer indirekten Strategie zivilen Ungehorsams könnte man jedoch immer noch gegen Gesetze verstoßen, um eine Mehrheit darauf aufmerksam zu machen, dass und wie Populisten aufgrund des Opportunismus des angeblichen Mainstreams an die Macht kommen.

69 Amia Srinivasan, »The Aptness of Anger«, *Journal of Political Philosophy* 26 (2018), S. 123-144.

70 Erica Chenoweth und Maria J. Stephan, *Why Civil Resistance Works: The Strategic Logic of Nonviolent Conflict*, New York 2013. Natürlich sind die Dinge nicht so einfach, und für keine Strategie gibt es eine Garantie. Wer Widerstand leisten will, muss alternative Visionen für die Zukunft entwickeln, alle Kreise der Gesellschaft motivieren, sich zu beteili-

gen, und Möglichkeiten finden, Menschen innerhalb des Regimes zu bewegen, abtrünnig zu werden. Im Schnitt dauern gewaltlose Kampagnen etwa drei Jahre.

71 Wie Margaret Roberts gezeigt hat, versuchen clevere autoritäre Herrscher, eine direkte Zensur möglichst zu vermeiden: Zensur lenkt die Aufmerksamkeit auf eine Geschichte und wirkt als Anreiz, nach Möglichkeiten zu suchen, wie sie sich umgehen lässt. Weitaus effektiver sei es zu fluten (die Nachricht zu ertränken) oder Reibung zu erzeugen (etwa den Zugang durch Verlangsamung der Verbindungen zu verteuern). Siehe Margaret Roberts, *Censored: Distraction and Diversion Inside China's Great Firewall*, Princeton, N.J., 2018.

72 Siehe Tordai Bences Facebook-Post vom 12. Dezember 2018 (»Le a rabszolgatörvénnyel«); www.facebook.com/TordaiBencePM/videos/456964691658893/?utm_source=InsightHungary&utm_campaign=4265fc2322-EMAIL_CAMPAIGN_2018_12_12_11_00&utm_medium=email&utm_term=0_af2f0a89f2-4265fc2322-106033493.

73 Markovits, »Democratic Disobedience«.

74 Hier stößt man auf ein weiteres Paradoxon: Solange die Demokratie Bestand hat, gibt es kein Widerstandsrecht. Wenn die Demokratie zerstört ist, hat ein kodifiziertes Widerstandsrecht für jene, die sich darauf berufen, kaum Nutzen. Das einzig plausible Szenario besteht darin, dass der Widerstand außerstaatlicher Akteure gegen alle Wahrscheinlichkeit erfolgreich ist.

75 Siehe zum Beispiel das #wirsindmehr-Konzert in Chemnitz: www.youtube.com/watch?v=p4GxBY_uXgg.

76 Markovits, »Democratic Disobedience«.

77 Peter Beinart, »Left-Wing Protests Are Crossing the Line«, *Atlantic*, 16. November 2018, www.theatlantic.com/ideas/archive/2018/11/protests-tucker-carlsons-home-crossed-line/576001/.

78 Robin Celikates, »Disobedience and the Ideology of Civility«, *Contemporary Political Theory* (erscheint demnächst).

Coda. Fünf Gründe für Hoffnung (nicht Optimismus)

1 Erik Voeten, »No, People Really Aren't Turning Away from Democracy«, *Washington Post*, 9. Dezember 2016, www.washingtonpost.com/news/monkey-cage/wp/2016/12/09/no-people-really-arent-turning-away-from-democracy/f; siehe auch den Online-Austausch: www.journalofdemocracy.org/wp-content/uploads/2018/12/Journal-of-Democracy-Web-Exchange-Voeten_0.pdf.

2 Max Weber, *Wirtschaft und Gesellschaft. Grundriß der verstehenden Soziologie*, besorgt von Johannes Winckelmann, Studienausgabe, Tü-

bingen [5]1980, S. 842. Hofstadter, *Idea of a Party System*, S. ix; Nancy Rosenblum, *On the Side of the Angels: An Appreciation of Parties and Partisanship*, Princeton, N.J., 2008.

3 Piketty, *Kapital und Ideologie*, S. 1177.

4 Diesen Gedanken verdanke ich Jack Balkin.

5 Samuel Issacharoff und Pamela S. Karlan, »The Hydraulics of Campaign Finance Reform«, *Texas Law Review* 77 (1999), S. 1705-1738.

6 Claude Lefort, *Democracy and Political Theory*, engl. von David Macey, Cambridge 1988, S. 39.

Personenregister